Oberer
Burgberg

Fahrstraße

Unterer

Burgberg

Antike Straße

Fußweg

P

W0013095

Ulu Cami

Untere Agora

Tabak Köprüsü

Rote Halle (Kızıl Avlı)

Üc Kemer Köprüsü

g a m a

Selinusfluß

Artemis-Cicerone · Kunst- und Reiseführer

Artemis Verlag Zürich und München

TÜRKEI

Die Westküste von Troja bis Knidos

Von Wolf Koenigs

Dritte Auflage

Artemis Verlag Zürich und München

Mit 91 Abbildungen, 42 Plänen, Rekonstruktionen und Zeichnungen.
Die Pläne auf dem vorderen und hinteren Vorsatz sowie die Zeichnungen
im Text wurden, wenn nicht anders vermerkt, von Achim Norweg,
München, gezeichnet.

Umschlagfoto: Die Bucht von Bodrum (Nr. 37)

Verfasser und Verlag danken vor allem V. von Falkenhausen,
L. Haselberger, F. Hueber, W. Jobst, K. Kreiser, K. Nohlen,
R. Özgan, H. und W. Philipp für wertvolle Hinweise und
Korrekturen.

CIP-Kurztitelaufnahme der Deutschen Bibliothek

Koenigs, Wolf:
Türkei : d. Westküste von Troja bis Knidos
von Wolf Koenigs. – 3., überarb. Aufl.
Zürich ; München : Artemis-Verlag, 1987.
   (Artemis-Cicerone)
   ISBN 3-7608-0769-0

Dritte, überarbeitete Auflage 1987
© 1987, Artemis Verlag Zürich und München,
Verlagsort München.
Alle Rechte, einschließlich derjenigen, des aus-
zugsweisen Abdrucks und der photomechanischen
Wiedergabe vorbehalten.
Gesamtherstellung: Pustet, Regensburg
Printed in Germany

INHALTSVERZEICHNIS

Herakleia am Latmos: Festung am Ufer des Bafasees (Nr. 34)

A. HISTORISCHER ÜBERBLICK

Wenige Reisegebiete vereinen auf so engem Raum Zeugnisse so vieler eigenständiger Kulturen wie das westliche Kleinasien. Zudem haben diese Kulturen einen nachhaltigen Einfluß auf die politische und geistige Entwicklung Europas ausgeübt. Als Stichworte seien genannt: Das zentralanatolische Reich der Hethiter hat an zwei Stellen (Karabel, Nr. 17; Manisa, 14) Spuren in unserem Reisegebiet hinterlassen. Um Troja (Nr. 5) rankt sich der Homerische Sagenkreis, der Beginn des abendländischen Mythos. – Sardis (Nr. 15), die Hauptstadt der Lyder, der Erfinder des Münzgeldes, erinnert an den legendären König *Kroisos*. Von Milet (Nr. 32) und Phokäa (Nr. 12) breitete sich durch Siedler die griechische Kultur an den Küsten des Schwarzen Meeres und des westlichen Mittelmeeres aus. Von Milet und Knidos (Nr. 40) mit ihren Gelehrten *Thales* und *Eudoxos,* aber auch aus anderen Städten erhielten Philosophie und Naturwissenschaften nachhaltige Impulse, während sich Halikarnass (Nr. 37) rühmen konnte, die Heimat *Herodots* zu sein, des ›Vaters der Geschichtsschreibung‹. Auch der Urahne des ›Cicerone‹, der antike Reiseschriftsteller *Pausanias,* stammt aus Kleinasien (Smyrna, Nr. 17, oder Magnesia, Nr. 14). Die kleinasiatischen Städte Pergamon (Nr. 9), Ephesos (Nr. 22), Priene (Nr. 31) und Milet (Nr. 32) haben in der Antike mit neuen Bautypen und Formen zur Entwicklung der griechischen Architektur (Kapitelle, Tempelformen) und des Städtebaus (Hallenplätze) beigetragen, die – weitergeformt durch die Römer – schließlich Vorbilder der neuzeitlichen Architektur wurden.

Ephesos, Smyrna und Pergamon waren Zentren der römischen Verwaltung in Kleinasien und Ziele der ersten christlichen Missionsreisen des Apostels *Paulus*. Konzile in Ephesos und Laodikeia (Nr. 29) haben die christliche Kirche mitgeformt. Aus Tralleis (Nr. 24) und Milet stammen die Architekten der Hagia Sophia in Konstantinopel, der bedeutendsten byzantinischen Kirche, und in Ephesos (Nr. 22) stehen heute noch die Ruinen wichtiger byzantinischer Basiliken. Auch die ersten türkischen Reiche in Kleinasien manifestierten sich in Bauten an der Westküste, wie den Moscheen von Selçuk (Nr. 22), Milâs (Nr. 36) und Balat (Milet, Nr. 32) und Festungen an den Dardanellen (Nr. 2). Erst in der Neuzeit ist im aufkommenden Nationalismus und der damit verbundenen Völkertrennung eine gewisse kulturelle Isolation zu sehen, wobei die gleichzeitigen enormen Entwicklungsleistungen in Landwirtschaft, Verkehrserschließung und Industrialisierung jedoch nicht unterschätzt werden dürfen. – Zeugnisse neuerer türkischer Geschichte geben das Schlachtfeld an den Dardanellen (Nr. 2) und die Stadt Izmir (Nr. 17). – Diese Stichworte mögen genügen, um die kulturgeschichtliche Bedeutung Kleinasiens zu umreißen.

Die folgende Einleitung kann nur ein knappes Gerüst der äußerst komplizierten Geschichte Westkleinasiens geben, deren Kräfte räumlich und zeitlich von weither kamen. In dieses Gerüst müssen die Einzelheiten aus den Vorbemerkungen zu den jeweiligen Ortsbeschreibungen eingefügt werden. Zur weiteren Orientierung wird auf die angegebenen Handbücher und die darin zitierte Spezialliteratur verwiesen (s. S. 232).

Nach den *bronzezeitlichen Siedlungen,* von denen u. a. in Troja (Nr. 5) und Bayraklı bei Izmir (Nr. 17) Spuren freigelegt wurden, ist das *Hethiterreich* die erste auch historisch, d. h. durch schriftliche Überlieferung bekannte Macht Kleinasiens (18.–12. Jh. v. Chr.). Ihr Zentrum Hattuşa (Boğazköy) lag in der anatolischen Hochebene, östlich von Ankara; ihr Herrschaftsgebiet reichte in seiner größten Ausdehnung vom Sipylosgebirge bei Manisa (Nr. 14) bis nach Syrien und Ostanatolien. Mykenische Funde aus der Zeit um 1400 v. Chr. an verschiedenen Stätten Westkleinasiens (Troja, Nr. 5; Bayraklı, Nr. 17; Milet, Nr. 32) und der Mythos vom Kampf um Troja zeugen von den ersten, nicht immer friedlichen Beziehungen zwischen der ansässigen Bevölkerung und den ›Achäern‹, wie die mykenischen Griechen bei Homer und bei den Hethitern genannt wurden.

Noch vor 1200 v. Chr. begann im östlichen Mittelmeer eine Völkerwanderung, von der die *Dorische Wanderung* – ein Begriff, den schon die antiken Historiker geprägt haben – ein Teil ist. Sie brachte einen neuen, den Achäern verwandten griechischen Volksstamm, die *Dorer,* nach Griechenland und verdrängte in der Folgezeit einen Teil der dort bereits ansässigen Griechen, der sich an der kleinasiatischen Westküste ansiedelte: *Äoler* im Norden, *Ioner* in der Mitte, während die *Dorer* über die Peloponnes bis in den Süden Kleinasiens vordrangen. Außer in den schon in der Antike nach ihnen benannten Bauordnungen (vgl. Abb. S. 223) unterschieden sich die Stämme u. a. durch ihre in vielen Schriftzeugnissen überlieferten Dialekte des Griechischen.

Gegen 800 v. Chr., am Ende dieser Wanderungen, bildeten sich in Kleinasien die ersten Zusammenschlüsse von Städten gleichen Stammes. Elf äolische Städte, darunter Pitane (Nr. 10), Aegae (Nr. 11) und Larissa a. H. (Nr. 13), vereinten sich um ein Apollonheiligtum in Gryneion (zwischen Pergamon, Nr. 9, und Phokäa, Nr. 12); die zwölf ionischen Städte Phokäa, Klazomenai, Erythrai, Chios, Teos, Lebedos, Kolophon, Ephesos, Samos, Priene, Myus, Milet und später als dreizehnte Smyrna (s. Nr. 12; 17–22; 31; 32) hatten ihr religiöses und politisches Zentrum, das Panionion (Nr. 23), im Gebiet von Priene. Ein dorischer Sechsstädtebund (Hexapolis) im Süden bestand aus drei

Städten auf Rhodos (Lindos, Ialysos und Kamiros), ferner aus Kos und aus den Städten Halikarnass und Knidos (Nr. 37; 40) in der Südwestecke Kleinasiens.

Die politischen und geistesgeschichtlichen Entwicklungen in Kleinasien und im griechischen Mutterland verliefen im wesentlichen parallel und in stetem Austausch miteinander. Der griechische Dichter *Homer* ist mit Sicherheit ein Ioner gewesen, die ›Ilias‹ und die ›Odyssee‹ erhielten schon im 8. Jh. v. Chr. ihre heutige Form – in vorwiegend ionischem Dialekt. Wesentlichen Einfluß auf die Kultur der Griechen hatten die orientalischen Nachbarvölker, mit denen die Griechen rege Beziehungen unterhielten. So wurde z. B. die Silbenschrift der *Phöniker,* der Bewohner der Küste Syriens und Palästinas, schon in dieser Frühzeit – und wahrscheinlich auch in Kleinasien – zu einer der griechischen Sprache angepaßten Lautschrift, der Grundlage der europäischen Schriften, umgebildet.

Im Zusammenhang mit der dorischen Wanderung drangen auch die aus dem Alten Testament bekannten Philister in Palästina ein, und über Thrakien und die Dardanellen kamen *Thraker* und *Phryger* nach Kleinasien; letztere siedelten vorwiegend im westanatolischen Hochland um die Hauptstadt Gordion, vorübergehend aber auch an einigen Plätzen Westkleinasiens (Troja, Nr. 5; Sardis, Nr. 15). Unter dem sagenhaften König *Midas* erreichten sie gegen Ende des 8. Jh. ihre größte Macht, bevor sie um 695 v. Chr. unter dem Ansturm der Kimmerier zerfiel. Im frühen 7. Jh. entstand das *Reich der Lyder* mit Sardis (Nr. 15) als Mittelpunkt, das im Westen Kleinasiens die Phryger ablöste und bis ins 6. Jh. v. Chr. die bedeutendste Macht in diesem Gebiet war und fast die ganze Küste mit Ausnahme von Milet beherrschte.

In der Mitte des 6. Jh. v. Chr. ließ der Lyderkönig *Kroisos* das Orakel von Delphi befragen, ob es aussichtsreich sei, den Grenzfluß Halys zu den Persern, deren Reich inzwischen die Assyrer im Osten Kleinasiens abgelöst hatte, zu überschreiten. Die Antwort war: »Wenn du den Halys überschreitest, wirst du ein großes Reich zerstören.« *Kroisos* deutete den Spruch als Hinweis auf das Ende Persiens; der von ihm begonnene Krieg endete jedoch mit der Eroberung von Sardis selbst (546 v. Chr.) durch den Perserkönig *Kyros* und dem Untergang seines eigenen, des lydischen Reiches.

Von den Griechenstädten an der kleinasiatischen Westküste, die zunächst frei waren, dann unter einer offenbar milden lydischen Herrschaft standen, ging im 8.–6. Jh. v. Chr. wie auch von den Städten des Mutterlandes eine neue, dieses Mal geplante Siedlungswelle aus. Größere Gruppen von Einwohnern, denen ihre Heimatstadt aus politischen oder wirtschaftlichen Gründen zu eng geworden war, zogen aus, um an günstigen Plätzen der Küsten des Mittelmeeres (Phokäer), des Marmarameeres und des Schwarzen Meeres (Milesier) neue Siedlungen, sog. Kolonien, zu gründen. Diese entwickelten sich rasch und blieben mit ihren Mutterstädten weiterhin verbunden. In Kleinasien setzte, wie bereits gesagt, mit *Homer* im 8. Jh. v. Chr. die abendländische Dichtung ein. Mit den ionischen Naturphilosophen *Thales, Anaximenes* und *Anaximander* aus Milet (Nr. 32) begann hier, offenbar auf Vorläufern in Babylonien fußend, im 6. Jh. v. Chr. auch die Naturwissenschaft. Gleichzeitig wurden in Ephesos (Nr. 22) und Didyma (Nr. 33) Marmortempel angefangen, deren Größe durch Großbauten des Orients angeregt worden sein dürfte.

Das Ende des lydischen Reiches (546 v. Chr.) bedeutete auch das Ende der relativen Freiheit der Griechenstädte; außer Milet, das einen ›Bündnisvertrag‹ schloß, wurden sie den beiden persischen Satrapien (Statthalterschaften) Daskyleion (Ergili bei Bandırma, Nr. 4) und Sardis (Nr. 15) untergeordnet, zu denen 392 v. Chr. weitere Satrapien (u. a. Mylasa, Nr. 36) kamen. Am Ende des 6. Jh. ging von Ionien ein Aufstand aus, in dem Milet (Nr. 32) eine wichtige Rolle spielte; daher wurde es nach dessen Unterdrückung von den Persern zerstört.

Mit einer Expedition nach Griechenland, zunächst nur, um die Städte Eretria und Athen für ihre Unterstützung des Ionischen Aufstandes zu bestrafen, begannen die Kriege zwischen Griechen und Persern; drei griechische Siege im Mutterland selbst veranlaßten die Perser schließlich zum Rückzug. Der erste Sieg bei Marathon 490 v. Chr. wurde im etwa 42 km entfernten Athen durch den berühmten Langläufer, der die gebirgige Strecke in einem Zug durchlaufen hatte, gemeldet, und beendete die erste Expedition. Zum zweiten Mal siegten die Griechen bei Salamis (480 v. Chr.) zur See unter den Augen des Großkönigs *Xerxes,* zum dritten Mal bei Platää (479 v. Chr.). Unmittelbar darauf unternahmen sie ihrerseits eine Expedition nach Kleinasien und zerstörten am Fuße der Mykale (bei Priene, Nr. 31) die persische Flotte, die dort überwintern sollte (479 v. Chr.).

Im Jahr darauf schlossen sich einige griechische Städte Kleinasiens und der Inseln unter der Führung Athens zu einem Schutzbündnis gegen die Perser zusammen, dem sog. Delisch-Attischen Seebund, ›delisch‹, weil die Bundeskasse zunächst auf Delos aufbewahrt und erst 454 v. Chr. nach Athen verlegt wurde. Aus den auf Marmor geschriebenen Tributlisten des Bündnisses ist noch heute die Wirtschaftskraft der beteiligten Städte im 5. Jh. v. Chr. abzulesen. Die Perserkriege wurden 449 v. Chr. zwar durch Friedensschluß beendet, das Bündnis bestand jedoch weiter – nunmehr als Herrschaftsmittel Athens; die Mitgliedstädte wurden gezwungen, an der Seite Athens im ›Peloponnesischen Krieg‹ (431–404 v. Chr.) gegen Sparta zu kämpfen. Die freie Schiffahrt durch die Dardanellen (Nr. 2) war ein entscheidender Faktor für die Versorgung Athens. Bei Kyzikos (Nr.

4; 410 v. Chr.), Notion (Nr. 20; 407 v. Chr.) und schließlich in den Dardanellen selbst (405 v. Chr.) fanden entscheidende Seeschlachten statt. Athen mußte 404 v. Chr. kapitulieren, aber auch Sparta war so geschwächt, daß es schließlich nur durch ein Bündnis mit den Persern (412 v. Chr.) und wegen des Abfalls einiger ionischer Städte von Athen obsiegte.

Bald darauf war die Freiheit der kleinasiatischen Griechenstädte noch einmal Anlaß eines Krieges zwischen Persern und Griechen, diesmal den Spartanern (400–394 v. Chr.). Die Perser, von dem Athener *Konon* beraten, siegten bei Knidos (Nr. 40; 394 v. Chr.). Die hohe Zeit der griechischen Stadtstaaten neigte sich ihrem Ende zu, und monarchisch regierte Flächenstaaten wie Persien und Makedonien begannen die Geschichte zu bestimmen. So wurden auch die Gegensätze zwischen Athen und Sparta, die im 4. Jh. bald wieder aufgeflammt waren, durch einen vom Perserkönig *Artaxerxes* diktierten Frieden beendet (386 v. Chr.): Den Griechen wurde Frieden untereinander verordnet und jedes Bündnis – das die Perser hätte bedrohen können – untersagt. Die Küstenstädte Kleinasiens fielen an Persien, wurden auf die Satrapien Lydien (Sardis, Nr. 15), Ionien und Karien (Mylasa, Nr. 36) verteilt und blieben persisch bis zum Siegeszug des Makedonenkönigs *Alexander d. Gr.* (334 v. Chr.).

Die Bedeutung der hier überflogenen anderthalb Jahrhunderte von 546, dem Sieg des *Kyros* über Lydien, bis zur Wiederherstellung der Perserherrschaft (386 v. Chr.) für die Weltgeschichte und vor allem die Bedeutung der geistigen Verarbeitung dieser Epoche in Geschichtsschreibung, Literatur und bildender Kunst der Griechen für unsere Geistesgeschichte ist kaum zu überschätzen. Doch sind für den heutigen Reisenden nur wenig materielle Spuren aus archaischer (6. Jh. v. Chr.) und klassischer Zeit (bis zum Tod *Alexanders, 323* v. Chr.) in Kleinasien zu sehen: Einige Skulpturen und Bauteile befinden sich in den Museen von Pergamon (Nr. 9), Izmir (Nr. 17), Ephesos (Nr. 22), Milet (Nr. 32) und Bodrum (Nr. 37). Die klassische Bautätigkeit in Ephesos und Priene begann zwar schon unter der offenbar z. T. von Griechen selbst ausgeübten persischen Verwaltung im 4. Jh. v. Chr., und in Halikarnass (Nr. 37) erreichten Architektur und bildende Kunst einen besonderen Höhepunkt, aber erst aus dem *Hellenismus,* der Epoche nach *Alexanders* Tod, sind größere Ruinenkomplexe erhalten. Hier entfaltete sich in den Städten Kleinasiens eine Architektur, deren Entwicklung die Geschichte der Bautypen und des Städtebaus mitgeprägt hat und die über die Römer und die Rezeption der Antike in der Renaissance bis in die Neuzeit nachwirkt. Zwar bieten die drei hellenistischen Jahrhunderte (in Kleinasien etwa bis zur Zeit des *Augustus,* Ende 1. Jh. v. Chr.) ein unruhiges Bild ständiger Machtkämpfe und wechselnder Herrschaften, aber den Städten Kleinasiens

scheint es wirtschaftlich – durch eigene Leistung und durch Gunst-
erweise hellenistischer Könige – so gut gegangen zu sein, daß sie ein
großes Programm profaner und sakraler Bauten verwirklichen konnten. Vieles spricht dafür, im Hellenismus die erste Entfaltung des
abendländischen monumentalen Profanbaus überhaupt zu sehen. –
Die Voraussetzungen für die geschichtliche Entwicklung im Hellenismus, die Erschließung des Vorderen Orients bis nach Indien für
die griechische Wirtschaft und Kultur, waren durch den sog. *Alexan-
derzug* geschaffen worden, der 334 v. Chr. in Westkleinasien begann:
Die Dardanellen wurden zwischen Abydos und Sestos (nördlich von
Çanakkale, Nr. 2) überschritten, die erste wichtige Schlacht fand am
Granikos (bei Biga, Nr. 3) statt, von dort zog *Alexander d. Gr.,* König
von Makedonien, nach Süden über Troja (Ilion, Nr. 5), wo er den
Neubau des Athenatempels gelobte, und Pergamon (Nr. 9) nach Sardis (Nr. 15), das sich kampflos ergab. Die nächste Station war Ephesos
(Nr. 22), wo sein Anerbieten, den Artemistempel wiederaufzubauen,
höflich abgelehnt wurde. Priene (Nr. 31) hingegen nahm ein gleiches
Angebot für den Athenatempel dankbar an; Milet (Nr. 32) und Halikarnass (Nr. 37) leisteten erbitterten Widerstand und wurden erobert;
der Feldzug wurde dann an der Küste entlang nach Lykien fortgesetzt. *Alexander* ›befreite‹ die Griechenstädte, d. h. er löste sie aus dem
System von Statthalterschaften (Satrapien), das er in den übrigen Teilen seines Riesenreiches, das den ganzen Nahen Osten bis zum Indus
umfaßte, beibehielt. Erst nach seinem Tode wurden die griechischen
Küstenstädte – bei nominell weiterbestehender Autonomie – de
facto Teile der neuen kleinasiatischen Territorialstaaten.
Denn als *Alexander* 323 v. Chr. im Alter von knapp 33 Jahren ohne
Nachfolger starb, wurde das Reich unter seinen Generälen aufgeteilt;
unter der Oberaufsicht des *Perdikkas* in Asien und des *Antipater* in
Europa wurden Ägypten und Zypern von *Ptolemaios,* Iran und Babylonien von *Seleukos,* Zentralanatolien von *Eumenes,* Süd- und West-
anatolien von *Antigonos Monophtalmos* (dem Einäugigen) und Thrakien von *Lysimachos* verwaltet. Später kam *Kassandros* als Statthalter
Makedoniens hinzu. Diese noch als Teile eines Einheitsstaates konzi-
pierten Verwaltungsbereiche verselbständigen sich schrittweise zu
einander ständig befehdenden Einzelstaaten, deren Herrscher bald
den Titel ›Basileus‹ (König) annahmen. – Die Schlacht von Ipsos in
Phrygien (301 v. Chr.; östlich von Afyon) brachte die erste Umord-
nung: *Antigonos* wurde getötet, *Lysimachos,* der Neugründer von
Ephesos, erhielt Kleinasien bis zum Taurus, *Seleukos,* der Herrscher
von Babylon und Iran, erhielt Syrien. – *Ptolemaios* von Ägypten und
seine gleichnamigen Nachfolger sowie *Seleukos* verfolgten aufmerk-
sam die weitere Entwicklung in Kleinasien und im Ägäisraum, um
günstigenfalls weitere Gebiete zu annektieren. Ihr Opfer wurde *Lysi-*

machos, dessen Schatzmeister *Philetairos* 283 v. Chr. auf die Seite des *Seleukos* trat. In der Schlacht am Sipylos bei Magnesia (Nr. 14) verlor *Lysimachos* 281 v. Chr. das Leben, und von seinen Besitzungen fiel Kleinasien an *Seleukos,* dem im selben Jahr *Antiochos I.,* der erste Seleukide (281–261 v. Chr.), folgte. In Pergamon (Nr. 9) gründete *Philetairos* eine eigene Herrschaft, deren weiterer Aufstieg die Geschichte Kleinasiens bis zum Auftreten der Römer bestimmte. Sein Neffe *Eumenes I.* besiegte *Antiochos I.* bei Sardis (Nr. 15) 261 v. Chr. und wurde damit auch von den Seleukiden unabhängig. – Von Norden einwandernde Keltenstämme (Galater) machten zu dieser Zeit Kleinasien unsicher; zwar waren sie schon von *Antiochos I.* besiegt und in der Gegend von Ankara angesiedelt worden, wo sie noch zur Zeit des Ap. *Paulus* im 1. Jh. n. Chr. wohnten (Brief an die Galater), machten aber den Pergamenern von dort mit Raubzügen zu schaffen.

Die griechischen Städte an der Westküste fielen 281 v. Chr. zunächst an die Seleukiden, wurden ihnen jedoch von den Ptolemäern teilweise wieder entrissen. *Philipp V.* von Makedonien und der Seleukide *Antiochos III.* schlossen 203 v. Chr. einen Geheimvertrag mit dem Ziel, das Ptolemäerreich unter sich aufzuteilen. Einige Städte Westkleinasiens wurden wieder erobert und Pergamon verwüstet, worauf die Pergamener und die Rhodier Rom um Hilfe riefen. Die Römer hatten mit *Philipp V.* von Makedonien bereits wegen dessen früheren Bündnisses mit ihrem Erzfeind *Hannibal* von Karthago (gest. 183 v. Chr.) Auseinandersetzungen in Griechenland (215–205 v. Chr.) gehabt, konnten sich jedoch erst nach Beendigung der Punischen Kriege (201 v. Chr., nach der Schlacht bei Zama) wieder dem Osten zuwenden und besiegten *Philipp V.* 197 v. Chr. in Thessalien. Nun versuchte *Antiochos III.,* bei dem *Hannibal* seit 195 v. Chr. als Heerführer diente, Griechenland von den Römern wieder zu ›befreien‹, wurde jedoch in der zweiten Schlacht bei Magnesia am Sipylos (Nr. 14; 190 v. Chr.) von den Pergamenern und Römern unter *L. C. Scipio,* einem Sohn des Siegers über *Hannibal* bei Zama, geschlagen und verlor Kleinasien bis zum Taurus an *Eumenes II.* von Pergamon (Nr. 9), während die meisten Städte an der Westküste wieder für autonom erklärt wurden. Karien erhielten die Rhodier (bis 168 v. Chr.). – Die Herrschaft der Pergamener (Nr. 9) stabilisierte die Verhältnisse in Kleinasien; ihr letzter König, *Attalos III.,* vermachte sein Reich 133 v. Chr. an die Römer, die es 129 v. Chr. zur Provinz Asia erklärten, eine gewisse Autonomie der Küstenstädte aber bis ins 1. Jh. n. Chr. respektierten. Der Sieg *Octavians,* des nachmaligen Kaisers *Augustus,* bei Actium (31 v. Chr.) über seine Gegner im römischen Bürgerkrieg leitete eine fast 300jährige Friedensperiode im westlichen Kleinasien ein. Die seit 27 v. Chr. ›senatorische‹ Provinz Asia wurde durch einen *proconsul* (Statthalter), drei *legati pro praetore* (Kommandanten), einen *quaestor* (höheren Finanzbeamten) und einige *procuratores* (Finanzbeamte) verwaltet. Die Städte hatten in der ›Gemeinschaft der Griechen von Asien‹ eine gewisse Vertretung gegenüber der römischen Verwaltung. Die Hauptaufgabe dieses Verbandes war indessen die Pflege des Kaiserkults, dessen Zeugnisse uns an Tempeln und Altären Kleinasiens immer wieder begegnen. Er hat seine Wurzeln im griechischen Heroen- und im orientalischen Herrscherkult. Schon die hellenistischen Königreiche pflegten den Herrscherkult (s. Pergamon, Nr. 9), *Augustus* duldete ihn nur in Verbindung mit der Göttin Roma. Erst spätere Kaiser forderten ihn sogar schon zu Lebzeiten. Heute, da Staat und Kirche im Westen weitgehend getrennt sind, erscheint uns der Kaiserkult als religiöses Phänomen besonders fremdartig. Der ›staatserhaltende‹ Zweck ist hingegen mit dem jenes Kultes vergleichbar, den totalitäre Staaten für ihre Heroen wie z. B. *Marx* und *Engels* und für ihre Herrscher mit Standbildern, Ehrenhallen, Versammlungen, Prozessionen und Mausoleen betreiben. – Allerdings ist das Römische Reich trotz des Kaiserkultes nicht in jeder Beziehung als totalitär zu bezeichnen. – Für die Christen war der Kaiserkult natürlich ein Stein des Anstoßes. Ein Briefwechsel zwischen *Plinius d. J.* und Kaiser *Trajan* (98–117 n. Chr.) über die Ablehnung des Kaiserkultes durch die Christen Kleinasiens und ihre Bestrafung ist erhalten. – Schon im 1. Jh. n. Chr. hatte der Ap. *Paulus* die ersten christlichen Gemeinden in Kleinasien gegründet und in vielen Briefen theologisch unterwiesen. Namentlich werden dort genannt: Alexandria Troas, Assos, Edremit, Pergamon, Smyrna, Sardis, Ephesos, Laodikeia, Kolossai, Milet; in der Offenbarung des Johannes werden dazu noch Thyateira (Akhisar, östlich von Pergamon) und Philadelphia (Alaşehir, östlich von Sardis) aufgezählt.

Neben dem Hellenismus hat vor allem die römische Kaiserzeit, namentlich die Zeit des *Augustus* und der Adoptivkaiser (96–192 n. Chr.), das Bild der antiken Städte Kleinasiens geprägt. Große Thermengymnasien, Tempel, Basiliken und Säulenstraßen sind in Pergamon, Ephesos, Aphrodisias und Milet erhalten.

Die politischen Wirren des 3. Jh. n. Chr. im Römischen Reich haben sich auch auf Kleinasien ausgewirkt. Kriege gegen den Iran unter den Parthern und ab 227 unter den Sassaniden brachten Durchzüge und Einquartierungen von Truppen, die auf Kosten des Landes gingen. Von Norden kommend, überfielen wandernde Goten die Küstenstädte, 253 n. Chr. Ephesos (Nr. 22), 262 die Troas, Lydien und Ionien. Die Palmyrener unter ihrer Königin *Zenobia* (267–272 n. Chr.) drangen für kurze Zeit von Syrien bis nach Zentralanatolien vor.

Am Ende des Jahrhunderts führte *Diokletian* (284–305 n. Chr.) Reformen durch, von denen die Verwaltungsteilung in Ost und West die folgenreichste war, die zwar die Abtrennung des Griechisch spre-

chenden Ostteils des Reiches einleitete, damit aber die Vorausset-
zung für sein Weiterbestehen schuf. Die Provinzen wurden in ›Diö-
zesen‹ unterteilt, ein Begriff, der in der bischöflichen Einteilung der
Kirche weiterlebt. – Eine seiner wirtschaftlichen Reformen, das sog.
diokletianische Preisedikt (301 n. Chr.), eine Festlegung von Preisen
für Waren und Dienstleistungen, richtete sich gegen die Inflation, die
Diokletian allerdings u. a. selbst durch Ausgabe abgewerteter Gold-
und Silbermünzen verursacht hatte. Teile von Inschriften mit diesem
Preisedikt sind in Aphrodisias (Nr. 28), Mylasa (Milâs, Nr. 36) und
Stratonikeia (Nr. 38) sowie in Aizanoi bei Kütahya gefunden worden.
Wenige Jahre nach dem Tode des *Diokletian,* der die Christen noch
verfolgte, wurde seit 311 das Christentum durch die Kaiser *Konstantin
d. Gr.* (306–337) und *Licinius* (317–324) offiziell geduldet und 313 im
Edikt von Mailand für gleichberechtigt mit den übrigen Religionen
erklärt. *Konstantin* verlegte den Sitz der Reichsregierung von Rom
nach Byzanz (330), das seitdem Konstantinopel heißt; damit wurde
der Schwerpunkt des Reiches nach Osten verlagert und die Kontinuität des ›Römischen Reiches‹ in diesem Teil der Alten Welt für weitere 1100 Jahre gesichert. Denn die sog. Byzantiner verstanden sich
selbst als Römer – noch heute werden die in islamischen Ländern
lebenden Griechen ›Rum‹ (= Römer) genannt.
Eine Darstellung des ›byzantinischen Jahrtausends‹ in der hier gebo-
tenen Kürze müßte zu einer Aufzählung von Feldzügen und Krisen
geraten und würde keinen Eindruck von der Kontinuität und Höhe
der christlichen, griechisch-römischen Kultur von Byzanz vermitteln, die einen großen direkten Einfluß auf das östliche und einen
mittelbaren Einfluß auf das westliche Europa des Mittelalters ausgeübt hat. Die Byzantiner führten das Rechts- und Verwaltungssystem der Römer fort und bewahrten zugleich – mehr als der
Westen des ehemaligen Imperiums – die griechische Kultur. Zu diesen beiden Elementen des byzantinischen Staates kam als drittes die
christliche Religion. Glaubensfragen wurden auf den Ökumeni-
schen, d. h. die ganze damals bekannte, ›bewohnte‹ Welt umfassen-
den Konzilen in heftigen Kontroversen diskutiert und dabei schließlich die allgemeine (d. i. ›katholische‹) Basis des Rechten Glaubens für
die Christenheit in Ost und West gelegt. Vier der ersten sieben Öku-
menischen Konzile fanden in Kleinasien statt, das 1. (325) und 7. (787)
in Nikäa (Iznik), das 3. in Ephesos (431), das 4. in Chalkedon (Kadiköy),
die übrigen in Konstantinopel. In konstantinischer Zeit beginnt der
monumentale Kirchenbau sowohl in Konstantinopel und Kleinasien
als auch in Rom. Der bedeutendste erhaltene Bau aus dieser Zeit in
Westkleinasien ist die Konzilskirche in Ephesos (Nr. 22, F).
In Rom wurde hingegen auch der Kaiserkult – z. B. für *Konstantin* –
weitergeführt. Erst *Theodosios I.* (379–395) verbot (391) die heidnischen

Kulte im ganzen Reich und befahl daher 394, auch die Olympischen Spiele, die ja zum Zeuskult gehörten, einzustellen. – Sein Nachfolger *Theodosios II.* ließ heidnische Tempel sogar zerstören (435). Trotz der seit *Konstantin* weitgehend getrennten Verwaltung in Ost und West galt das Römische Reich noch bis 476 n. Chr. als Einheit. Erst die Absetzung des römischen Kaisers *Romulus Augustulus* durch den Germanenfürsten *Odoaker* in diesem Jahre bedeutete das Ende des Weströmischen Reiches und besiegelte die Abtrennung des Ostens.

Unter dem Kaiser *Justinian* (527–565) wird nur Italien politisch noch einmal mit dem Oströmischen Reich vereint. Dagegen bestand die kirchliche Einheit trotz einiger Brüche nominell weiter bis zu dem endgültigen Schisma zwischen der römisch-katholischen und der griechisch-orthodoxen Kirche (1054). – Architekten aus Kleinasien, *Anthemios* von Tralleis (Nr. 24), *Isidoros* von Milet (Nr. 32) und *Isidoros d. J.,* errichteten unter *Justinian* in Konstantinopel die bedeutendsten, an Größe und Pracht nie wieder erreichten byzantinischen Kirchen: die Hagia Sophia und die Apostelkirche, deren Abbild in der Johanneskirche von Ephesos (Nr. 22, II) erhalten ist. Um die Pracht der mit Marmor und mit Goldgrundmosaiken verkleideten byzantinischen Architektur der Zeit *Justinians* zu erleben, muß man allerdings nach Istanbul und Ravenna reisen, da in Kleinasien nur weniges aus dieser Zeit in Ruinen erhalten ist (Ephesos, Nr. 22; Hierapolis, Nr. 29; Milet, Nr. 32). – Im Corpus Iuris ließ *Justinian* die teilweise schon seit 600 Jahren gültigen, immer wieder ergänzten Vorschriften des römischen Rechts zu einem Gesetzbuch zusammenfassen, das noch heute eine der Grundlagen des Privatrechts bildet und aus dem einige Vorschriften u. a. des Schuldrechts im BGB von 1896 weiterhin gültig sind.

Kaiser *Herakleios* (610–641) erhob das Griechische zur einzigen offiziellen Amtssprache und nahm den Titel ›Basileus‹ an, womit er an die griechische Herrschertradition anknüpfte. Er gab dem Byzantinischen Reich eine neue Verwaltungseinteilung, bei der Kleinasien in vier Abschnitte (Themata) geteilt wurde, denen vier Heerkorps entsprachen. Der größte Teil unseres Reisegebiets gehörte zum Thema Thrakesion mit Ephesos als Hauptort.

Von den Krisen des 7. und 8. Jh. wurde auch Kleinasien mitgenommen. Zunächst zogen die Perser unter den Sassaniden mehrfach marodierend durch das Land, später die Araber, die jeweils für kurze Zeit u. a. Ephesos (Nr. 22) und Kyzikos (Nr. 4) besetzten und mehrmals Konstantinopel belagerten. Der sog. Bilderstreit (etwa 730–838) um die Frage, ob die Abbildung von Christus und den Heiligen erlaubt sei oder nicht, wurde mit größter Erbitterung ausgetragen. – Die im 9. Jh. von Thessaloniki ausgehende Slavenmission durch die Brüder *Methodios* und *Kyrillos,* die Slavisch als Liturgiesprache (Kirchenslavisch) einführten, trug indessen die kulturelle Tradition von Byzanz nach Osteuropa, so daß sich Moskau unter *Ivan III.* nach dem Untergang von Byzanz mit einem gewissen Recht als ›Drittes Rom‹ bezeichnen konnte (1471). – Noch in die Zeit des *Herakleios* (s. o.) fällt die Flucht *Mohammeds* von Mekka nach Medina (622) und damit der Beginn der Epoche des Islam, der schon bald die bis heute bestimmende Kraft im Vorderen Orient werden sollte.

Im Jahre 1071 traten die aus Zentralasien stammenden oghusischen (Südost-) *Türken,* die den Islam angenommen hatten, in die Geschichte Kleinasiens ein. Unter ihren Herrschern aus der Dynastie der Seldschuken besiegten sie die Byzantiner bei Manzikert, 1600 km östlich von Konstantinopel am Vansee, eroberten Anatolien im ersten Ansturm bis zum Marmarameer und hielten Nikäa (Iznik) von 1081–1097 besetzt; in Konya entstand das Sultanat der Rumseldschuken (1097–1243). Mit Unterstützung der Ritter des Ersten Kreuzzuges (1096–1099) gelang den Byzantinern zwar die Rückeroberung des westlichen Kleinasien bis etwa Milet, aber das mächtige Sultanat von Konya blieb bestehen – 150 Jahre als selbständiger Staat, ab 1243 unter mongolischer Oberherrschaft. Architektur und Ornamentik der Seldschuken hatten bestimmenden Einfluß auf die osmanische Baukunst (vgl. die Ilyas Bey Camii in Milet; Nr. 32 W).

Während des Zweiten Kreuzzuges marschierten ein französisches und ein deutsches Heer über Edremit, Izmir (Nr. 17) und Ephesos (Nr. 22) und wurden 1147 bei Laodikeia (Nr. 29) von den Seldschuken geschlagen. Der Dritte Kreuzzug unter Führung *Friedrichs I. ,* gen. *Barbarossa,* zog 1190 über Gallipoli (Gelibolu, Nr. 1), Sardis (Nr. 15) und wieder über Laodikeia, besiegte die Seldschuken bei Konya und erzwang den Durchzug zur Südküste; *Barbarossa* ertrank bei Seleukeia (Silifke) in einem Fluß (Göksu).

Zu einer Katastrophe für das Byzantinische Reich wurde der Vierte Kreuzzug (1202–1204), dessen Heer unterwegs – durch Venedig veranlaßt und durch eine dynastische Krise in Byzanz begünstigt – Konstantinopel als Kriegsziel annahm und eroberte. Die Stadt wurde aufs grausamste geplündert und die Kirchen geschändet. Man gründete das sog. *Lateinische* (d. h. römisch-katholische) *Kaiserreich* mit abendländischer Lehenverfassung, das Nordwestkleinasien bis Edremit sowie Makedonien und Thrakien umfaßte, während Venedig die Inseln der Ägäis erhielt. Die byzantinische Tradition wurde politisch und kulturell durch einen Staat aufrecht erhalten, der von Nikäa (Iznik) aus einen Teil Kleinasiens zwischen Edremit und Karien und fast bis Ankara beherrschte. Von Nikäa aus konnten die Byzantiner erst Nordwestkleinasien und Nordgriechenland und 1261 schließlich auch Konstantinopel zurückerobern. Die letzten beiden Jahrhunderte byzantinischer Geschichte unter den Paläologen-Kaisern sind durch den Aufstieg des Osmanischen Reiches und die Kämpfe auf dem Balkan gekennzeichnet.

An Baudenkmälern dieser Epoche sind in Kleinasien lediglich einige Befestigungen erhalten geblieben, die z. T. von den immer einflußreicheren italienischen Handelsstädten Venedig und Genua errichtet worden sind (Çandarlı, Nr. 10; Çeşme, Nr. 18; Kuşadası, Nr. 23).

In Westkleinasien, am Rande des Sultanats der Rumseldschuken von Konya, bildeten sich im 13. Jh. kleine turkmenische Emirate, die nach ihren Fürsten genannt werden: die Karası in Mysien mit der Hauptstadt Bergama (Nr. 9), die Nachkommen Saruhans (1302–1390) in der Umgebung von Manisa (Nr. 14), die Aydınoğlu (etwa 1302–1390, 1402/3) im Hinterland von Izmir (Nr. 17) und in Aydın (Nr. 24), schließlich die Mentesche in Milâs (Nr. 36; etwa 1300–1390, 1402–1424). – Ein solches Fürstentum am Rande des Sultanats von Konya, das Emirat *Ertuğruls* (1231–1288) und seines Sohnes *Osman* (1288– 1326) westlich von Eskişehir, war die Keimzelle des *Osmanischen Reiches.*

Von hier aus wurden Teile Kleinasiens und des Balkans und die späteren Hauptstädte Bursa (1326) und – nach der Überquerung der Dardanellen – Adrianopel (Edirne, etwa 1365) erobert. Doch zentralasiatische Völker unter *Timur Lenk* (›dem Lahmen‹) verzögerten durch einen Sieg bei Ankara (1402) über *Beyazid I.* den Aufstieg der Osmanen um 11 Jahre, da *Timur* zunächst die einzelnen Fürsten wieder einsetzte und Bursa von 1402–1413 selbst behielt.

Mit der Rückeroberung dieser Gebiete (bis 1413), der Besetzung der Reste des Byzantinischen Reiches, das seit 1402 nur noch die Größe eines Landkreises vor den Toren der Stadt gehabt hatte, und mit der Einnahme von Konstantinopel im Jahre 1453 durch *Mehmed II. Fatih* (›dem Eroberer‹) übernahmen die Osmanen das historische Erbe des Byzantinischen Reiches. Wie dieses war das Osmanische Reich ein Staat mit vielen Völkern und Religionen, Kleinasien und die Balkanprovinzen waren seine Kernlande, an den Küsten Kleinasiens und in der Hauptstadt Istanbul (Konstantinopel) selbst bildeten die Griechen die größte christliche Minorität.

Das Osmanische Reich vereinigte im 16. und 17. Jh. Länder von Ungarn bis Mesopotamien und bis Ägypten, die seit Justinian nicht mehr unter einer Herrschaft gewesen waren. 1529 und 1683 wurde Wien von den Türken belagert. Vom 15.–18. Jh. war die osmanische Herrschaft in Kleinasien äußerlich unbedroht, doch der innere Friede wurde durch Aufstände aus sozialen und religiösen Gründen oft erschüttert. Von der Pracht der osmanischen Architektur der Hauptstadt ist in Kleinasien allerdings nur ein Abglanz zu spüren (Manisa, Nr. 14; Birgi, Nr. 16).

Im Bemühen der europäischen Mächte um politischen und wirtschaftlichen Einfluß im Osmanischen Reich spielte Kleinasien mit der Handelsstadt Izmir (Nr. 17) eine wichtige Rolle. Am Ende des 19. Jh. wurde Anatolien durch den Bau von Eisenbahnen und Straßen mit deutscher und französischer Beteiligung erschlossen. Teils durch Zufall, teils durch methodisches Suchen wurden in dieser Zeit die wichtigsten antiken Städte Kleinasiens wiederentdeckt und zum ersten Mal erforscht; in Istanbul entstand ein zentrales Antikenmuseum unter dem türkischen Gelehrten *Osman Hamdi Bey.* Bei den ersten ausländischen Grabungen sahen die Konzessionen Fundteilung vor. Auf diese Weise sowie durch Verkäufe und durch diplomatische Geschenke der osmanischen Regierung gelangten zahlreiche Antiken in europäische Museen, wo sie seither Anregung zu umfangreicher archäologischer Forschung und zu Reisen in die sog. klassischen Länder, zu denen auch die Türkei gehört, gegeben haben.

Im Ersten Weltkrieg fand an den Dardanellen eine für das Bestehen des türkischen Staates entscheidende Schlacht statt (Nr. 2; 1915/16), bei der eine alliierte Besetzung der Dardanellen verhindert wurde. Während der Neugründung der Türkei als Nationalstaat unter der Führung von *Mustafa Kemal* (Atatürk) wurde ihre Existenz durch Invasionen der Griechen bedroht, die jedoch 1922 durch den türkischen Sieg bei Dumlupınar (östlich von Uşak) und die Rückeroberung von Izmir (Nr. 17) abgewehrt wurden. – Im Vertrag von Lausanne (1923) mit der neuen türkischen Regierung, der an die Stelle des ersten, wesentlich ungünstigeren Friedensvertrages von Sèvres (bei Paris, 1920) zwischen dem Sultan und den Alliierten trat, wurde das Staatsgebiet der Türkei – im wesentlichen Kleinasien und Thrakien – und die türkische Hoheit über die Dardanellen international anerkannt. – Das Ziel *Mustafa Kemals* war eine demokratische Verfassung mit völliger Trennung von Staat und islamischer Religion, daher die Abschaffung des Kalifats (des geistlichen Oberhaupts des Islams), die Einführung des Sonntags statt des Freitags als Wochenfeiertag, u. a. – Justiz und Verwaltung wurden nach westlichem Muster aufgebaut. Die Einführung der lateinischen Schrift statt der arabischen und der europäischen Kleidung verdeutlichen die Orientierung des neuen Staatswesens nach Westen auch äußerlich. Die Zugehörigkeit zur NATO, wirtschaftliche und durch die in Mitteleuropa arbeitenden Türken auch vielfälige persönliche Beziehungen verbinden die Türkei noch stärker mit Europa als ehedem. – Die Türken haben jedoch ihre Eigenständigkeit und Unabhängigkeit bewahrt und treten dem Reisenden mit überlegener Höflichkeit und Gastfreundlichkeit entgegen, die einen beim Gedanken an die Behandlung, die sie durch ihre mitteleuropäischen ›Gastvölker‹ erfahren, beschämen müssen. Reisen in die Türkei sollten daher neben dem Blick in die gemeinsame Vergangenheit das Verständnis und die Achtung für die hier lebenden Menschen zum Hauptziel haben.

B. DIE KUNSTDENKMÄLER UND ARCHÄOLOGISCHEN STÄTTEN

I Gelibolu

Die malerisch in einer Bucht der Steilküste des Marmarameeres, an der Einfahrt zu den Dardanellen gelegene Kleinstadt Gelibolu (das antike *Kallipolis*) war wegen ihrer Lage an diesem wichtigen Seeweg Schauplatz einiger historischer Ereignisse: 405 v. Chr. fand in ihrer Nähe die Seeschlacht bei den Aigospotamoi statt, in der Sparta den entscheidenden Sieg über Athen errang und damit den Peloponnesischen Krieg für sich entschied. 1357 wurde Gelibolu als erster Ort in Europa von den Türken unter *Suleiman Paşa* erobert. Aus dieser Stadt stammt der türkische Admiral *Pirî Reis* (1465–1554), der bedeutendste osmanische Geograph, der 1513 eine Weltkarte in einheitlichem Maßstab zeichnete, die auch die Küsten des erst 1492 entdeckten Amerika nach der Karte des *Columbus* (1498) enthielt. 1521–1525 schrieb *Pirî Reis* sein ›Handbuch der Navigation des Mittelmeeres‹ mit Karten der Küste, Plänen und Beschreibungen der wichtigsten Häfen und Orte, wobei er sich auf die portugiesischen Hafenbücher (›Portolanen‹) stützen konnte. – 1854, während des Krimkriegs, machten die mit den Türken gegen Rußland verbündeten Engländer und Franzosen in Gelibolu Quartier.

Das bedeutendste Baudenkmal ist eine kleine islamische Gebetsstätte unter freiem Himmel, *Azebeler Namazgâhı* genannt, in der Nähe des auf einem vorspringenden Kap stehenden Leuchtturms am Ostrand des Ortes. Die schlichte, nur mit wenigen Koraninschriften und Ornamenten verzierte Anlage aus Marmor wurde 1407 errichtet und besteht aus einer niedrigen Ein-

Azebeler Namazgâhı

18

friedung mit einem Tor; nur die Südwand, die die Gebetsrichtung nach Mekka bezeichnet, ist hochgezogen und verbindet die Gebetsnische (Mihrab) mit zwei Kanzeln (Minber). Das Ganze zeigt also die bauliche Mindestausstattung einer Moschee.

Ferner sind drei *frühosmanische Türben* (Grabbauten) im Ort und ein *byzantinischer Festungsturm* (8. Jh.) am Hafen zu erwähnen; im Gebäude des Tourist Office am Hafen ist eine kleine Sammlung von antiken Marmorfunden zusammengetragen, u. a. zwei flache Scheiben mit Lotospalmettenfriesen, die von der Insel Samothrake stammen, von dort noch in osmanischer Zeit ins Museum von Istanbul geschafft werden sollten, unterwegs aber wegen Schiffbruchs hier liegenblieben.

Von Gelibolu verkehrt eine Fähre nach *Lapseki* (Lampsakos) auf dem asiatischen Ufer an der Straße von Çanakkale (Nr. 2) nach Biga (Nr. 3).

2 Eceabat · Dardanellen · Çanakkale

Die Straße von Gelibolu nach Eceabat führt am Nordufer der *Dardanellen* entlang, einer 60 km langen und 1,4–6 km breiten Meerenge, die zwischen Europa und Kleinasien Mittelmeer und Marmarameer verbindet. Ihr antiker Name, *Hellespont*, und der heutige leiten sich, ebenso wie der Name Europa, von griechischen Sagengestalten her. Hierin findet die große wirtschaftliche und strategische Bedeutung dieser Seeverbindung einerseits, die Nähe der beiden Kontinente andererseits schon in mythischer Frühzeit ihren Ausdruck; das Gleiche beweisen die historisch bedeutungsvollen Überquerungen dieser Meerenge.

Festung Kilitbahir an den Dardanellen

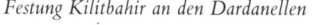

Die Perser unter *Xerxes* schlugen 480 v. Chr. eine Schiffsbrücke zu einem – gescheiterten – Versuch, Griechenland zu erobern. *Alexander d. Gr.* begann 334 v. Chr. seinen Eroberungszug durch Asien wieder an den Dardanellen (s. Biga; Nr. 3), und 1356 überquerten die Türken die Wasserstraße im Zuge der Eroberung des byzantinischen Reiches. Engländer unter *W. Churchill* und Franzosen versuchten 1915, die Dardanellen zu besetzen, um Rußland Zugang zu den Weltmeeren zu verschaffen. Es gelang jedoch den von *Mustafa Kemal Paşa*, dem späteren Gründer der Türkischen Republik, gen. *Atatürk*, befehligten türkischen Besatzungen, die von deutschen Truppen unterstützt wurden, die Stellungen zu halten und die Alliierten zum Abzug zu zwingen; diese fast ein Jahr dauernden Kämpfe kosteten etwa einer halben Million Menschen das Leben. Der endlich errungene türkische Sieg begründete den militärischen und patriotischen Ruhm *Mustafa Kemal Paşas* und wird noch heute oft als Beispiel deutsch-türkischer Waffenbruderschaft zitiert.

Der heutige, besonders für Rußland, Rumänien und Bulgarien wichtige zivile – und militärische – Seeverkehr durch die Meerengen wurde durch den Vertrag von Montreux (20. Juli 1936) geregelt und vollzieht sich unter türkischer Hoheit.

Eceabat   Nr. 2

Die heute wichtigste Fähre über die Dardanellen verkehrt stündlich zwischen *Eceabat* und *Çanakkale*; kleine Fähren gehen bei Bedarf von einem 4 km südlich von Eceabat an der engsten Stelle der Dardanellen gelegenen Dorf ab, welches von der osmanischen *Sperrfestung Kilitbahir* (= ›Schlüssel des Meeres‹) überragt wird; sie wurde 1462/63 unter *Mehmed II.*, dem Eroberer Konstantinopels, errichtet. Der Kernbau aus drei gewaltigen, 40 m dicken Rundtürmen hat einen raffinierten geometrischen Grundriß aus ineinandergezeichneten Kreisen, der sich nicht aus fortifikatorischer Zweckmäßigkeit, sondern nur aus Freude an mathematischen Formen erklären läßt. Das trutzige Äußere ist mit einem Ornamentband aus Ziegeln verziert. – Ein seitlicher, später angebauter Turm enthält ein kleines *Heimatmuseum*.

Die Straße führt weiter zur Spitze der Halbinsel mit mehreren Monumenten der Gallipoli-Kampagne von 1915.

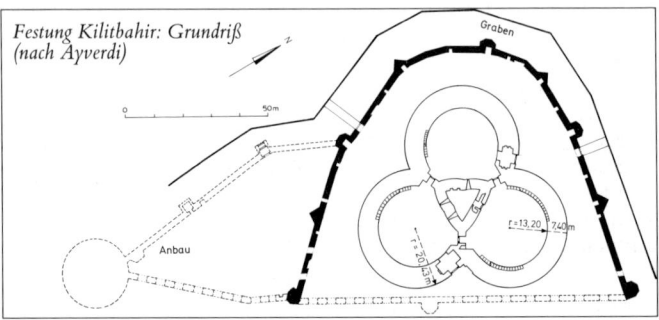

Festung Kilitbahir: Grundriß
(nach Ayverdi)

Çanakkale auf der kleinasiatischen Seite der Dardanellen ist Hauptstadt eines Vilayets (Regierungsbezirks); die *Burg Sultaniye Kale* (1454), als deren Gegenstück kurz danach die Festung *Kilitbahir* errichtet wurde, enthält ein vom türkischen Heer besorgtes *Militärmuseum* mit Geschützen und Gerät aus der Schlacht um die Dardanellen. Vom Dach des Kernbaus guter Überblick über die Meerenge.

Archäologisches Museum: Das Museum ist zur Zeit der Drucklegung dieses Cicerone noch in einer aufgelassenen Kirche des 19. Jh. und in deren Garten untergebracht (gelbe Wegweiser); ein neues Museum an der Straße nach Truva (Troja; Richtung Edremit-Izmir) ist im Bau. Die Sammlung enhält neben einzelnen antiken und byzantinischen Bauteilen (Garten), Grabsteinen unterschiedlicher Qualität und einer Auswahl antiker Keramik vor allem die Grabbeigaben aus einem großen *Grabhügel (Tumulus)*.

Dieser sog. ›Dardanos-Tumulus‹ liegt 10 km südwestlich von Çanakkale, unweit der Straße nach Troja, und kann in Begleitung eines Museumswächters (im Museum anfragen) auch besichtigt werden. Es handelt sich um einen Grabhügel, dessen steinerne, aus einem langen Gang und zwei Kammern bestehende Grabanlage von Archäologen 1959 in ungestörtem Zustand gefunden wurde. Die Anlage dürfte im 4. Jh. v. Chr. erbaut worden sein und enthielt 25 Bestattungen, deren

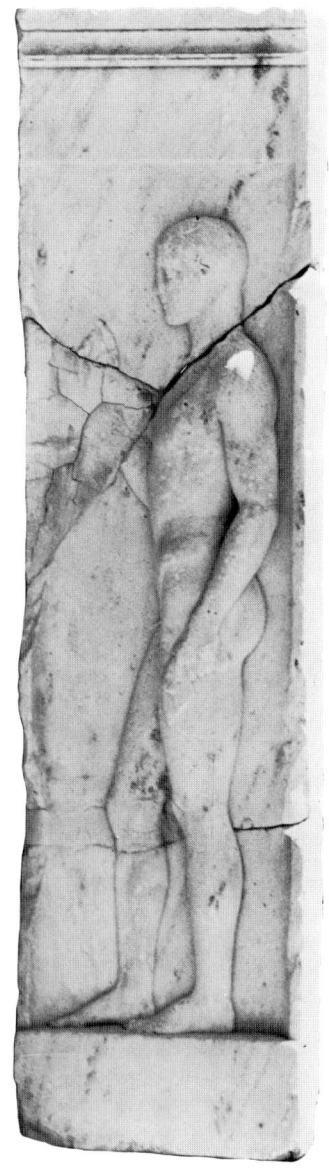

Ionische Grabstele (Museum Çanakkale)

letzte erst im Hellenismus vorgenommen wurde. Die Grabbeigaben waren überaus reichlich: Ton-, Metall- und Alabastergefäße, zahlreiche Holzgegenstände, darunter ein Musikinstrument, Kämme, Nadeln und andere kleine Geräte aus Bein, Goldschmuck und schließlich eine weiß überzogene Terrakottastatuette einer nur mit reichem Goldschmuck bekleideten Aphrodite.

Bedeutend sind ferner ein spätklassisches Kieselmosaik und eine ionische Grabstele des ›Strengen Stils‹ (460–450) mit der Darstellung eines Weitspringers, erkennbar an einem der hantelartigen Gewichte, welche die griechischen Sportler dieser Disziplin zu benutzen pflegten.

Man vermißte im alten Museum Beispiele der sog. *Çanakkale-Keramik*, einer glasierten Ware des 18. und 19. Jh. mit phantasievollen Schiffsdarstellungen (Museum in Istanbul, Çinilli Köşk).

3   Biga

Von Çanakkale ostwärts, wieder am Ufer der Dardanellen entlang, führt eine Straße in Richtung Bursa. Das Städtchen *Lapseki* (40 km, Lampsakos) ist eine antike Gründung Phokäas (Nr. 12), weist aber keine antiken Reste mehr auf. Der Perserkönig *Artaxerxes* (464–425 v. Chr.) schenkte die Einkünfte dieser Stadt dem 471 aus Athen verbannten *Themistokles*, demselben, der 480 seinen Vater *Xerxes* bei Salamis besiegt hatte!

Biga (96 km von Çanakkale) liegt am *Çan Çay*, dem antiken *Granikos*, an dessen Ufern *Alexander d. Gr.* 334 v. Chr. den ersten Sieg über die Perser errang, der für die Geschichte der griechischen Städte Kleinasiens von entscheidender Bedeutung war. Zwar verstand sich *Alexander* als Nachfolger der persischen Großkönige, den Griechen gegenüber aber zugleich als gesamtgriechischer Feldherr, der die Freiheit der Griechenstädte vom persischen Joch erkämpfte. So zog er vom Granikos an der Küste Kleinasiens nach Süden und löste in Sardis, Ephesos und Milet die persischen Verwaltungen auf und ersetzte sie durch die traditionellen autonomen Regierungsformen, die natürlich unter makedonischer Oberherrschaft standen, während er im Inneren Kleinasiens das persische Verwaltungssystem beibehielt.

Reste einer antiken Siedlung sind bei Biga nicht sichtbar, lediglich in dem 22 km nördlich an der Küste gelegenen *Karabiga* sind Reste einer *byzantinischen Festung* erhalten.

Das *Schlachtfeld* liegt in der heute versumpften Ebene nordwestlich der Straße Biga-Karabiga, die 500–1000 m westlich des Koca Çay (Granikos) verläuft. *Alexanders* Heer war an der Küste entlang marschiert und hatte sich dem Felde von Norden (aus Richtung Karabiga) genähert.

4 Kyzikos · Erdek · Insel Marmara

Auf einer Landenge (Isthmos), die die große Halbinsel von Erdek mit dem Festland verbindet, 14 km westlich von *Bandırma*, liegen die Ruinen des antiken *Kyzikos*, das von Milet aus im 7. Jh. gegründet wurde. In der Antike teilte es das Schicksal der anderen Küstenstädte Kleinasiens (s. Histor. Überblick). Eine besondere Bedeutung haten seine Elektronmünzen (32–52 % Gold mit Silber legiert) von ca. 16 g Gewicht als Zahlungsmittel im Handel zwischen Griechen und Persern. Zwei Seefahrer aus Kyzikos, *Hippalos* und *Eudoxos*, entdeckten 117/116 v. Chr. den direkten Seeweg nach Indien unter Ausnutzung des Monsuns. – Schon 1339 wurde Kyzikos von den Osmanen erobert.

Die antiken Überreste stammen aus römischer Zeit und liegen auf dem Isthmos selbst (Reste der Stadtmauer und ein Aquädukt) sowie in dem Olivenhain an dem nördlich davon aufsteigenden Hang und an der Straße nach Erdek. Einen Überblick gewinnt man an der Gabelung der Straße von Erdek nach Bandırma und Aşağı Yapıcı. Am Hang ist die Mulde eines *Theaters* zu erkennen. Nördlich davon in einem Bachbett die Reste eines *Amphitheaters* (›Belkis sarayı‹ genannt) und eines weiteren Aquädukts. – An der Hangseite, unweit der Straße nach Erdek, liegt die Ruine vom Podium des *Zeus-Tempels* (›Bedesten‹), den *Hadrian* 134 n. Chr. nach einem schweren Erdbeben wiedererrichten ließ. Der Tempel wurde 139 n. Chr. eingeweiht, gehörte einst zu den größten und berühmtesten Bauten Kleinasiens und wurde sogar gelegentlich zu den Weltwundern gezählt. Die Reste bestehen allerdings nur noch aus einigen unterirdischen, gewölbten Tunneln. – Nicht weit davon, südlich der Straße, steht die noch 2 m hohe Ruine eines sechseckigen *byzantinischen Turms* (›Kız Hamamı‹).

Am Hafen von Erdek, 10 km von der Landenge entfernt, sind einige Marmorfunde aus Kyzikos zusammengestellt: Das Fragment eines archaischen Kuros, ein Bruchstück einer großen mit Weinranken verzierten Säulentrommel des Zeus-Tempels und andere Teile verschiedener Bauten.

Erdek ist der Ausgangspunkt der mehrmals wöchentlich verkehrenden Motorboote zur *Insel Marmara*, dem antiken *Prokonnesos*, dessen Marmorbrüche seit dem 4. Jh. v. Chr. bis in die byzantinische Zeit das Material für viele Bauten Kleinasiens geliefert haben. Wegen der schwierigen Verbindungen sind für einen Ausflug nach Marmara 2½ – 3 Tage erforderlich. Das Boot läuft den Hauptort der Insel an der Südküste an, wo auch einige einfache Pensionen zu finden sind. Die Marmorbrüche, in denen unfertige antike Bauglieder und Skulpturen gefunden wurden, liegen dagegen an der Nordküste, u. a. beim Ort *Saraylar*, und sind mit dem Boot oder dem Dolmuş zu erreichen. Interessant sind dort vor allem korinthische Kapitele, deren schrittweise Fertigstellung an Stücken aller Fertigungsstufen verfolgt werden kann. – Am Südufer des Kuş Gölü, westlich von Ergili (40 km südlich von Bandırma) liegen die geringen Überreste von *Daskyleion*, dem Sitz persischer Satrapen vom 6.– 4. Jh. v. Chr.

An der Straße von Bandırma nach Bursa, im Ort *Karacabey*, sind die Moschee (in Restaurierung) und der Grabbau (Türbe) des Karacabey (gefallen 1455 vor Belgrad) zu erwähnen, ferner am *Apolyontsee* der einsam gelegene *Issızhan* (auch *Hayırsızhan* genannt; um 1390), der als Beispiel einer einfachen Karawanenstation gelten kann. Das malerische, aber zusehends stärker verfallende Fischerdorf *Apolyont* (auch *Gölyazı*) auf einer Halbinsel im See enthält noch einige alte Fachwerkhäuser und Spuren von Befestigungen.

Truva, in der Antike *Troja* oder *Ilion* genannt, liegt 30 km südöstlich von Çanakkale, am Ende eines schmalen Höhenzuges, der sich weit in die Fluß-ebene des *Küçük Menderes* (des antiken *Skamander*) und des *Dumrek (Sinoïs)* hin-auszieht und heute von weitem durch die hohe, moderne Moschee des Dorfes *Tevfikye (Hisarlik)* gekennzeichnet wird. Der Ort galt schon in der Antike als die Stätte, um die sich der trojanische Sagenkreis rankt.

Die Gestaltung dieser Sagen durch *Homer* in den beiden Epen ›Ilias‹ und ›Odyssee‹ im 8. Jh. v. Chr. stellt den Anfang der griechischen Literatur und des abendländischen Denkens überhaupt dar. – Der Sage nach entführte *Paris*, ein Sohn des trojanischen Königs *Priamos*, ermuntert durch die Göttin Aphrodite, der er den goldenen Apfel als der schönsten Gottheit zugesprochen hatte, die schöne *Helena*, Gattin des *Menelaos* von Sparta, aus Griechenland hierher und gab damit den Anlaß zu einem Feldzug griechischer Fürsten unter Führung des *Agamemnon* gegen Troja und den 10jährigen Kämpfen zwischen den von den olympischen Göttern wechselseitig unterstützten Helden wie *Aias, Achilleus, Odysseus* u. a. auf der achäischen (griechischen) und *Aeneas, Hektor, Paris*, der Amazone *Penthesilea* u. a. auf trojanischer Seite. Erst die – neuerdings wieder gerne zitierte – List mit dem hölzernen Pferd, in dem sich eine kleine Gruppe von Achäern in die Stadt schmuggelte, führte zur Eroberung und Zerstörung Trojas. Daran schloß sich die in der ›Odyssee‹ geschilderte 10jährige Irrfahrt des ›listenreichen‹ *Odysseus* und die Flucht des *Aeneas* nach Italien, die – als Gründungssage Roms – durch den römischen Dichter *Vergil* (70–19 v. Chr.) in der ›Aeneis‹ ihre klassische Form erhielt.

Vor diesem mythischen Hintergrund mag manchem die Ruinen-stätte als klein, staubig und verwirrend erscheinen, aber man muß sich klarmachen, daß sich die geistige Leistung dieser Mythen nicht in den Steinen wiederfinden läßt und daß man natürlich nicht die ganze Siedlung des homerischen Troja, sondern nur den Herrscher-sitz vor sich hat. Andererseits hat die Grabung immerhin hinsichtlich seiner fast kontinuierlichen Besiedlung über 4 Jahrtausende und der Qualität auch des frühen Mauerwerks einen durchaus einzigartigen Platz freigelegt, der, begünstigt durch seine Lage über einer frucht-baren Ebene und nahe am Schnittpunkt der Wanderungswege zwi-schen Asien und Europa und des Seewegs von der Ägäis ins Schwarze Meer, lange Zeit hindurch eine bedeutende Rolle gespielt hat und wohl auch daher zum Hauptort der Mythen geworden ist, in dem sich offenbar die Unruhen der großen Wanderungen in der 2. Hälfte des 2. Jahrtausends v. Chr. widerspiegeln.

Fast ebenso bekannt wie der Name Troja selbst ist der Name *Heinrich Schliemanns* (1822–1890), der die Ausgrabungen mit dem Ziel, das homerische Troja zu finden, an diesem Ort begann. Mit der Begeiste-rung des Dilettanten und dem unerschütterlichen Vertrauen in die sachliche Richtigkeit der homerischen Epen, zugleich aber mit gründlichen philologischen und archäologischen Kenntnissen, die er 1866–1868 in Paris erworben hatte, sowie mit der finanziellen Unab-hängigkeit eines Großkaufmanns, der er bis 1864 in St. Petersburg (Leningrad) gewesen war, hatte Schliemann der herrschenden Lehr-

meinung zum Trotz 1870 an dieser, damals *Hisarlik* (= ›Bürglein‹) genannten, Stelle den Spaten angesetzt, da ihm die Ortsangaben bei *Homer* hier am besten zuzutreffen schienen. Waren die ersten Grabungen, vor allem der große Nord-Süd-Schnitt, der noch heute den Hügel deutlich aufspaltet, methodisch nicht auf der Höhe seiner Zeit, so erbrachten schon die Untersuchungen ab 1882 durch genaue Schicht-und Bauphasenbeobachtungen ein sehr differenziertes Bild der Siedlungsabfolge dieses Hügels. Dies ist vor allem das Verdienst *W. Dörpfelds* (1853–1940), eines Bauforschers, der bei der Ausgrabung von Olympia wissenschaftliche Grabungserfahrungen gewonnen hatte. Er führte die Grabungen nach *Schliemanns* Tod (1890) noch bis 1894 weiter, und erst ihm war es vergönnt, unter den 9 Hauptsiedlungsperioden die Phasen *Troja VI und VIIa* als die mykenischen zu erweisen, also als Siedlung der Zeit, in die der Trojanische Krieg wohl zu datieren ist. – 1932–1938 unternahm ein amerikanisches Team unter der Leitung *C. W. Blegens* Grabungen, deren exakterer Differenzierung und chronologischer Einordnung der bisherigen 9 Hauptschichten eine Art Leitskala für die Datierung prähistorischer Keramik dieses Raumes erbracht haben. Die Funde der ersten Grabungen sind in die Museen von Istanbul, Berlin und – über die Sammlung *Schliemanns* – Athen gelangt, die Funde der amerikanischen Grabungen der 30er Jahre ins Archäologische Museum von Istanbul.
Das Verständnis der örtlichen Zusammenhänge und der räumlichen Wirkung der Bauten auf dieser Grabungsstätte wird vor allem dadurch erschwert, daß die jetzt sichtbaren Ruinen aus 5–6 verschiedenen Perioden jeweils nur die Fundamente oder Sockel der Haus- oder Burgmauern darstellen, die selbst aus ungebrannten Lehmziegeln bestanden und nach den jeweiligen Zerstörungen das Material zur Aufhöhung des Siedlungsbodens durch Zuschüttung der älteren Fundamente abgegeben haben. Es ist daher zu empfehlen, sich die Reste der Hauptperioden im Zusammenhang vor Augen zu führen. Man unterscheidet heute folgende 11 Hauptperioden, welche sich in weitere Einzelschichten unterteilen lassen, so daß insgesamt etwa 30 Bauhorizonte, verteilt auf ca. 4000 Jahre, gezählt werden.

Troja I (ab 3000 bzw. 2400 v. Chr.)

Die unterste, bis zu 4 m dicke Schicht der *Frühen Bronzezeit*, die sich in etwa 10 Zwischenschichten gliedert, zeigt bereits Reste einer befestigten, kleineren Siedlung mit den ersten *Megaronhäusern*; das sind Bauten mit einem oder zwei hintereinander liegenden Räumen und vorgezogenen Längswänden, also einem Grundriß, der bis in die griechische Baukunst hinein zu verfolgen ist. Heute sind in Troja nur noch Reste der Längswände von Wohnbauten (P) und die Ecke eines Torturms (N) dieser Periode erhalten. Die zugehörige Keramik ist ohne Töpferscheibe hergestellt und gelgentlich mit den auch für spätere Keramik in Troja noch typischen Gesichtern verziert.

Troja II (2400–2200)

Über einer hohen Verschüttung der ersten Bebauung erhoben sich – umgeben von mächtigen Stütz- und Wehrmauern – auf einer ebenen Terrasse etwa ein halbes Dutzend Bauten der ebenfalls frühbronzezeitlichen Periode II (O), die wiederum, soweit erkennbar, *Megaronform* hatten und auffallend gleichmäßig nach Südosten orientiert sind. Die Burgplattform von etwa 110 m Durchmesser war von Süden her über Rampen (Q) und zwei Toranlagen (Z) zugänglich. Vor den Megaronbauten lag offenbar ein Hof, der noch durch eine innere Mauer mit eigenem Propylon (Torbau; Oa) abgeteilt war; dieses war wiederum axial auf das größte 13 m breite Megaron ausgerichtet, in dem sich eine Feuerstelle befunden hat (weitgehend zerstört).

In der 2–3 m dicken Lage dieser Periode, deren Kultur eine Fortsetzung von Troja I darstellte, ließen sich 7 Schichten unterscheiden. Die Bewohner kannten bereits die Töpferscheibe und verwendeten Metall für Nutz- und Ziergegenstände, wovon viele Funde zeugen, vor allem der von *Schliemann* als ›Schatz des Priamos‹ angesehene Fundkomplex von Gefäßen und Schmuck aus Bronze und Gold. (1945 in Berlin verloren gegangen, Nachbildungen im Museum für Vor- und Frühgeschichte in Berlin-Charlottenburg). Die Siedlung dieser Periode fand ihr Ende in einer Feuersbrunst, weshalb *Schliemann* sie irrtümlich für das homerische Troja hielt.

Troja III–V (2200–1800)

Die zerstörten Häuser der Burg II wurden eingeebnet, und darüber entstanden nacheinander schlichtere dörfliche Siedlungen, die wohl teilweise die alten Befestigungen weiterbenutzten. 13 Einzelphasen ließen sich unterscheiden, doch sind heute keine baulichen Reste mehr erkennbar.

Troja VI (1800–1300)

Die ausgedehntesten Ruinen des Grabungsgebietes (D–I, R, S) stammen von einer in ringförmigen Terrassen angelegten Siedlung der *Mittleren Bronzezeit*, von etwa 200 × 130 m Größe, die von mächtigen Quadermauern mit Türmen und Toren umschlossen war (A, D, F,). Da der höherliegende Kern der Siedlung durch hellenistische und römische Planierungen beseitigt wurde, sind heute nur diese Mauer und der Kranz dahinterliegender Bauten erhalten. Auch hierbei muß man sich auf den mächtigen Steinsockeln weiter aufgehende Lehmziegelwände vorstellen. In dieser offenbar reichen Siedlung lassen sich zum ersten Mal in Troja Pferde nachweisen; hieraus und aus Funden sog. *minyischer Keramik*, die der für die gleiche Epoche in Griechenland nachgewiesenen Keramik gleicht, schließt man, daß die Bevölkerung von Troja VI indogermanische Zuwanderer waren, welche Handelsverbindungen in den ägäischen Raum, nach Griechenland, Kreta und Zypern hatten. Zu der Siedlung gehörte eine Nekropole 500 m weiter südlich. Von einer Unterstadt, in der der größere Teil der Bevölkerung gelebt haben müßte, wurde nichts gefunden. Allerdings ist in der Skamander-Ebene mit meterhohen Schwemmschichten und entsprechend hohem Grundwasserstand zu rechnen, so daß Grabungen bis zum einstigen Niveau vorerst nicht möglich sind. – Um 1300 muß die Siedlung VI durch Erdbeben zerstört worden sein.

Troja VII a (1300–1260)

Bald darauf, am Übergang zur späten Bronzezeit, wurde die Siedlung unter weitgehender Benutzung erhaltener Mauern wiederhergestellt, die Fläche jedoch enger überbaut, d. h. die Oberstadt wurde dichter besiedelt, während sie vorher wohl dem Herrscherhause allein vorbehalten gewesen war. Dementsprechend sind die in dieser Epoche hinzugekommenen Häuser weniger monumental, wie die Reste (J) zwischen den älteren Bauten (G–I) und der Mauer (D) zeigen. Ein Wechsel der Kulturen zwischen Troja VI und VIIa ist nicht festzustellen. Die Stadt wurde gegen 1260 gewaltsam zerstört, ohne daß sich allerdings sicher sagen läßt, ob durch Phryger, die die Burg anschließend besiedelten und die auch das Hethiterreich in dieser Zeit ablösten, oder wirklich durch die von *Homer* besungenen ›Achäer‹ aus Griechenland. Dennoch gilt diese Zerstörung als der historische Hintergrund der homerischen Epen.

Troja VII b$_1$ (1260–1190)

Die nächste Siedlung VII b$_1$ wurde von *Phrygern* bewohnt, die aber nur am ›Pfeilerhaus‹ (X) der Periode VI noch für den Laien erkennbare Reste kleiner Häuser hinterlassen haben und offenbar allmählich in der nächsten Phase, nämlich

Troja VII b$_2$ (1190–1100)

durch Träger einer anderen Kultur verdrängt wurden, die ihre Keramik mit Buckeln verzierten, wie es bis dahin nur auf dem Balkan verbreitet war, und sie auch nicht mehr auf der Töpferscheibe herstellten. Zwischen Troja VII b$_2$ und Troja VIII liegt eine Lücke von 400 Jahren, in der der Hügel offenbar nicht besiedelt war.

Troja VIII (700–334)

Erst im 7. Jh. läßt sich wieder eine Besiedlung – nunmehr durch den griechischen Volksstamm der *Äoler* – nachweisen, deren bauliche Reste jedoch bis auf die Heiligtümer im Südwesten (T) später eingeebnet wurden. Im Jahre 546 v. Chr. kam Troja unter persische Herrschaft.

Troja IX (ab 334 v. Chr.)

Ab 334 war Troja (jetzt meist *Ilion* genannt) wie alle griechischen Städte der Westküste dem Reich *Alexanders d. Gr.* angegliedert. Eine rege Bautätigkeit setzte ein, der Hügel der alten Burg wurde planiert und das Athena-Heiligtum, das bereits eine lange Tradition hatte (*Herodot* berichtet von einem großen Opfer des *Xerxes*, 480 v. Chr.) mit einem neuen Tempel (M), den *Alexander* gelobt hatte, versehen und später noch mit einem großzügigen Hallenplatz umgeben (C). Aus hellenistischer Zeit stammt wohl auch das große Theater (Mulde nördlich des Museums). 85 v. Chr. wurde Troja, das nun *Nea Ilion* hieß, von den Römern zerstört, jedoch bald darauf unter *Sulla* wiederaufgebaut und kam, dank seines auf die Aeneas-Sage gegründeten Ansehens als Urheimat der Römer, bald wieder zu Wohlstand. Zwei Versammlungsbauten (B, V) und ein Gymnasium (U) stammen aus römischer Zeit. – Im 4 Jh. n. Chr. zog *Konstantin* (306–337 n. Chr.) es als neue östliche Reichshauptstadt in Erwägung, wählte dann aber doch die damals noch Byzanz genannte Stadt (Istanbul). *Ilion* blieb Bischofssitz bis ins 14. Jh. und geriet erst danach so vollkommen in Vergessenheit, daß im 19. Jh. ein wissenschaftlicher Streit um seine Lage ausbrechen konnte.

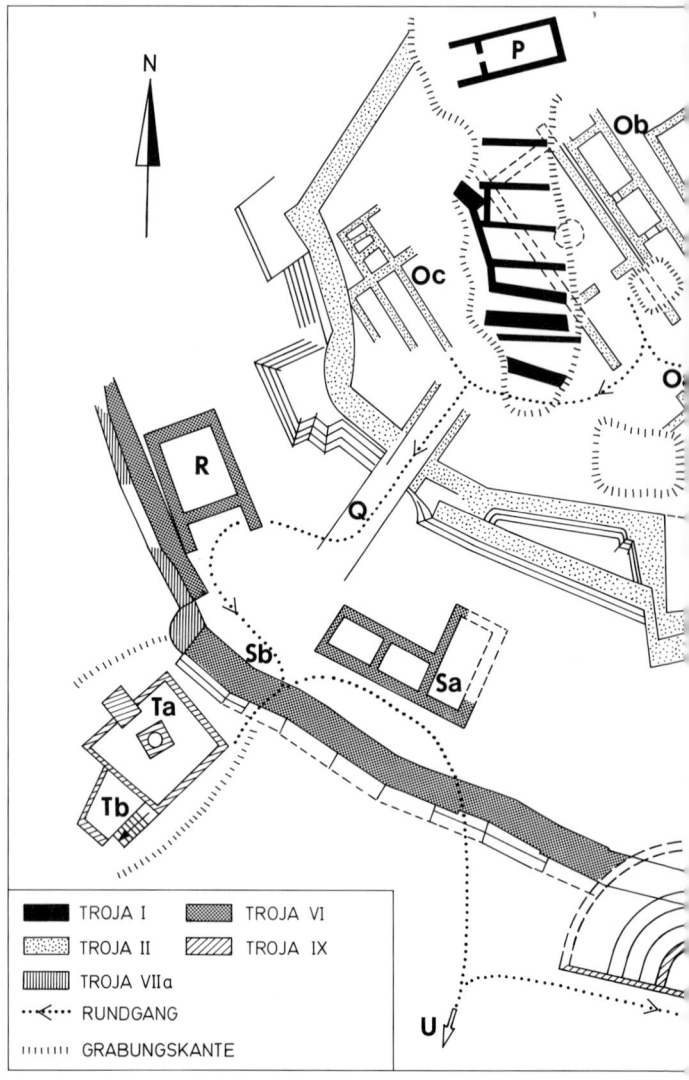

Troja: Orientierungsplan

(Periodenangaben in Klammern) A Südtor – B Versammlungsbau (IX) –
C Hallenfundament (IX), a Propylon (abgetragen; IX) – D Ostmauer mit
Turm (VI) – E Nordöstlicher Eckturm (VI) – F Osttor (VI) – G Rechteckraum
(VI) – H Stützenraum (VI) – I Megaronhaus (VI/VIIa) – J Hausfundamente
(VIIa) – K Vorplatz des Athenatempels (IX) – L Brunnenschacht (VII/IX) –

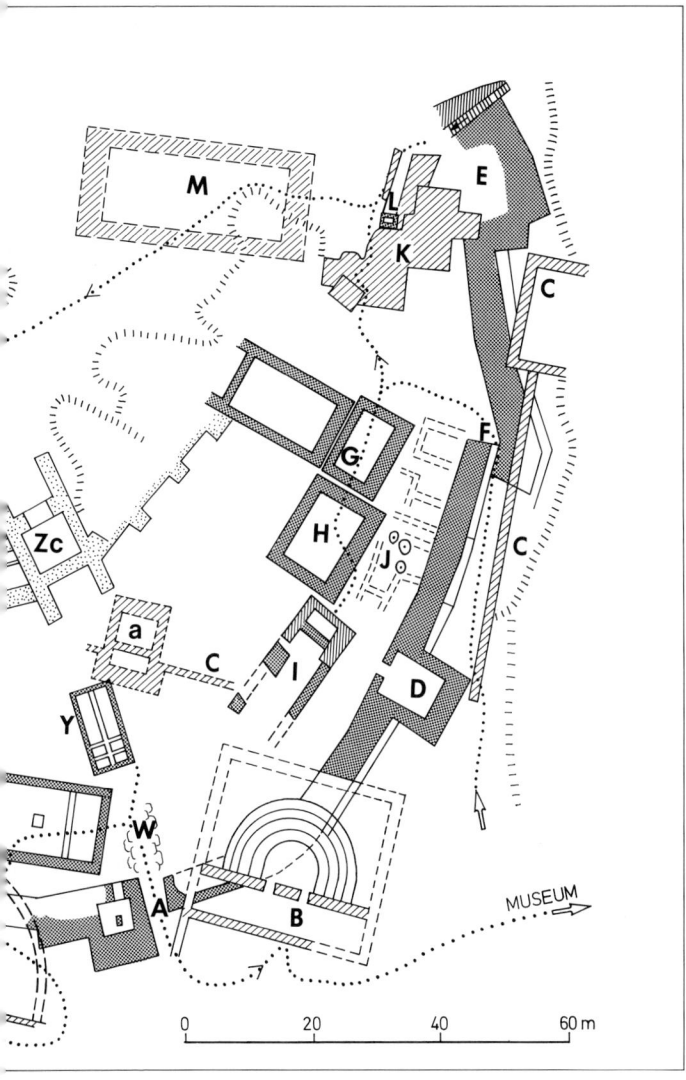

M Athenatempel (abgetragen; IX) – N Torturm (I) – Oa Propylon (II) – Ob.c
Megaronbauten (II) – P Megaronhaus 102 (I) – Q Rampe (II) – R Megaron (VI)
– Sa Haussockel (VI) – Sb Festungsmauer (VI) – Ta.b. Heiligtümer (a: VIII, b:
IX) – U Römisches Gymnasium (IX) – V Odeion (IX) – X ›Pfeilerhaus‹ (VI) –
Y Haus (VI) – Zb, c Toranlagen (II)

Der Weg durch das Gelände führt vom *Eingang* durch einen *Garten*, in dem rechts ein kleines *Museum* mit Keramik-Funden aus den Schichten I-VI liegt, zur Südostecke der Grabung; von dort an ist der Rundgang durch Pfeile markiert.

Zunächst sieht man ein längeres Stück der *Ostmauer* und einen *Turm* (D) von Troja VI mit ihrem charakteristischen Mauerwerk aus länglichen Quadern, dessen glatte Außenfläche leicht nach hinten geböscht und außerdem durch knappe senkrechte Absätze in etwa 9 m lange, geradlinige Abschnitte unterteilt ist, deren Richtung den Erfordernissen des Grundrisses angepaßt ist. – Weiter östlich (rechts) stehen die langen, geradlinigen *Quaderfundamente der Hallen* (C), die in römischer Zeit – auf wesentlich höherem Niveau – den Tempel der Athena umgaben; eines dieser Fundamente überschneidet das östliche Bollwerk des *Osttores* (F). Nach Durchschreiten dieses Tores gelangt man auf die *untere Terrasse* von Troja VI mit mehreren Bauten verschiedenen Typs: Zunächst ein einfacher *Rechteckraum* mit dicken Wänden (G; im Gelände mit ›5‹ markiert). Südlich daneben ein *größerer Raum* (H) mit 2 Reihen von je 5 Basen, die möglicherweise einen hölzernen Fußboden trugen und 2 größeren Steinen in der Mitte, die die Stützen einer hölzernen Deckenkonstruktion trugen; in der Südwestecke eine Feuerstelle. – Weiter im Süden der Rest eines langge-

Troja VI: Ostmauer mit Turm (D) und Osttor (F) von Süden (um 1890)

*Troja VI: Nord-
östlicher Eckturm
(E; um 1890)*

streckten, nach Süden offenen *Megaronhauses* (I; Länge ca. 21 m) der
Phase VI mit Reparaturen und großen Vorratsgefäßen (Pithoi) der
Phase VIIa. Sein Südende wurde durch *Schliemanns* großen Südost-
schnitt beseitigt. Zwischen den genannten drei Häusern und der Ostmauer (D) einfachere Fundamente von Häusern der Phase VIIa,
darunter eines (J) mit 3 großen Vorratsgefäßen, dazwischen ein *tiefer
Brunnen.*
Man kehrt zum Hauptpfad zurück und gelangt zu den weiter nördlich und etwas höher gelegenen *Quaderunterbauten* (K) der Anlagen
vor dem Athena-Tempel, vor allem des Altars. – Am besten erhalten
ist ein kleiner Korridor, an dessen Südende ein tiefer *Brunnenschacht*
(L) liegt. Geht man weiter hinab nach Norden, so gelangt man zu
einer *schmalen Treppe* der Periode Troja VII, die am *nordöstlichen Eckturm* der Festung Troja VI hinabführt (E), der aus dieser Perspektive
einen gewissen Eindruck von der einstigen Wuchtigkeit dieser
Anlage vermitteln kann.
Von den im 19. Jh. ausgegrabenen Fundamenten des *Athenatempels*
(M) und seiner eventuellen Vorgängerbauten ist am Ort nichts mehr
erhalten. – Der jüngste Tempel aus dem 3. Jh. v. Chr. gehört zu den
wenigen dorischen Peripteroi (Ringhallentempel) in Kleinasien. In
der Nähe verstreut und am Odeion (V) liegen einige Bauglieder des

Oberbaus aus Marmor, die durch ihre Größe und die Feinheit der Bearbeitung auffallen: Säulen, 2 dorische Kapitelle, dorische Gebälkteile, ein Giebelsimablock und das Fragment einer Kassettendecke (eine Metope mit der Darstellung des Sonnengottes Helios steht im Pergamon-Museum in Berlin). Um den Tempel herum wurde in römischer Zeit ein von Hallen gesäumter Platz angelegt, zu dem die genannten langen *Quadermauern* (C) und ein inzwischen verschwundenes *Propylon* (a) gehörten.

Vom hohen Niveau des Pflasters (K) vor dem verschwundenen Athenatempel (M) genießt man den weitesten Ausblick auf die *Skamander-Ebene* und die *Dardanellen* in der Ferne mit den türkischen Festungen *Kumkale* auf der asiatischen Seite und *Sedd ül Bahir* sowie den hohen Pylonen des türkischen Kriegerdenkmals *(Abide)* auf dem europäischen Ufer. Die Skamander-Ebene, die als Schauplatz der homerischen Schlachten und Einzelkämpfe zu denken ist, wird im Westen und Osten von flachen Höhenzügen begrenzt, auf deren leicht geschwungener Kontur sich einige künstliche Hügel abheben, die der Sage nach Gräber von homerischen Helden bezeichnen. Weiter in der Ferne – und nur bei klarem Wetter – zeigen sich im Südwesten die Inseln *Bozcaada (Tenedos)*, im Nordwesten *Gökçeada (Imbros)* und dahinter der hohe Berg auf der griechischen Insel *Samothrake*. Im Süden stößt die Ebene auf die Ausläufer des *Kas Dağ*, des antiken *Idagebirges*, von dessen Höhe Zeus die Kämpfe um Troja verfolgte.

Der Rundweg führt nun über das freigelegte Plateau der Burg Troja II, auf dem nur noch einige ›Zeugenberge‹ stehen geblieben sind. Im Westen wird es von dem großen Nordsüdschnitt *Schliemanns* durchzogen. Südlich (links) des Weges spärliche Reste einer *Hofmauer* und eines zugehörigen *Propylons* (Oa), südlich anschließend sogar noch Reste eines *Torturms* von der ältesten Burg, Troja I (N), erkennbar an dem kleinen Steinformat und der Neigung der Wandfläche. – Weiter im Süden Ruinen zweier nebeneinander liegender *Toranlagen* (Zb und Zc) von Troja II jeweils mit mehreren Bauphasen. Die Anlage dieser Tore unterscheidet sich von der des *Osttores* (F) insofern, als der schmale Korridor oder Zwinger, in dem – wieder nach Art des Megaron-Grundrisses – die eigentlichen Türen angeordnet sind, hier nicht parallel, sondern senkrecht zum Verlauf der Mauer liegt, was ihm einen höheren architektonischen Eigenwert verleiht und diese Seite als Haupteingangsseite der Burg kennzeichnet (einen Überblick über diese Anlagen gewinnt man am besten von dem unten genannten Haus Y). Nördlich des Weges liegen die Längsmauern der parallel angeordneten *Megaron-Bauten* von Troja II (Ob), deren größter zur Hälfte vom Nordsüdschnitt zerstört wurde. Die Bauten dieser Phase setzen sich westlich dieses Grabens fort (Oc).

Im Nordsüdschnitt selbst sind parallele Wände einer anderen Ausrichtung aus der ältesten Phase Troja I zu erkennen. Die beiden nördlichsten Wände (P) gehören zu einem zur Zeit der Ausgrabung noch
gut erhaltenen *Megaron-Grundriß*, dem ältesten überhaupt (sog. *Haus
102*). Ein charakteristisches Motiv der Wandsockel von Troja I ist die
schräge Stellung der Steinplatten in den einzelnen Schichten,
wodurch ein sog. ›Fischgrätenmuster‹ auf der Wandfläche entsteht.
Der Weg führt über eine südwestliche, 5,60 m breite steile Rampe (Q)
von der Burg II hinab und wieder hinauf auf die ringförmige Terrasse
von Troja VI. Von hier aus zurückschauend, übersieht man am besten
den eben überschrittenen teilweise noch 6 m hoch erhaltenen Teil
der Befestigung von Troja II, der indessen auch in mehreren Bauphasen entstanden ist, wobei der Zugang nach Westen verlegt wurde.
Über dem sichtbaren Steinsockel erhob sich eine Lehmziegelwand,
in deren Resten *Schliemann* etwa 6 m nordwestlich der Rampe den
sog. ›Schatz des Priamos‹ gefunden hat (s. o. Troja II).
Das nächste Gebäude am Rundgang (R; Gelände-Nr. 10) ist wieder
ein parallel zur Mauer stehendes *Megaron* der Periode VI, das allerdings schlecht erhalten und stark von Fundamenten einfacher Häuser der Periode VIIa überbaut ist. Seine wissenschaftliche Bedeutung
erhielt es durch die zahlreich hier gefundene *mykenische Keramik*, die
zum ersten Mal die chronologische Verbindung zwischen Troja VI
und der mykenischen Kultur Griechenlands herstellte.
Auf der anderen Seite (südlich) des Weges liegt ein festungsartiger
Sockel von L-förmigem Grundriß (Sa), dessen äußere Wandflächen
wie die Burgmauern geneigt und ebenso durch senkrechte Absätze
gegliedert sind; sein westlicher Raum enthielt 6 große Tonfässer. –
Über die an dieser Stelle wieder zugeschüttete Mauer von Troja VI
(Sb) gelangt man hinunter zu den Ruinen zweier *kleiner Heiligtümer*
am Fuße einer Quadermauer (Ta, Tb). Das obere, besser erhaltene,
zeigt in der Mitte drei übereinander gebaute Altäre unterschiedlicher Epochen, deren ältester mit rundem Abschluß aus archaischer
Zeit stammt (Troja VIII), während die jüngeren wohl hellenistisch
sind. In römischer Zeit wurde das ganze Heiligtum zugeschüttet und
auf höherem Niveau ein neuer Altar teilweise aus Marmor errichtet.
Zurück über die Mauer von Troja VI führt der Pfad weiter zu den südlich der trojanischen Burg gelegenen Ruine des *römischen Gymnasiums* (U), das in einigen Räumen bedeutende *Mosaikfußböden* aufweist. – Nördlich gegenüber liegt das kleine, ebenfalls *römische
Odeion* (V), also ein gedecktes Theater für den Vortrag von Poesie,
beispielsweise der ›Ilias‹ oder der ›Odyssee‹. Südlich dahinter, unmittelbar zwischen die Burgmauer und das große ›Pfeilerhaus‹ (X)
geklemmt, liegen die Reste der ärmlichen Bauten von Troja VIIb$_1$,
der Epoche nach der großen ›homerischen‹ Zerstörung. – Das große,

nördlich anschließende ›Pfeilerhaus‹ (X; Troja VI) hat wieder einen Megaron-ähnlichen Grundriß, allerdings mit dem Eingang auf der nördlichen Langseite. Auf dem Abhang südlich darüber ein kleineres Haus mit atypischem, aber auch symmetrischem Grundriß (Y; Troja VI, nach Norden Überblick über die Toranlagen von Troja II, Z, s.o.). Auf der *antiken Straße* (W) geht man wieder hinab durch das turmbewehrte *Südtor* (A) der Burg Troja VI und – vorbei an der einzigen am Ort verbliebenen Sitzreihe eines *theaterförmigen Versammlungsbaus* (B), möglicherweise des *Buleuterions* – zum Ausgangspunkt des Rundgangs. – Der beschriebene Burgberg des alten Troja bildete das Zentrum der griechischen und römischen Stadt *Ilion*, die sich auf dem Plateau im Süden und Osten ausdehnte und von der Reste des Mauerrings sowie im Nordosten des Museums in einer Mulde Reste eines großen Theaters erhalten sind.

Eine landschaftlich reizvolle *Rundfahrt um die Skamander-Ebene* auf einer guten Schotterstraße – vorbei an den erwähnten Grabhügeln – beginnt 4,5 km südlich des an der Straße nach Çanakkale gelegenen Dorfes *Intepe*, wo eine Straße nach Westen in Richtung *Kumkale* abzweigt. Sie führt vorbei am Dorf *Yeni Kumkale* und der Festung *Kumkale (Kilit bahir)* an den Dardanellen (Festung selbst nicht zugänglich), dann nach Süden über die Orte: *Yeniköy, Üvecik* (Weiterfahrt über Geyekli nach Neandria möglich), *Mahmudiye* (moderne Moschee mit reicher Verzierung aus Kacheln in traditionellen Mustern der Manufaktur von Kütahya) und *Pınarbaşı*. 3 km südöstlich dieses Dorfes auf dem Hügel *Ballıdağ* am Westufer des Skamander wurde im 19. Jh. das homerische Troja zunächst vermutet. Bei *Taştepe* trifft man wieder auf die Hauptstraße von Çanakkale nach Süden (Richtung Ayvacık).

6 Neandria · Alexandria Troas

Fahrtroute über Neandria, Chryse bis Assos: Von *Ezine* an der Straße Çanakkale – Edremit führt eine Straße nach Osten Richtung Geyekli (13 km). Nach 8 km, noch vor Bergaz, zweigt nach Süden (Richtung Ilıca) eine Schotterstraße ab, die über die Dörfer *Kemalli*, Fıranlı, Culuköy (oder Kestanbo) nach *Kayacık* (oder *Cığrı Köy*; 15 km von der Abzweigung) am Fuße des Cığrı Dağ führt, auf dessen Gipfel (ca. ½ Std. Fußweg) die Ruinen von *Neandria* liegen, deren Besuch wegen der großartigen Lage über der Hochebene der Troas lohnt. Etwa 6 km südwestlich von *Geyekli* an der Küste liegt Odun Iskelesi, von dort führt eine Schotterstraße zum 4 km weiter südlich gelegenen Dorf *Dalyan* in der Nähe des Hafens der antiken Stadt *Alexandria Troas* (Eski Istanbul), von dort weiter in Küstennähe nach Süden über Tavaklı Iskelesi, Babadere Köy, Tuzla nach *Gülpınar* (Chryse; Nr. 7; 47 km von Geyekli). Von dort geht die Fahrt auf Schotterstraßen nach Westen durch eine urtümliche, vulkanische Landschaft über Bademli nach *Behramkale* (*Assos*; Nr. 8; 26 km von Gülpınar) und weiter (Asphaltstraße) nach *Ayvacık* (18 km) an der Hauptstraße Çanakkale – Edremit – Bergama.

Vom Stadtberg, der sich schroff aus der Hochebene auf 520 m Meereshöhe erhebt, bietet sich ein prachtvoller Rundblick auf das zur Küste allmählich abfallende Hochland der Troas und das Idagebirge im Osten. Die Stadt gehört zu den ältesten äolischen Siedlungen Kleinasiens und hatte ihre Blütezeit im 6. Jh. v. Chr. Schon im 5. Jh. war sie so arm, daß sie sich nur mit einem geringen Beitrag am Delisch-Attischen Seebund beteiligen konnte; im 4. Jh. wurden die Einwohner nach Alexandria i.d. Troas umgesiedelt.
Erhalten sind vornehmlich die Ruinen des ca. 3,2 km langen *Mauerrings* aus polygonalem Mauerwerk, der den Stadtberg an seiner felsigen Kante umzog, ferner Reste eines kleineren Mauerrings um den NO-Hügel, die möglicherweise die älteren sind, und das inzwischen sehr beschädigte Fundament eines frühen *ionischen Tempels* des 6. Jh. v. Chr. von ungewöhnlichem Grundriß: Auf einem niedrigen Podium (12,87 × 25,71 m) stand, etwas einseitig verschoben, ein kastenförmiger Baukörper (berechnete Maße: 9,22 × 21,04 m) mit dem Eingang an einer Schmalseite und einer Reihe von 7 Steinplatten in der Längsachse, die offenbar eine Mittelstützenreihe trugen, deren Gestalt im einzelnen wissenschaftlich umstritten ist. Gefunden wurden Kapitelle sog. äolischer Form, d.h. mit getrennt aufsteigenden Voluten, und hier mit gesondert gearbeiteten Blattkränzen, die unterschiedlich interpretiert werden: als gesonderte Kapitelle, als Teile der gefundenen Volutenkapitelle und schließlich auch als Säulenbasen (Funde im Archäologischen Museum von Istanbul).

Die Stadt wurde von *Antigonos Monophtalmos* (›dem Einäugigen‹, † 301), einem der Nachfolger *Alexanders d. Gr.*, am Ende des 4. Jh. v. Chr. gegründet, entwickelte sich wegen ihrer Lage und ihres günstigen Hafens vor allem in römischer Zeit zu großer Bedeutung und wurde erst in byzantinischer Zeit durch Konstantinopel abgelöst. Seit dem Mittelalter diente sie dann als Steinbruch für die Hauptstadt, wovon noch heute die beiden im Hafen liegengebliebenen 11 m langen Granitsäulen zeugen. Die geringen Baureste der Stadt (Theater, Thermen, Tempel) aus römischer Zeit verteilen sich über ein weites, von Resten der Stadtmauer eingefaßtes Areal, das mit schütterem Eichenbuschwald bedeckt ist. Südlich außerhalb der Mauern liegen Ruinen antiker Grabbauten.

7 Chryse *(Gülpınar)*

Am unteren Rand des am Hang gelegenen Dorfes *Gülpınar* (Chryse; Anfahrt s. Nr. 6) liegt die Ruine des großen *Tempels des Apollon Smintheus* aus der 2. Hälfte des 3. Jh. v. Chr., der im 19. Jh. schon einmal ausgegraben worden war, dann wieder überbaut wurde und nun von neuem freigelegt wird. Der Stylobat des Tempels mißt ca. 22,60 × 40,45 m und trug 8 × 14 Säulen ionischer Ordnung. Der Abstand der Säulen zur Wand entsprach der doppelten Jochweite (Pseudodipteros-Grundriß). Bemerkenswert ist der reiche Schmuck, den der Tempel einst aufwies: Einige Säulen trugen einen Reliefstreifen unter dem Kapitell, teils mit figürlichen Szenen, teils nur mit Stierschädeln und Girlanden (Bukranien). Teile davon sind in einem nahegelegenen Lagerraum zu sehen. Auf den Säulen lagen ionische Volutenkapitelle, die ebenfalls reicher als üblich mit Blüten und Ranken auf dem Kanalis verziert waren (vgl. Sardis; Nr. 15). Das ionische Gebälk wies offenbar einen Figurenfries und einen Zahnschnitt auf. Den Abschluß bildete eine sehr reich ausgebildete Rankensima.

Man erreicht *Behramkale* (Assos) entweder von Westen auf der Troas-Rund-fahrt (Nr. 6) oder von Norden auf der Straße von Ayvacik (18 km). Vor allem von Norden gesehen, erscheint die Akropolis als ein eindrucksvoller Berg-klotz vor der Ägäis und den fernen Umrissen der Insel Lesbos. Den kleinen Fluß am Fuße des Berges überspannt eine alte *osmanische Brücke* (wahrschein-lich aus der Zeit *Ahmeds III.,* 1703–1730) neben der neuen Betonbrücke. – In der Geschichte ist Assos, das Äoler zunächst als Hafen- und Stapelplatz von der Insel Lesbos aus gegründet hatten, nicht weiter hervorgetreten. 348–345 v. Chr. weilte der Philosoph *Aristoteles* hier; 241–133 v. Chr. gehörte Assos zum Reich der Pergamener. Der *Ap. Paulus* besuchte es 56/57 n. Chr. auf seiner 2. Missionsreise. 1330 wurde Assos von den Osmanen erobert. Bereits 1881/83 fan-den dort Ausgrabungen statt.

Von einem Parkplatz an der Nordwestecke der antiken Stadtmauer geht man zunächst durch ein neueres, etwas düster wirkendes Dorf mit Bauten aus dem dunklen Material antiker Gebäude und steigt hinauf zu einer einfachen, blockhaften, leider verfallenen *Moschee* (A) oberhalb des Ortes, die auch aus antiken und byzantinischen Spolien erbaut wurde und zu den frühesten osmanischen Moscheen Kleinasiens zählt (Zeit *Murats I.,* 1326–1389). Sie besteht aus einer sehr beschädigten Kuppelvorhalle mit 2 Säulen und einem quadratischen Raum von 10,76 m Weite mit einer Kuppel über frühosmani-schem Stuckfaltwerk in der Pendentifzone.

Vorbei an mächtigen, stark restaurierten Türmen und Mauern der mittelalterlichen Akropolisbefestigung gelangt man zum Gipfel mit dem Fundament und verstreuten Baugliedern des archaischen, dori-schen *Athenatempels* (B, Abb. S. 223) aus Vulkangestein, das in der Antike allerdings mit weißem Marmorstuck überzogen war. Auf dem niedrigen Unterbau (Krepis) aus einer Stufe und dem Stylobat (14,03 × 30,31 m) erhob sich ein langgestreckter Tempel mit 6 × 13 dori-schen Säulen um eine Cella ohne Opisthodom. Eigentümlichkeiten des Gebälks und des Grundrisses, wie die Koordination der Achsen von Cellawänden und Säulen verraten ionischen Einfluß an diesem einzigen archaischen Tempel dorischer Ordnung in Kleinasien. Die relativ schlanken, weitkannelierten Säulen (nur 16 Kanneluren, = ›Kehlen‹) trugen flache, weit ausladende Kapitelle, von denen einige noch im Gelände liegen, ebenso wie Triglyphen und Geisa des hohen Gebälks, das außer reliefgeschmückten Metopen auch noch einen sonst ganz ungebräuchlichen, figürlichen Fries auf dem Architrav selbst besaß. Architrave mit Kentauren und Gelageszenen befinden sich in Istanbul, Paris und Boston. Grandios ist der Blick von hier auf die Küste, die ferne Insel Lesbos und auf das bergige Hinterland.

Man weicht den steilen Felswänden, die die Akropolis im Süden begrenzen, nach Osten aus, passiert die mäßig erhaltenen Befesti-gungen an der Ostseite der Stadt und steigt zum ausgedehnten, im Süden gelegenen, leider aber ganz desolaten Trümmerfeld der *Agora* (Marktplatz) hinab. Hier sind nur noch die Spuren dieser einst ein-drucksvollen hellenistischen Platzanlage (3./2. Jh. v. Chr.) erkennbar,

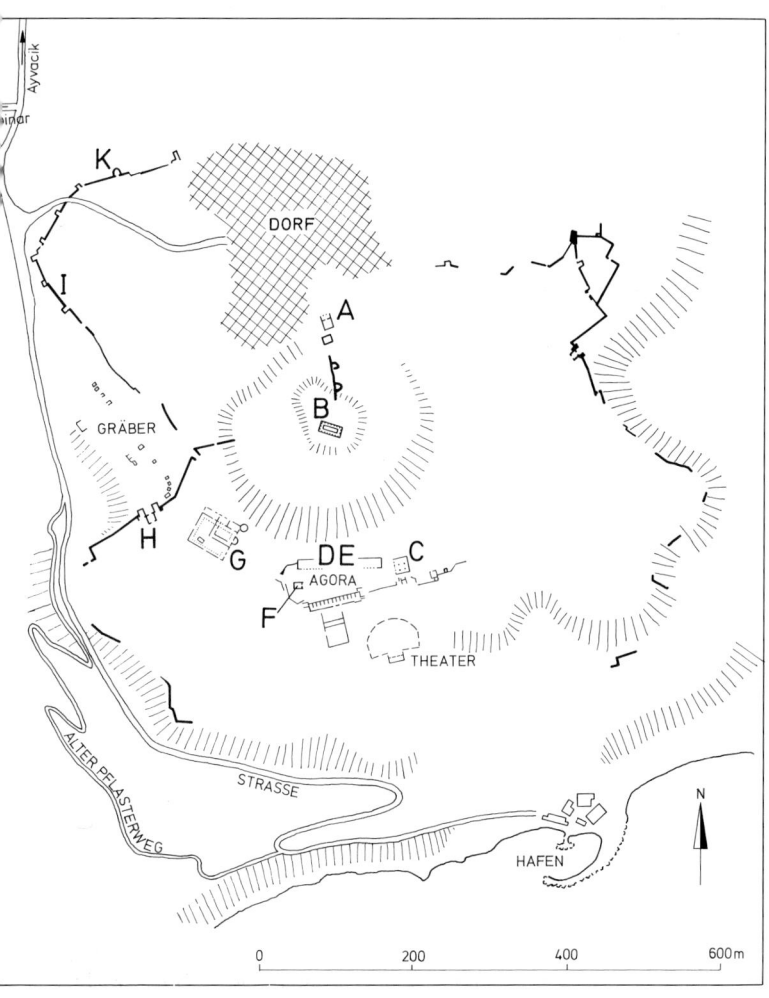

Assos: Orientierungsplan

A Moschee – B Athenatempel – C Buleuterion – D Halle an der Agora (s. Detailplan S. 38) – E Zisterne – F Tempel – G Gymnasium und Byzantinische Kirche – H Stadttor – I Stadtmauer – K Halbrundturm

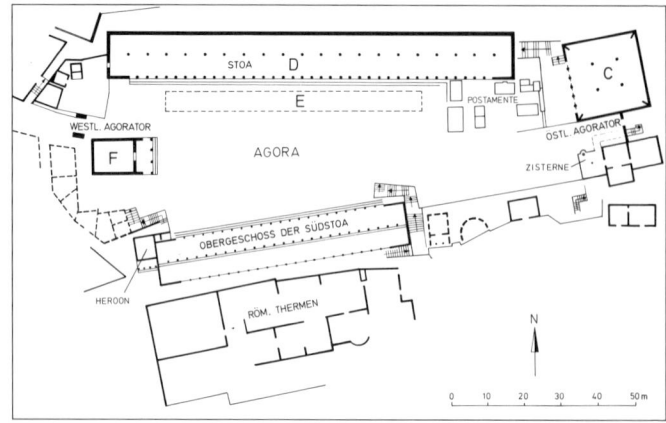

Assos: Plan der Agora

deren Gestalt sich immerhin vollständig rekonstruieren ließ. Von Osten her betritt man den langgestreckten, früher von zwei Hallen gesäumten Platz durch ein Tor neben dem am Hang liegenden *Buleu-terion* (C), dem quadratischen Versammlungsraum des Stadtparlaments, der sich zum Platz hin mit einer Halbsäulenfront öffnet. Sein Dach wurde von 4 Säulen getragen, ansteigende Sitzreihen wie in Priene (Nr. 31) oder Milet (Nr. 32) sind hier nicht mehr erhalten. Westlich des Buleuterions, am Fuße des Abhangs, ziehen sich vor einer teilweise abgemeißelten Felswand das Fundament und die Teile der Rückwand einer 111,50 m langen, 12,40 m breiten *Halle* (D) entlang, die zwei Geschosse hatte; in der Quaderrückwand sind die Balkenlöcher der Zwischendecke zu erkennen, die die genaue Rekonstruktion der Höhe ermöglichten. Von der ehemaligen Hallenfront sieht man die Stufen, auf denen die Säulenreihe stand und von den Mittelstützen einige Fundamente. Die Platzfläche vor der Halle ist heute aufgebrochen durch große, in den Fels gehauene und früher mit Steinplatten auf Bögen abgedeckte *Zisternen* (E). Den Südrand des Platzes bildete ein langes, dreigeschossiges Gebäude mit zwei gekammerten Untergeschossen und einer offenen Säulenhalle im dritten, vom Markt her ebenerdig betretbaren Geschoß. Besser als hier in Assos, wo der Bau sich nur theoretisch aufgrund der Rückwand, den Treppen, den Niveauunterschieden und aus den Bauteilen rekonstruieren ließ, sind solche Marktbauten in Aegae (Nr. 11), Alinda (Nr. 25) und Herakleia a.L. (Nr. 34) erhalten. Am Westende des Südbaus wurde in römischer Zeit ein prostyles *Heroon* angebaut.

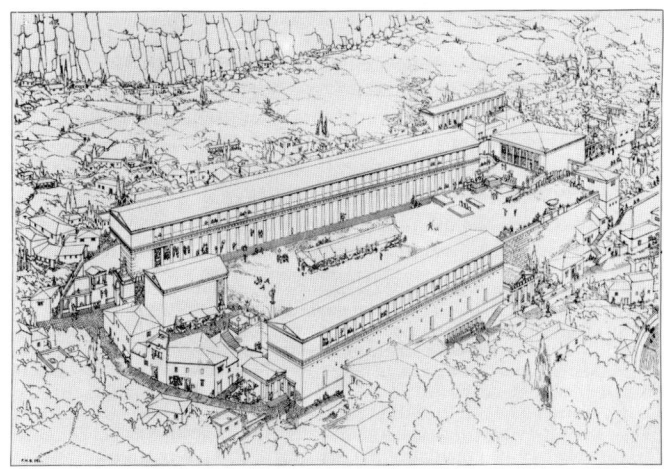

Assos: Rekonstruktion der Agora

An der breiteren Westseite des Platzes liegen die Fundamente eines kleinen, einfachen *Tempels* (F) vor dem anspruchslosen Hintergrund kleiner Häuser und Läden an winkligen Gassen, von denen aus die Agora nördlich dieses Tempels durch ein überwölbtes Tor und an anderer Stelle über Treppen zugänglich war. Hier und an der dreieckigen Platzform zeigt sich, daß sich die großzügige Agora von Assos nicht in ein vorgeplantes, geradliniges und rechtwinkliges Straßensystem, wie z.B. in Priene (Nr. 31), sondern in ein gewachsenes, dem Gelände angepaßtes Netz schiefwinkliger Straßen und Gassen einfügt.

Unterhalb der Agora zeichnet sich im Gelände die Höhlung des weitgehend zerstörten *Theaters* ab. Oberhalb der Agora führt der Rundgang in nordwestlicher Richtung durch die Ruinen eines *Gymnasiums* (G), eines Baus, der der körperlichen und geistigen Erziehung diente. Säulenhallen und Räume verschiedener Größe für den Unterricht umgeben einen offenen Hof von 32 × 40 m, der dem Sport gedient haben mag. In seiner Nordostecke liegen die Fundamente einer später eingebauten *byzantinischen Kirche.*

Nach Nordwesten blickt man nun auf die hier besonders gut erhaltene *Stadtmauer* aus großen Andesitquadern, die, an den Felsen der Akropolis beginnend, in einem weiten, polygonalen Zug den Westteil der Stadt umzieht. In diesem Abschnitt öffnen sich drei verschieden ausgebildete *Tore:* Oben führt eine nicht weiter gesicherte Pforte in den ebenfalls ummauerten Nordteil der Stadt; ihre Öffnung wird durch Vorkragen der horizontal geschichteten Steine verringert und schließlich durch große Steinbalken abgedeckt. Im Winkel zwischen unterem und oberem Mauerzug liegt ein sog. Ausfalltor, das von einem ›falschen‹, kreisförmig ausgeschnittenen Gewölbe überdeckt wird. Im Gegensatz zum echten oder Keilsteingewölbe mit radialen Fugen wird hierbei die Öffnung ähnlich dem vorigen Beispiel durch Vorkragen der horizontal gelagerten Steine geschlossen. Weiter unten verläßt offensichtlich eine der Hauptstraßen die Stadt durch ein zwischen zwei mächtige Türme zurückgesetztes Tor (H).

Davor erstreckt sich, wie bei griechischen Siedlungen üblich, eine *Nekropole* mit Ruinen aufwendiger Grabbauten und einfacheren, teilweise auch unfertigen Sarkophagen meist römischer Zeit. Östlich oberhalb der Nekropole verläuft die *Stadtmauer* des nördlichen, nicht ausgegrabenen Stadtteils, deren verschiedenes Mauerwerk auf zwei Bauphasen hindeutet. An der Nordwestecke ragt ein in Quadern gebauter Abschnitt (I) teilweise noch bis zur Höhe des mit Platten gepflasterten Wehrgangs empor, an der Nordseite im Garten eines neueren Hauses ein bemerkenswerter *halbrunder Wehrturm,* der auch noch in voller Höhe erhalten ist (K). Ein gepflasterter Weg aus osmanischer Zeit und eine neue Asphaltstraße führen südlich der Ruinen hinab zu einer kleinen Fischersiedlung an der Küste, deren Hafenanlagen auf der antiken Mole gegründet sein dürften.

Ayvalik: Hafenstadt zwischen Assos (136 km) und Pergamon (56 km). In der kleinen Kirche des hl. Taxiarchos, einer Gewölbebasilika des 19. Jh., wird ein *Museum für Ikonen und andere christliche Fundstücke der Umgebung* eingerichtet. Die Eröffnung ist für 1986 geplant.

Pergamon: Modell des Oberen Burgbergs, Ansicht von Südwesten

Geschichte: Die früheste Besiedlung von Pergamon ließ sich schon für die Bronzezeit nachweisen. Im 7. und 6. Jh. v. Chr. stand es unter lydischer, ab 546 v. Chr. unter persischer Herrschaft. Griechischer Einfluß ist für das 6. Jh. mit einigen Funden zu belegen. Als erster griechischer Geschichtsschreiber erwähnt *Xenophon* (ca. 425–355 v. Chr.) die Stadt als Verhandlungsort zwischen Persien und Sparta (399 v. Chr.). Durch den Sieg *Alexanders d. Gr.* über die Perser am Granikos (334 v. Chr.; Nr. 3) wurde Pergamon aus dem Perserreich gelöst und fiel in den auf *Alexanders* Tod folgenden Auseinandersetzungen 301 v. Chr. (Schlacht bei Ipsos) an *Lysimachos,* den König von Thrakien, der hier seinen Staatsschatz unter der Obhut seines Heerführers *Philetairos* deponierte. *Philetairos* fiel 283 von *Lysimachos* ab, benutzte das Geld zur Errichtung einer eigenen Herrschaft (281–263) und gründete mit der Adoption seines Neffen *Eumenes* und dessen Einsetzung als Nachfolger die *Dynastie der Attaliden.* In seine Regierungszeit fiel noch der Bau des Athena- und Demetertempels (I; R).

Eumenes I. (263–241 v. Chr.) machte mit einem Sieg über *Antiochos,* dem Sohn *Seleukos' I.,* bei Sardis (262) Pergamon ganz unabhängig und dehnte seinen Herrschaftsbereich erheblich weiter aus. Wiederum wurde ein Neffe, *Attalos I.* (241–197), der Nachfolger. Dieser verteidigte Pergamon gegen die Galater (Kelten), die er in der Nähe der Stadt an den Kaikos-Quellen 230 besiegte. Er ließ im Athenaheiligtum ein großes Siegesdenkmal errichten und nahm die Titel eines ›Soter‹ (Retter) und ›Basileus‹ (König) an. Seine Herrschaft reichte zeitweilig (228–220) bis zum Taurusgebirge im Südosten Kleinasiens. In einem Krieg gegen *Philipp V. von Makedonien* rief er als erster Herrscher in Kleinasien Rom zu Hilfe und gab damit Anlaß zu dessen Expansion nach Osten.

Attalos' Sohn *Eumenes II.* (197–159 v. Chr.) setzte das Bündnis mit Rom im Kampf gegen die Seleukiden und später die Makedonen fort. Nach der Schlacht von Magnesia (Manisa, 190 v. Chr.; Nr. 14) erhielt Pergamon im Frieden von Apamea (188 v. Chr.) die zeitweise wieder verlorenen Gebiete Kleinasiens bis zum Tauros zurück. In weiteren Kriegen gegen die Galater und *Prusias I. von Bithynien* (Hauptstadt: Bursa) erweiterte *Eumenes II.* das Reich auch nach Norden. Den Burgberg von Pergamon baute er mit dem berühmten Zeusaltar (dem sog. ›Pergamonaltar‹; P), den Hallenanlagen und der Bibliothek am Athenatempel (I) sowie mit der unteren Agora (V) zu einer prachtvollen Residenz aus und stiftete außerdem noch öffentliche Bauten in Athen und Delphi.

Sein Bruder und Nachfolger, *Attalos II. Philadelphos* (159–138 v. Chr.), der sich schon als Feldherr bewährt hatte, blieb ebenfalls ein treuer

Bundesgenosse Roms, mit dessen Hilfe er einen weiteren Krieg gegen Bithynien (156–154 v. Chr.) gewann und das er 146 v. Chr. bei der Vernichtung Korinths unterstützte. Nachfolger wurde sein Neffe *Attalos III. Philometor* (138–133 v. Chr., Sohn *Eumenes' II.*), der vor seinem frühen Tode das pergamenische Reich testamentarisch an die Römer vermachte und damit eine territoriale Basis der römischen Herrschaft in Kleinasien legte, wobei die Griechenstädte einschließlich Pergamons selbst freibleiben sollten. Die Römer konnten sich allerdings erst 129 v. Chr. mit Gewalt gegen den Thronprätendenten und Sozialrevolutionär *Aristonikos*, einen unehelichen Sohn *Attalos' II.*, durchsetzen. Pergamon wurde neben Ephesos eine der Hauptstädte der römischen Provinz Asia, die Mysien, Lydien, Ionien, Karien und Teile Phrygiens umfaßte (also etwa das Gebiet dieses Cicerone-Bandes).

Im 1. Jh. v. Chr. wechselten Zeiten blutiger Kriege (Mithradatischer Krieg 88–66, Römischer Bürgerkrieg 49–31 v. Chr.) mit Zeiten relativen Wohlstands ab. In der auf die Neuordnung Asiens 27 v. Chr. folgenden langen Friedenszeit unter den römischen Kaisern nahm die Bevölkerung Pergamons stark zu, und die Stadt breitete sich zu Füßen des Burgbergs in der Ebene aus. Sie zählte zu den sieben ältesten im Neuen Testament erwähnten christlichen Gemeinden Kleinasiens. Den Bischofstitel trägt z. Zt. der Weihbischof von Pittsburgh, USA. – Von *Vespasian* ist in Pergamon ein Edikt (74 n. Chr.) erhalten, das Rhetoren, Grammatikern und Ärzten besondere Freiheiten einräumt – eine Art Freibrief für die antiken Gelehrten. Der gleiche Stein enthält jedoch auch die Abschrift eines Edikts von *Domitian* (93/94 v. Chr.), das die Unterweisung von Sklaven in den Wissenschaften untersagt!

Eine besondere Blüte erlebte Pergamon wie der griechische Osten des Imperium Romanum überhaupt unter *Trajan* (98–117 n. Chr.) und *Hadrian* (117–138); in des letzteren Regierungszeit fällt der Ausbau des Aklepieions (IV). Der Niedergang des römischen Reiches seit dem 4. Jh. zeigte sich in Pergamon, das 262 einen Goteneinfall zu erdulden hatte, am Schrumpfen des Stadtgebietes, das sich schließlich wieder auf den Burgberg beschränkte. Sein Gipfel wurde mit einer weitgehend aus Spolien bestehenden byzantinischen Festung ummauert. 716 wurde Pergamon von den Arabern erobert, jedoch von den Byzantinern wieder zurückgewonnen, unter deren Kaiser *Manuel I. Komnenos* (1143–1180) es sich noch einmal erholte.

Ab 1302 wurde Pergamon zu einer Festung türkischer Seldschuken ausgebaut und war ab 1345 eine osmanische Provinzstadt, die sich nun wieder am Fuße des Berges ausdehnte und bedeutende Bauten schon aus der ersten osmanischen Zeit aufweist (Ulu Cami). 1402/03 wurde es kurz unter dem legendären Timur Lenk von sog. Mongolen besetzt.

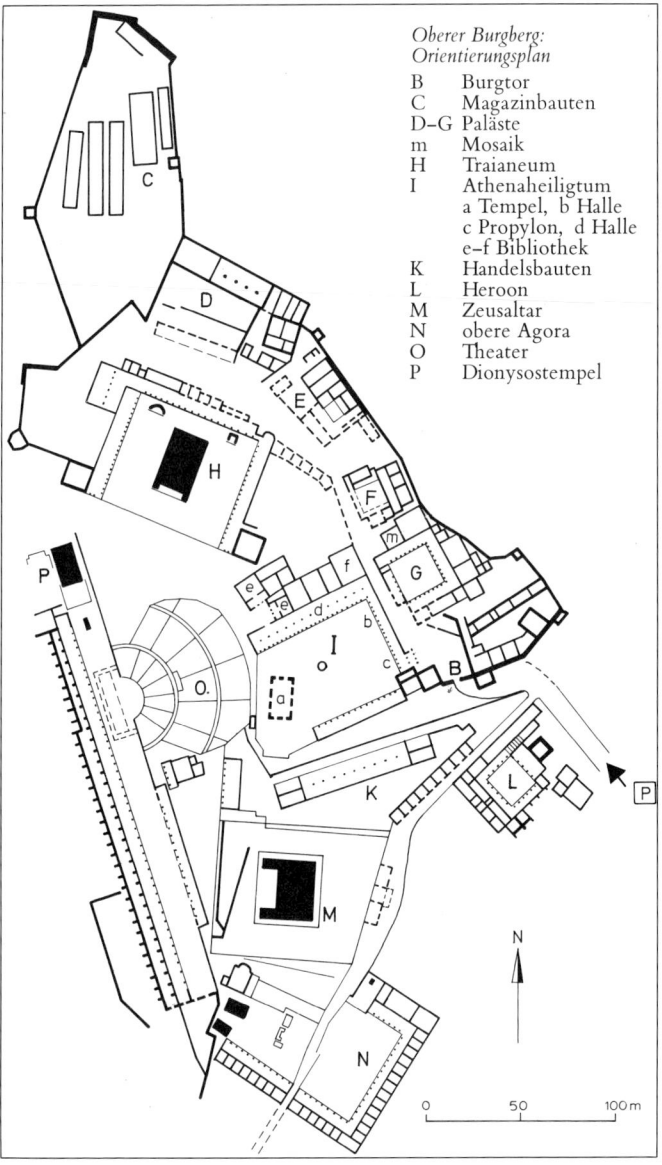

Oberer Burgberg:
Orientierungsplan

B   Burgtor
C   Magazinbauten
D–G Paläste
m   Mosaik
H   Traianeum
I   Athenaheiligtum
     a Tempel, b Halle
     c Propylon, d Halle
     e–f Bibliothek
K   Handelsbauten
L   Heroon
M   Zeusaltar
N   obere Agora
O   Theater
P   Dionysostempel

Den Anstoß zur Ausgrabung des antiken Pergamon gaben 1864 die ersten Funde von Marmorskulpturen in der byzantinischen Burg-mauer durch den am Bau von Fernstraßen in Anatolien beschäftigten deutschen Ingenieur *Carl Humann*. Die ersten Grabungen von 1878–1886 unter *C. Humanns* und *A. Conzes* Leitung beschränkten sich auf den oberen Burgberg; mit Genehmigung der osmanischen Regie-rung wurden die Fragmente des Altarfrieses und eine Auswahl von Architekturteilen nach Berlin gebracht, wo sie den Kernbestand des Pergamon-Museums (heute Ostberlin) bilden, dessen Besuch eine unabdingbare Ergänzung einer Bildungsreise durch Kleinasien dar-stellt. Aus Pergamon stammen Teile folgender Bauten: Paläste: Hephaistion-Mosaik; Traianeum: Proben von Hallen und Tempel; Athenaheiligtum: Propylon, Hallensäulen, Ordnung des Tempels; Zeusaltar: Friese und Architekturproben; Obere Agora: Hallenord-nung, Säule und Ante des Markttempels; Caracallatempel: Ecke. 1900–1913 wurden die Grabungen in Pergamon von *W. Dörpfeld*, 1927–1938 von *Th. Wiegand* fortgesetzt, 1957 vom Deutschen Archäologi-schen Institut wieder aufgenommen.

Pergamon besichtigt man als Autofahrer am zweckmäßigsten in 4 Abschnit-ten: I. Den Oberen Burgberg mit Oberer Agora und Theater-Terrasse (B-P) vom oberen Parkplatz aus. – II. Den Unteren Burgberg vom Eumenischen Tor bis zur Stadtgrabung über den Gymnasien und dem Demeterheiligtum (Q-W) vom unteren Marktplatz (V) aus (S. 53 ff.). – III. Das neue Bergama mit einigen römischen Bauten (S. 59 ff.). – VI. Das Asklepieion (S. 63 ff.). Erreicht man Pergamon mit dem Bus oder Taxi, so durchwandert man diese Abschnitte hintereinander, vom oberen Burgberg ausgehend. Die einzelnen Bauten sind durch Schautafeln bezeichnet und der Weg durch die Ruinen mit blauen Punkten markiert.

I. Oberer Burgberg   Nr. 9

Vom oberen Parkplatz ([P]) gelangt man auf einer modernen Rampe zum *Tor* in der Akropolismauer (B; errichtet unter *Eumenes II.*, 197–159 v. Chr., mit byzantinischen Reparaturen), steigt weiter hinauf, vorbei an den Palästen (rechts) und den Terrassen des *Athenaheiligtums* und des *Traianeums* (links), durchschreitet noch einmal eine in byzantinischer Zeit geflickte Zwischen-mauer und beginnt die Besichtigung am nördlichsten Ende des Burgbergs, wo auf einer Plattform vier langgestreckte, grobe Steinfundamente liegen, auf denen sich aus Holzbalken konstruierte scheunenartige *Magazinbauten* (C) erhoben (3.–2. Jh. v. Chr.), die der Versorgung der Burg und des Palastes in Kri-senzeiten dienten.
Hier endet auch das berühmte *Wasserleitungssystem* von Pergamon, dessen Spu-ren sich nördlich des Burgbergs noch im Gelände abzeichnen: ein *Aquädukt* aus römischer Zeit, daneben eine schwache gerade Furche, in der die helleni-stische Leitung lag. Diese bestand größtenteils aus *Tonrohren*, in denen das Wasser über 45 km mit nur leichtem Gefälle bis zu einem Becken am Hang gegenüber der Akropolis geführt wurde. Von dort floß es in absolut dichten Metallrohren, die in Steinmanschetten saßen, in die Talsenke und wurde nach dem Prinzip kommunizierender Röhren den Burgberg wieder hinaufge-drückt, wobei die Rohre in der Talsohle einem Wasserdruck von bis zu 16 atü

standzuhalten hatten. – Die Römer, weniger erfinderisch als organisatorisch begabt, ersetzten dieses System durch eine reine Gefälleleitung, die dann allerdings nicht bis zur Burg hinaufführte.

Auf dem mittels gewaltiger, an der Ostseite noch hellenistischer, im Westen z. T. römischer Quadermauern terrassierten Hauptplateau der Burg reihten sich an der Ostseite vier große hellenistische *Wohnhäuser* (D, E, F, G) in chronologischer Reihenfolge von Nord nach Süd, die zugleich auch eine Steigerung an Pracht bedeutet. Man sieht sie als Wohnsitze (Paläste) der pergamenischen Könige an und datiert sie nacheinander in die Jahre zwischen 281 und 160 v. Chr. Der nördliche und älteste (D) davon wurde später in eine Kaserne für die Palastwachen umgebaut.

Gemeinsam ist den ›Palästen‹ ihre Anlage mit Wohnräumen verschiedener Größe, die um einen Innenhof mit umlaufender Säulenhalle (Peristyl) gruppiert sind, und einer Eingangshalle mit Säulen und Freitreppe. Erhalten sind jedoch nur Fundamente, und das Verständnis ihrer Grundrisse wird zusätzlich durch die teilweise sehr tiefen Ausgrabungen zwischen den Mauern erschwert. In einem Raum (m) des *Palastes von Eumenes II.* (G) wurde ein dekoratives *Bodenmosaik* gefunden, dessen Künstler seine Signatur als angeklebten Zettel dargestellt hat. Davor ist am Wege eine der ursprünglich für alle Paläste vorhandenen *Zisternen* mit bemerkenswerter Deckenkonstruktion aus Steinbalken erhalten.

Künstlersignatur vom Mosaik des Hephaistion(m)

Traianeum (H)

An der westlichen Kante des Plateaus sind *Staatsbauten* (H–M) im Halbkreis hoch über dem Theater angeordnet. Die Reihe beginnt mit dem *Traianeum* (H), einem Baukomplex aus einem von Hallen gesäumten Platz um einen römischen Podiumtempel, der aber in hellenistischer Weise frei auf dem Platz steht. Die ganze Anlage wurde unter *Trajan* (93–117 n. Chr.) begonnen, unter seinem Nachfolger *Hadrian* (117–138 n. Chr.) vollendet und diente dem Kult beider Herrscher. Über kleineren hellenistischen Bauten an diesem Platz und dem steil nach SO fallenden Burgabhang war zunächst eine ebene Terrasse auf parallelen, noch heute gut erhaltenen Tonnengewölben geschaffen worden; diese werden gegen das Tal hin von einer bis zu 23 m hohen und über 110 m langen Wand aus Rustikaquadern geschlossen, welche von einem horizontalen Rundprofil unterteilt und im oberen Teil durch Fenster gegliedert wird. Mitten auf dem so geschaffenen 59 × 66 m großen gepflasterten Platz erhebt sich über einem gesondert aufgeführten Fundament und einem profilierten Podium ein *römischer Tempel* mit 6 × 10 korinthischen Säulen, zu dem

Modell zur Restaurierung des Traianeums

man von Westen auf einer Freitreppe emporstieg. Das Gebälk – im Inneren eine komplizierte Konstruktion von scheitrechten Bögen – ist formal aus horizontal gereihten Schmuckgliedern über einem ionischen Architrav (Hauptbalken) aufgebaut. Eigenartig manieriert ist hier die Frieszone mit aufsteigenden Spiralen und dazwischenliegenden Medusenköpfen verziert. Im Tempel selbst standen überlebensgroße Statuen der beiden hier verehrten Kaiser *Trajan* und *Hadrian*, von denen bedeutende Fragmente gefunden wurden.

An drei Seiten war der Platz von Hallen gesäumt, während man auf der vierten Seite wie heute ungehindert auf die Stadt hinunter und in die Ferne blicken konnte. Sind die seitlichen Hallen des Platzes ebenerdig zugänglich, so erhebt sich die Halle hinter dem Tempel über einer Quadermauer und betont auf diese Weise die Rückwand des Platzes, ohne daß der Tempel jedoch, wie in der römischen Architektur sonst üblich, ganz an die Rückwand geschoben ist. Die Hallen waren in vereinfachter ionischer Säulenordnung errichtet, mit glatten Profilen und Säulen mit Kapitellen einer besonderen äolisch-pergamenischen Tradition. Ihr Hauptteil zeigt glatte, an der Spitze überfallende Blätter, während der Hals mit einer Reihe von Akanthusblättern verziert ist. – Vor der Platzrückwand standen noch zwei ältere hellenistische Sitzbänke (Exedren), von denen heute nur noch die Fundamente ablesbar sind.

Der Traianeumskomplex wird zur Zeit vom Deutschen Archäologischen Institut so wiederhergestellt, daß der Betrachter einen Eindruck von Lage und Höhe der Bauten erhält (s. Abb. des Modells).

46

Propylon zum
Athenaheiligtum

Athenaheiligtum (I)

Vom Traianeum durch einen Hof getrennt und auf 9 m tieferem Niveau, liegt das hellenistische, also einige Jahrhunderte ältere *Athenaheiligtum* (I), das sich in seinem unsymmetrischen, nicht einheitlich geplanten Grundriß als älteste bestehende Anlage auf dem Burgberg zu erkennen gibt. Sein Kern ist der nordsüdlich orientierte *Athenatempel* (a), der noch aus dem frühen 3. Jh. v. Chr., der Herrschaft des Philetairos, stammt. Sein Fundament liegt an der Kante des Plateaus hoch über dem Theater und läßt die Form des Grundrisses leider nur sehr lückenhaft erkennen: einen kurzen Peripteros mit 6 × 10 Säulen. Der Kernbau bestand aus einer Vorhalle (Pronaos), dem an der Rückseite aber keine gleichartige Halle (Opisthodom) entsprach, und zwei hintereinander liegende Cellaräumen, in denen möglicherweise neben dem Kultbild der Athena auch eines von Zeus verehrt wurde. Der Oberbau bestand wie die Fundamente aus vulkanischem Andesit, dem in Pergamon meistverwendeten Baustein, dessen Oberflächen am Tempel mit weißem Marmorstuck versehen waren. Der Tempel gehört mit denen von Assos (Nr. 8) und Troja (Nr. 5) zu den wenigen *dorischen Tempeln Kleinasiens*. Seine nie fertig kannelierten Säulen waren schlank und so weitgestellt, daß drei Triglyphenachsen für ein Joch nötig waren, wie man es bis dahin nur an Hallen fand.

Neben dem Athenatempel steht der Rest eines *byzantinischen Turms* auf antiken Stützmauerpfeilern; eine Treppe führt in einen Tunnel zum Theater hinunter (O).

Der weite Platz um den Tempel war von Hallen aus der Zeit Eumenes' II. (197–159 v. Chr.) eingefaßt, jedoch nicht symmetrisch wie am Traianeum, sondern nach Lage und Bedarf differenziert. Ein schmaler, einschiffiger Hallenflügel (b) begleitete die östliche Umfassungswand des Platzes, in der exzentrisch das Propylon (c; jetzt im Pergamon-Museum) angelegt war. An der Nordseite stand eine doppelschiffige, zweigeschossige Halle (d), deren Untergeschoß außen eine dorische Säulenordnung mit 4 Triglyphen pro Joch, innen aber Mittelsäulen mit pergamenischen Kapitellen hatte (s. o., H); im Obergeschoß sind ionische Säulen mit einem noch kleinteiligeren dorischen Gebälk (5 Triglyphen) kombiniert. Die Brüstungen zwischen den Säulen des Obergeschosses waren wie am Propylon als Waffenreliefs ausgeführt, die an die Siege Eumenes' II. über die Galater erinnern sollten und der ganzen Anlage neben ihrer kultischen eine politische Bedeutung gaben.

Auf zwei Ebenen hinter der Nordhalle lagen mehrere Bauten unregelmäßigen Grundrisses, die die einst berühmte *Bibliothek* und eine *Kunstsammlung* enthielten. Mit dieser Bibliothek, die 200.000 Schriften umfaßt haben soll, wollten die Pergamener der Bibliothek von Alexandria Konkurrenz machen; als von dort der Papyrusexport unterbunden wurde, forcierte man das Abschreiben der Bücher auf fein gegerbter Tierhaut, dem seither so genannten Pergament. Einige Erdgeschoßräume der Bibliothek sind noch im Grundriß erkennbar, zwei davon mit schmalen Vorräumen mit je zwei Säulen zwischen den Wandenden (Anten; e). Im nordöstlichen Eckraum (f) sind Reste einer umlaufenden Bank und sogar Dübellöcher für die frei aufgestellten Holzregale zu erkennen. In der Mitte vor der Nordwand dieses Raumes stand eine *Statue der Athena* als Behüterin der Stadt und hier besonders als Göttin der Weisheit.

Vor dem Athenatempel sucht man vergeblich nach einem Altar. Stattdessen stand in der Mitte des Platzes nach der Überlieferung eine große Statuengruppe, die noch *Attalos I.* als Denkmal seines Sieges über die Galater (230 v. Chr.) hatte anfertigen lassen und von der einige Figuren und Gruppen in römischen Kopien zu großer Berühmtheit gelangt sind (›Sterbender Gallier‹, ›Gallier tötet sich und sein Weib‹; Kapitolinisches und Thermenmuseum in Rom). Die jetzt auf der Platzmitte vorhandene Rundbasis gehört zu einem späteren römischen Denkmal. – Gegen Ende des 2. Jh. v. Chr. wurde das Heiligtum auch im Süden von einer schmalen Halle gefaßt und neben das Propylon eine Brunnenanlage eingebaut.

Heroon (L)

Man verläßt nun die Oberburg wieder durch das *Burgtor* (B) und wendet sich nach rechts zu dem rampenartigen Weg, der zum Zeusaltar hinunterführt. An der Hangseite liegen zwei langgestreckte, wohl dem Handel dienende Bauten (K), eine Halle und eine Reihe von Kammern. Links liegt das *Heroon*, der Heilige Bezirk für den seit hellenistischer Zeit aus dem Orient übernommenen Kult des Herrscherhauses. Die an ein antikes Wohnhaus mit Peristyl und Kammern (vgl. die Paläste, D–G) erinnernde, jedoch etwas strenger geordnete Anlage stammt noch aus hellenistischer Zeit. Die Ostseite des Säulenhofs nimmt eine breite Halle ein, hinter der in römischer Zeit ein quadratischer Kultraum mit massiven Wänden angebaut wurde, der ein säulengeschmücktes Obergeschoß nach Art der großen Mausoleen Kleinasiens hatte (s. Belevi, Nr. 21; Bodrum, Nr. 37).

Zeusaltar (M)

Der Weg führt weiter hinab zu der 69 × 77 m großen *Terrasse des Zeusaltars* (M; sog. ›Pergamonaltar‹), die 23,50 m tiefer als das Athenaheiligtum ebenfalls an der Bergkante über der Theaterterrasse liegt.

Der Altar wurde unter *Eumenes II.* (197–159 v. Chr.) errichtet; er war Zeus und Athena geweiht und zugleich als Monument für den Sieg Eumenes II. über die Galater (183 v. Chr.) gedacht. Seine Fundamente erheben sich, von drei Pinien beschattet, in der Mitte des Platzes und bestehen aus einem Raster von Andesitquadermauern, zwischen denen Reste eines apsidialen Vorgängerbaus unbekannten Zweckes zu sehen sind. Einige sehr qualitätvolle Architekturglieder des Oberbaus und des leider ganz zerstörten Propylons liegen an der Nord- und Ostseite des Platzes aufgereiht, während sich das meiste, vor allem die Relieffriese, im Ostberliner Pergamon-Museum befindet.

Der Bau, dessen Unterstufe 36,44 × 34,20 m maß, wurde in der Antike von einigen Schriftstellern zu den Weltwundern gezählt. Er ist im Grunde nichts anderes als ein großer, von Osten über eine 20 m breite Freitreppe zugänglicher Unterbau für einen langgestreckten Brandopferaltar, der in einem hochgelegten, von Pfeilern mit Halbsäulen umgebenen Innenhof stand.

Der äußere Aufbau des Zeusaltars, dessen Vorbilder in kleinasiatischer Mausoleums- und Altararchitektur zu suchen sind, erhob sich über einer umlaufenden Krepis von 4 Stufen zunächst mit einer niedrigen, profilierten Sockelzone über der, wiederum von Profilen gesäumt und formal ebenfalls als Sockel zu verstehen, der 2,28 m hohe *Relieffries* außen umläuft und im Westen die breite Freitreppe einfaßt. Dieser berühmte Fries, an dem mehrere Künstler beschäftigt waren, ist ein Hauptwerk hellenistischer Plastik aus der 1. Hälfte des 2. Jh. v. Chr. und stellt in kontrastreichem, teilweise bis zur Vollplastik herausgearbeitetem Relief den Sieg der olympischen Götter über

Front des Zeusaltars

finstere Mächte, hier als Giganten personifiziert, dar – eine Anspielung auf die Siege Pergamons über die Galater.

Über diesem zweifachen ›Sockel‹ erhob sich, modellhaft klein (Säulenhöhe 2,67 m, Gebälkhöhe 55 cm), eine ionische Säulenordnung vor einer Wand, die den hochgelegenen Altarhof umfaßte. Über den Sockeln an beiden Seiten der Freitreppe trat diese ionische Halle als doppelseitiger Risalit vor. Oberhalb der Freitreppe war die Wand um den Altarhof in Halbsäulenpfeiler aufgelöst. Auch der Hof sollte wohl noch mit Halbsäulenpfeilern umgeben werden, wurde aber nicht vollendet. Auf der dem Hof zugewandten Innenseite waren die Wände mit einem ebenfalls weitgehend erhaltenen Fries verziert, der mit dem friedlichen Thema der Telephossage (Telephos als Ahnherr der Attaliden) und mit seiner Darstellung in flachem Relief in deutlichem Kontrast zu den dramatischen Kampfszenen des großen Sockelfrieses steht. Die Rekonstruktion des eigentlichen Opferaltars in der Mitte des hochgelegenen Hofes, dem einige Bauglieder zuzuweisen sind, ist nicht gesichert.

Die Architektur des Zeusaltars steht an Bedeutung und Originalität der Konzeption, auch wenn sie sich an bereits vorgeprägten Typen orientieren konnte (Altäre in Samos und Ephesos), dem großen Fries nicht nach. Auch die Qualität der Steinmetzarbeit an den feinen ionischen Baugliedern stellt einen Höhepunkt der hellenistischen Baukunst dar.

Im 8. Jh. n. Chr. wurde der Altaraufbau abgebrochen und sein Material in der byzantinischen Festung gegen die Araber verwendet, wo die Steine im 19. Jh. bei Abbrucharbeiten zum Zwecke der Kalkgewinnung wieder zum Vorschein kamen.

Obere Agora (N)

Der vom Burgberg herabführende, schon in der Antike wegen seiner Bedeutung durchgehend gepflasterte Weg überquert südlich des Zeusaltars als Rampe den sog. *Oberen Markt* (Obere Agora; N), einen rechteckigen, ehemals an drei Seiten von dorischen Säulenhallen mit Kammern gesäumten Platz, dessen Fläche 13,50 m unter der des Altarplatzes liegt. Seine vierte an der Hangkante liegende Seite war von drei gesonderten Bauten eingenommen, einem kleinen Tempel, einem hellenistischen Antenbau und einem weiteren, in römischer Zeit veränderten Bau unbekannter Bestimmung. – Der *kleine Tempel* (7,45 × 11,80 m), ein sog. Prostylos aus der 1. Hälfte des 2. Jh. n. Chr., ist von feiner Machart und wies eine ionisch-dorische Mischordnung auf mit Säulenbasen und besonders profilierten Kapitellen sowie einem mit Rhomben verzierten Geison (im Museum von Bergama); der Tempel könnte Hermes als dem Gott der Händler geweiht gewesen sein.

Östlich der Rampe wurden unter einem Granitblock die Gebeine *C. Humanns* (1839–1896), des Entdeckers und ersten Ausgräbers des antiken Pergamon, beigesetzt.

Theaterterrasse

Weiter nördlich und weitere 9 m tiefer als dieser Marktplatz erstreckt sich die ca. 245 m lange *Theaterterrasse*, die an der Talseite durch drei mächtige, zusammen ca. 12 m hohe, durch Pfeiler ausgesteifte Stützmauern gehalten wird. Die oberen Stützmauern bilden die beiden Untergeschosse eines dreigeschossigen Hallenbaus, dessen oberes Geschoß eine zur Terrasse offene Säulenhalle war, die aber durch Fenster auch den – hier architektonisch gefaßten – Blick in die Landschaft ermöglichte. An der unregelmäßigen Gesamtanlage der Terrasse ist zu erkennen, daß sie nicht als einheitlich geplanter, sondern allmählich gewachsener Baukomplex aus der Zeit der Attaliden mit späteren Zutaten anzusehen ist. Die Terrasse dürfte ursprünglich nicht nur als Zugang zum Theater, sondern auch für (kultische) Wettläufe gedient haben. Den Zugang am Südende bildete ein zweifaches Bogentor. Der an der Hangseite bis zum Theater verfügbare Platz war durch eine Wandelhalle genutzt.

Der *Zuschauerraum des Theaters* (O), das gewissermaßen der Mittelpunkt der Anlagen auf dem oberen Burgberg bildet, besteht, wie bei griechischen Theatern üblich, aus kreisförmig von der sog.

Theaterterrasse

›Orchestra‹ aus auf 37,50 m Höhe ansteigenden Sitzstufen, die durch zwei Umgänge in drei Ränge und durch radiale Treppen in Keile unterteilt werden. Am unteren Rand des mittleren ›Ranges‹ befand sich eine Ehrenloge (Proedrie) aus Marmor, während der Bau im übrigen aus Andesit besteht (heute teils in Stein, teils in Beton renoviert). Im Theater dürften 10.000 Personen Platz gehabt haben, für die allerdings – nach heutigen Maßstäben – nur ungenügende Zugangswege bestanden.

Vor dem Zuschauerraum sind quadratische Steinkästen mit Deckeln in die Terrasse gesenkt, worin Stützen eines hölzernen Bühnengebäudes einzulassen waren, das nach den Theateraufführungen, die ursprünglich nur am Fest des Dionysos stattfanden, wieder entfernt werden konnte, um die Laufbahn der Terrasse frei zu machen. Erst in römischer Zeit wurde diese Konstruktion durch ein steinernes, dauernd bespielbares Podium ersetzt, von dem noch das rechteckige Gußfundament zu erkennen ist.

Dionysostempel (P)

Am Ende der Theaterterrasse, deutlich auf Fernwirkung geplant und als ›point-de-vue‹ gedacht, stand der *Dionysostempel* auf einem 4,50 m hohen Podium mit Freitreppe an der Front. Der erste Tempel an dieser Stelle war ein ionischer Prostylos aus Andesit (11,80 × 20,22 m) aus dem 2. Jh. v. Chr., der noch Feinheiten klassischer Architektur zeigte, wie Kurvatur und Wandneigung. Im 3. Jh. n. Chr. wurde der Bau im Auftrag *Caracallas* und zu seinen eigenen Ehren mit üppiger Ornamentik in Marmor neu errichtet.

Vor der Freitreppe zum Tempel ein *Altarfundament*, das durch seine kultische Ausrichtung nach Osten (Breitseite) in deutlichem Gegensatz zu dem aus architektonischen Gründen nordsüdlich orientierten Tempel steht. Von der Theaterterrasse kann man über die oberste Zone des Theaters und die unterirdische Treppe zum Athenaheiligtum (I) hinauf und von dort zum Parkplatz gehen oder über den bequemeren, aber weiteren Weg über den Oberen Markt (N), wenn man nicht dem antiken, gepflasterten Weg weiter hinunter zu den Baukomplexen des unteren Burgbergs folgen will.

II. Der Untere Burgberg Nr. 9

Die antike Pflasterstraße, die hier in ungefähr gleichmäßigem Gefälle den Stadthügel umzieht, passiert als nächstes das Gebiet der neuesten Grabungen im Bereich der *Wohnsiedlung* von Pergamon (Q). Das Grabungsgebiet wird von einer dichten hellenistischen und römischen Bebauung aus schiefwinkligen Häusern mit engen Kammern an schmalen, relativ geraden, durch lange Epochen immer wieder benutzten Gassen überzogen. Unter den einfachen Wohnhäusern fallen einige größere, teilweise durch Restaurierung verdeutlichte Bauten auf:

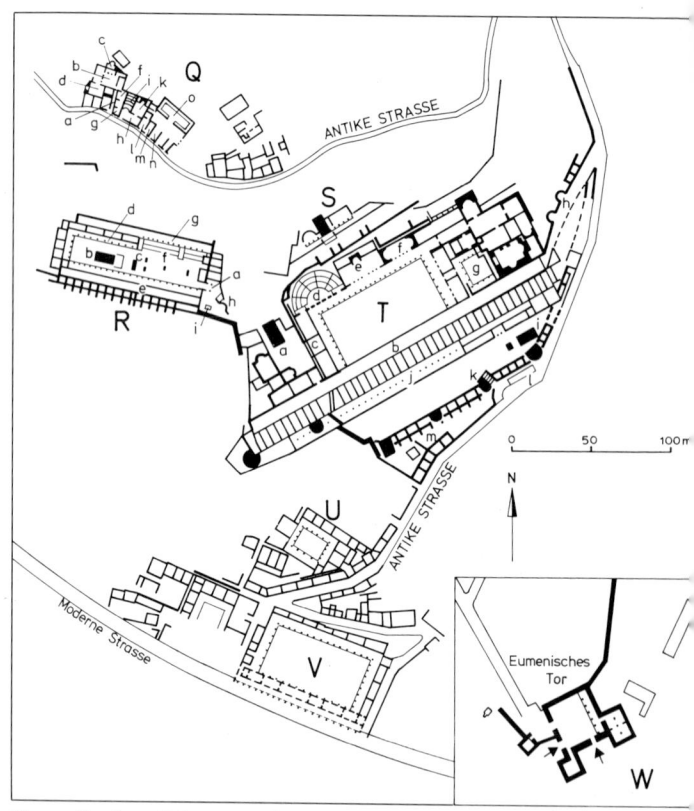

Unterer Burgberg: Orientierungsplan

Am Westrand des Gebiets lag ein kleines Gymnasium mit langem Korridor (a) als Zugang und einem Innenhof (b), offenem Kaltbaderaum mit apsidialem Becken (c), Warmbad (d) und rundem Schwitzraum (e). Getrennt durch drei Wirtschaftsräume (f, g) liegen östlich daneben hinter gemeinsamem Vorsaal (h) ein schmales *Odeion* (i; überdacht) mit ansteigenden Sitzreihen und ein im Kern noch hellenistischer, in der Ausstattung aber augusteischer *Saal* (k; ebenfalls überdacht). Dieser diente dem Heroenkult eines verehrten Wohltäters der Stadt Pergamon, dessen Statue in der Apsis stand (Abguß des im Museum von Bergama befindlichen Kopfes). Die Wände sind unten mit Marmor verkleidet und durch sockelartige Reliefs, auf denen Darstellungen von Hähnen und Waffen abwechseln, gegliedert. Den Abschluß dieser Sockelverkleidung bildet ein Triglyphenfries mit nischenförmig ausgebildeten Metopen. Der Fußboden ist mit Marmorplatten belegt und von einem Mosaikband umzogen.

Östlich an den Marmorsaal schließen die Reste zweier kleiner *Garküchen* (l, m) an, die durch Funde von Herden und Bratrosten bestimmt werden konnten, und ein kleiner Laden (n), dessen Vorratsgefäße auf den Verkauf von Wein oder Öl schließen lassen.

Auf höherem Niveau nördlich dieser kleinen Räume liegt ein größerer Saal (o) mit breiten Bänken an den 4 Wänden und einer Nische mit Altar gegenüber dem Eingang. Der Saal diente wohl Mahlzeiten, wie sie für orientalische Kulte, etwa dem Mithraskult, üblich waren, bei denen die Teilnehmer auf Bänken lagen.

Ca. 50 m östlich des Marmorsaals verläßt ein Pfad (blau markiert) die Pflasterstraße nach Süden den Berg hinab und führt zu den Heiligtümern der Demeter (R) und der Hera (S) und weiter zu den großen Gymnasien von Pergamon (T).

Das Heiligtum der Demeter (R)

Man betritt dieses Heiligtum durch ein einfaches Propylon (a) aus dem 3. Jh. v. Chr., dessen beide schlichten Säulen mit einfachen pergamenischen Blattkapitellen wiederaufgerichtet sind. Dieses Heiligtum der ›Göttin der Feldfrüchte‹ wurde seiner großen Bedeutung entsprechend vom Herrscherhaus stets reich bedacht; den Anfang machten schon *Philetairos* (283–263 v. Chr.) und sein Bruder *Eumenes*, die den Tempel (b) und den großen Altar (c) dem Gedächtnis ihrer Mutter *Boa* weihten. *Apollonis*, die Frau *Attalos' I.* (241–197), ließ die lange Halle an der Talseite (e), die obere Halle an der Bergseite (g) sowie das Propylon (a) errichten.

Der leicht asymmetrisch in der jetzigen, 100 × 45 m großen Terrassenanlage liegende Tempel (b) war zuerst ein einfacher ionischer Antentempel aus Andesit mit nur zwei Säulen zwischen den vorgezogenen Enden der Längswände (Anten) und einem ›Bukranienfries‹ aus Marmor; in römischer Zeit, unter *Antoninus Pius*, wurde der Tempel mit einer Vorhalle mit vier korinthischen Marmorsäulen versehen. – Davor steht der große, restaurierte *Altar* (c) der *Philetairos* und *Eumenes*, dessen profilierter, sockelartiger Aufbau ursprünglich noch mit vier hochstehenden Voluten an den Ecken verziert war. Der langgestreckte Platz des Heiligtums, auf dem noch weitere, kleinere Altäre stehen, war von zwei unterschiedlichen Zeilen von Bauten eingefaßt: im Bereich von Tempel und Altar von zwei parallelen Hallen (d, e), während der vordere Teil des Altarplatzes am Hang von Sitzstufen (f) wie an einem antiken Stadion begleitet wird, auf denen Zuschauer der Mysterienspiele, die zum Demeterkult gehörten, sitzen konnten.

Die Hallen auf der Bergseite waren einschiffig und mit Kammern versehen. Über dem Hallenflügel der Bergseite und den Sitzstufen wurde später eine weitere Halle (g) eingebaut, welche über die ganze Länge des Heiligtums durchging. – Das 91,50 m lange *Gebäude der*

Apollonis (e) an der Talseite über der imposanten Stützmauer war eine zweischiffige Halle, deren äußeres Schiff ein durchgehendes, durch Schlitze belichtetes Untergeschoß hatte.

Vom Demeterheiligtum herab bietet sich das *Panorama der Stadt Bergama* mit der türkischen Altstadt im Vordergrund, aus der die Ruine der römischen ›Roten Halle‹ herausragt, dahinter ein Gürtel neuerer Wohnhäuser in Beton-skelettbauweise, in dem sich zwei große Grabhügel gerade noch abzeichnen, rechts über den neuen Kasernenkomplex hinweg erkennt man im Talgrund das *Asklepieion* und am Rande eines langgestreckten Hügels, der erst kürzlich mit kleinen Häuschen besiedelt wurde, den erhaltenen Bogen des *römischen Theaters* und im Tal dahinter die Ruine des *Amphitheaters*.
Nach Verlassen des Demeterheiligtums bemerkt man etwas unterhalb des Propylons einen halbrunden Brunnen (h) an der Hangseite und gegenüber einen gemauerten Opferschacht (i), in den Opfergaben für Demeter geworfen wurden.

Heraheiligtum (S)

Östlich oberhalb des *Demeterheiligtums* liegen auf einer schmalen Terrasse hoch über den *Gymnasien* (T) die drei Bauten des *Heraheiligtums* (S). Der kleine, in die Stützwand hineingebaute dorische Tempel in der Mitte trug eine Weihinschrift *Attalos' II.* (159–138 v. Chr.) und hat mit der vorgelegten Freitreppe, auf der man das Heiligtum erreichte, und in der Art des Einbaus in die Rückwand Züge römischer Architektur. Mit seiner viersäuligen dorischen Ordnung aus Marmor vor der Cella aus Andesit (Prostylosgrundriß) ist der Außenbau wie bei fast allen Tempeln in Pergamon ganz auf die Ansicht von vorne konzipiert.
Daneben liegen ein halbrunder Raum für Statuen mit einer Säulenordnung davor und das Fundament einer einfachen kurzen Halle. Instruktiv ist der Überblick über das *Obere Gymnasium* (T).

Die Gymnasien (T)

Die schon in hellenistischer Zeit angelegten, in römischer Zeit ausgebauten Gymnasien (T) am Burgberg von Pergamon dienten der körperlichen und geistigen Erziehung der männlichen Jugend, und zwar in 3 Altersklassen, denen jeweils eine der drei Gymnasiumsterrassen zugeordnet ist. Inschriftlich gesichert ist die Bestimmung der mittleren Terrasse für die *Epheben* (Jugendliche von 16–20 Jahren) und der unteren für die *Paides* (Kinder unter 15), daher ordnet man die weitläufige obere Terrasse den *Neoi* (Männer über 20) zu.
Vom Heraheiligtum herunterkommend, passiert man zunächst noch einmal Fundamente eines der für Pergamon typischen kleinen *Tempel* (a): Es war ein Prostylos aus dem 2. Jh. v. Chr., der möglicher-

Oberes Gymnasium, Hof (Palästra) mit Nordhalle

weise *Asklepios* geweiht war. Aus Bauteilen, die in der Nähe gefunden wurden, hat man geschlossen, daß der Tempel zunächst in dorischer Ordnung gebaut worden war, dann aber ionisch umgearbeitet wurde, ein Wechsel, der gerne mit dem antiken Architekten *Hermogenes* (s. Magnesia a. M. Nr. 30) in Verbindung gebracht wird. Südlich unterhalb des Tempels liegt die kleinere der beiden Thermenanlagen des *Oberen Gymnasiums*, deren Wände z. T. noch hoch erhalten sind. Durch eine Stützmauer gegen den Hang geschützt und von dieser durch einen Schlitz getrennt, der der Entfeuchtung diente, erheben sich weiter westlich um einen großen Hof die eigentlichen Anlagen des Gymnasiums. Der Hof wurde an drei Seiten von einer zweigeschossigen, korinthischen Säulenhalle eingefaßt, vom einfachen Südflügel der Halle an der Talseite ist nichts mehr erhalten; stattdessen liegt hier das 210 m lange und 6,80 m breite *Kellerstadion* (b) offen zutage. An seinem Westende ein *byzantinischer Rundturm*.

Hinter der *westlichen Halle*, von der noch einige Säulen, vor allem auch die herzförmige Ecksäule, stehen bzw. in der Nähe liegen, befinden sich drei Räume, deren mittlerer (c) große Waschbecken aufweist. Die halbkreisförmigen Sitzreihen des Raumes an der Nordwestecke erweisen ihn sogleich als *Auditorium* (d). Der große rechteckige Raum (e) in der Mitte der Nordseite war von der Halle nur formal durch eine korinthische Säulenstellung abgetrennt und gilt wegen seiner Lage in der Hauptachse und seiner Mittelnische als

Hauptraum, *Ephebeion*. Östlich schließt ein langgestreckter, ebenfalls zur Halle offener Saal (f) mit zwei gegenüberliegenden Apsiden an, in denen wohl Kaiserstatuen gestanden haben, da dieser Raum inschriftlich als *Kaisersaal* bezeichnet ist. Den quadratischen Ostteil des Gymnasiums nimmt eine *Therme* (g) mittlerer Größe mit der üblichen Folge geheizter und ungeheizter Räume ein, deren Mauerkern, den man sich wieder mit Marmor verkleidet vorstellen muß, noch recht hoch ansteht. Östlich davon ist der Rest eines gepflasterten Weges (h) erhalten, der das Obere Gymnasium von der Hauptstraße der Akropolis aus erschließt. Zwei Nischen auf der Hangseite dürften Statuen enthalten haben.

Das *Mittlere Gymnasium*, dessen Hof 14 m tiefer liegt, hat eher den Charakter der kargeren hellenistischen Anlagen und stammt wohl noch aus der Zeit *Eumenes' II.* (197–159 v. Chr.). Zwei langgestreckte parallele Bauten säumen die Terrasse, auf der axial und nach Westen, also wiederum auf architektonische Wirkung mehr als auf die traditionelle Ostrichtung geplant, ein kleiner Tempel (i), und zwar ein hellenistischer Prostylos korinthischer Ordnung, steht. An seinen Wänden waren Listen von Epheben aus hellenistischer und römischer Zeit eingemeißelt. Davor lag ein Altar, auf den sich noch ein Raum der nördlichen Halle mit einer zweisäuligen Fassade orientiert, in dem sich eine Bank mit einer Weihinschrift an Hermes, Herakles und für den Kaiserkult fand.
Der nördliche (hangseitige) Bau (j) vereint unter einem langen Dach Räume verschiedener Nutzung am Ostende mit einer zweischiffigen Halle, deren Fußboden 3 m über dem Hofniveau liegt. An der Südseite (zum Tal hin) lag vermutlich ebenfalls eine Halle über einem gekammerten Unterbau und einer Stützmauer mit Pfeilervorlagen. Ein imposantes, dreiläufiges, überwölbtes Treppenhaus (k) aus Quadern führt hinab zu einer konkav gekrümmten Vorhalle, am unteren Teil der gepflasterten Straße zur Oberstadt. Neben der Vorhalle, von der Säulensockel und Reste der geschwungenen Freitreppe erhalten sind, lag ein 21 m langes, in der Antike überdachtes Brunnenbecken (l).

Eine Tür führte von dieser platzartigen Erweiterung der Straße in das sog. *Untere Gymnasium* (m), das nur aus einem offenen Platz zwischen der Stützmauer des Mittleren Gymnasiums und dem Verlauf der Pflasterstraße bestand. Es wurde in byzantinischer Zeit (8. Jh.) beseitigt, als man die untere Stützmauer des Mittleren Gymnasiums in die Befestigung des Burgbergs einbezog und durch mächtige Türme mit gerundeten Außenseiten verstärkte, die schon an ihrer Steinmischung aus Andesit, Marmorspolien und Ziegeln als spätere Zutaten zu erkennen sind.

Die Pflasterstraße führt weiter hinab zur Unteren Agora und passiert kurz vorher ein ehemals zweigeschossiges *hellenistisches Haus* (2. Jh. v. Chr.; U), dessen reich mit farbigen Mosaiken und Wandstuck verzierte Räume um einen Innenhof mit zwei Zisternen und umlaufenden zweigeschossigen Säulenhallen lagen. Der Südteil ist nicht mehr erhalten, während drei Räume des hangseitigen Nordteils noch Reste der Wandmalereien und der Mosaiken zeigen. – Die Inschrift auf einer Herme (Pfeilerbüste) nennt den Namen eines der Inhaber dieses Stadtpalais': *Attalos* (nicht zu verwechseln mit den Königen von Pergamon!). Veränderungen der römischen Kaiserzeit (2./3. Jh. n. Chr.) sind am kleinteiligen Mauerwerk zu erkennen, während das Quaderwerk aus der Erbauungszeit im 2. Jh. v. Chr. stammt.

Die Untere Agora (V)

Die Pflasterstraße von der Oberstadt biegt an der Nordwestecke der *Unteren Agora* im spitzen Winkel nach Osten um und führt an der Nord- und Ostseite dieses Platzes entlang, der im Gegensatz zur *Oberen Agora* nicht überquert wird, sondern durch Treppen von der Straße her zugänglich ist. Der Platz ist etwa 34 × 64 m groß, mit Steinplatten gepflastert und war an vier Seiten von zweistöckigen dorischen Hallen umgeben, die an der abschüssigen Hangseite im Süden und Osten sogar noch ein Untergeschoß hatten (im Süden von der modernen Straße überbaut). Soweit möglich, waren Kammern an den Rückseiten der Hallen angelegt. Von diesem Platz stammt eine wichtige hellenistische Marmorinschrift, durch die uns Verordnungen aus dem Bau- und Wasserwesen im antiken Pergamon überliefert sind, die sog. ›Astynomen-Inschrift‹ (jetzt im Museum von Bergama). Die heute hier aufbewahrten Steinkugeln stammen aus dem Arsenalen der Burg (C).
Auf der anderen Seite der Asphaltstraße, am oberen Rand des modernen Ortes, liegen Überreste des *Haupttores der Stadtmauer* (W) von *Eumenes II.* (197–159 v. Chr.). Weitere Reste dieser Mauer sind entlang der modernen Straße nach Norden zu beobachten. Die Toranlage bestand aus einem Hof (dem sog. ›Zwinger‹), den man von außen durch zwei Torbogen betreten konnte und den man nach einer Wendung des Weges an der Westseite stadteinwärts wieder verließ. Eine kleine Halle an der Ostseite mit vorteilhaften Standorten für den Kleinhandel gab dem Hof einen basarähnlichen Charakter. Nach außen springen drei Türme zur Deckung der Tore vor die Mauern vor.

III. Das neue Bergama   Nr. 9

Die türkische Altstadt von Bergama nimmt etwa die Stelle der römischen Unterstadt von Pergamon ein, von dem noch einige bedeutende Bauerste zeugen. Die Stadt (40 000 E.) dient heute als Handels- und Handwerkszentrum für das nähere Umland, was am wöchentlichen Markttag (Montag) deutlich wird, wenn die Bewohner der Dörfer per Bus, Lastwagen und – immer seltener – auf den charakteristisch bemalten Pferdewagen in die Stadt strömen. Die alte, meist nur zweigeschossige Bebauung mit verputzten Fachwerkhäusern mit Erkern und Ziegelwalmdächern an verwinkelten, gepflasterten Straßen wird leider allmählich durch hohe Betonskelettbauten und Asphaltstraßen ersetzt (vgl. auch Plan auf dem vorderen Innendeckel).

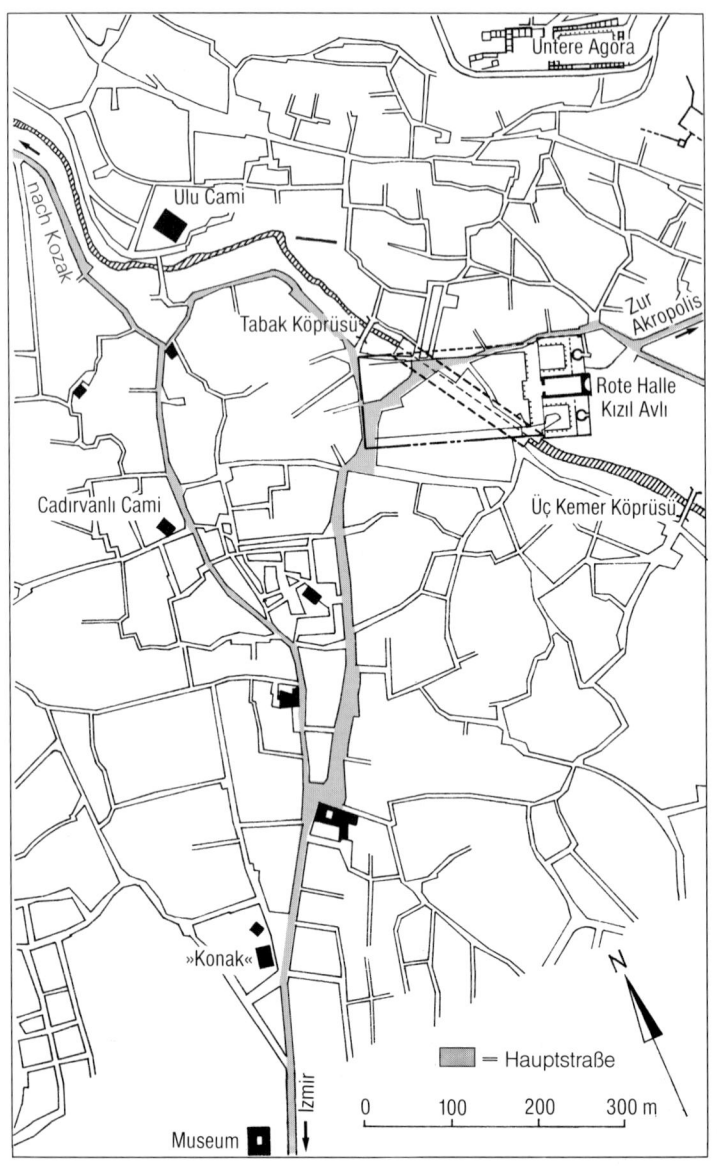

Untere Agora

Ulu Cami

nach Kozak

Zur Akropolis

Tabak Köprüsü

Rote Halle
Kızıl Avlı

Çadırvanlı Cami

Üç Kemer Köprüsü

»Konak«

N

= Hauptstraße

0   100   200   300 m

İzmir

Museum

Bergama: Orientierungsplan (nach Nohlen)

Kızıl Avlı (Rote Halle)

Fast im Zentrum ragt die mächtige Ruine eines römischen Sakralbaus aus Ziegelmauerwerk mit Steingesimsen heraus, die sog. ›Rote Halle‹ *(Kızıl Avlı)*, der Hauptbau einer weitläufigen Platz- und Tempelanlage (ca. 100–150 n. Chr.). Ihr 260 × 110 m großer Vorplatz, der über zwei langen Tunnelröhren auch den Fluß überbaut, bildet heute noch die Plattform eines ganzen Stadtviertels von kleinen Häusern. Das eine Ende des Doppeltunnels in der Nähe des Eingangs zur Ruine ist leicht zu finden, das andere Ende und die in einem Haus eingebaute nordwestliche Außenecke der Umfassungsmauer des Platzes ist im Häusergewirr bei der ebenfalls antiken *Tabak Köprüsü* (Brücke) versteckt. Von der Tempelanlage steht noch die große, zentrale, rechteckige Halle sowie rechts und links davon, an der Rückwand je ein hoher Rundbau; der nördliche enthält heute eine Moschee und ist von der Straße aus zugänglich. Die Haupthalle von ca. 60 × 26 m steht noch 19 m hoch in Ziegelmauerwerk, das ursprünglich mit Marmor verkleidet war, aufrecht und ist durch eine 7 m breite Türöffnung zu betreten. Ihr ursprünglicher Grundriß ist wegen der dort eingebauten Fundamente der Langhausbauten einer Kirche schwer zu erkennen. Der vordere, westliche Teil, war mit Marmorplatten ausgelegt und durch je fünf Fenster auf beiden Seiten über den ersten fünf Nischen, die selbst erst nachträglich durchbrochen wurden, belichtet. Hinter einem breiten, flachen Wasserbecken, das etwa die Mitte des Raumes einnahm, und einem dahinter liegenden, tieferen Graben erhob sich auf einem 1,50 m hohen, 10 m breiten Podium und einer abgesetzten, 4,60 × 4,60 m großen Basis ein riesiges 10–12 m hohes Kultbild, das von den Priestern über unterirdische Gänge betreten und wohl ›zum Sprechen gebracht‹ werden konnte. Im Bereich des Podiums standen zweigeschossige Säulenordnungen mit Emporen vor den Seitenwänden, die über eine zum Dach führende Wendeltreppe zugänglich waren. Die Mitte der Ostwand nimmt heute die nachträglich eingebaute Apsis der Kirche ein, während in römischer Zeit umgekehrt eine Apsis in die Außenwand einschnitt, deren seitliche Ränder sich noch abzeichnen.

Vor dieser Mittelhalle, über die ganze Breite des Tempelplatzes hinweg, lag eine *Säulenhalle*, in deren Front der Hauptbau durch einen vorgezogenen Giebel auf 4 größeren Säulen betont war. Rechts und links neben dem Hauptbau lagen offene, von Hallen gesäumte Höfe mit länglichen *Brunnenanlagen*. Diese Hallen wurden an der Ostseite nicht von Säulen, sondern von ägyptisierenden Marmordoppelfiguren gebildet, von denen Fragmente am Ort zu sehen sind. Diese Figuren und die reichliche Wasserversorgung der Anlage deuten auf *Serapis* als Gottheit des Tempels hin.

›Rote Halle‹ in der Altstadt von Bergama

Von den Resten der ›Roten Halle‹ flußabwärts blickend, sieht man eine der noch benutzten alten Brücken Pergamons liegen, die *Üç Kemer Köprüsü* (= ›Dreibogenbrücke‹), deren Konstruktion aus drei Quaderbögen römischen Ursprungs besteht. – Die zweite, ebenfalls römische Brücke, *Tabak Köprüsü* (= ›Tellerbrücke‹), oberhalb der Plattform der ›Roten Halle‹ wurde bereits erwähnt. – Ca. 80 m oberhalb derselben steckt ein Bogen einer *hellenistischen Brücke* in der Uferwand, während die in der Nähe auf die Ulu Cami zuführende Brücke ein osmanisches Bauwerk ist.

Ulu Cami (Große Moschee): Die Moschee ist, wie bei diesem Namen stets zu vermuten, die alte Hauptmoschee des Ortes und wurde bereits unter Sultan *Yıldırım Beyazid* 1398/99 als dreischiffiger Bau etwa quadratischen Grundrisses mit drei Kuppeln über dem Mittelschiff und reich verzierter Gebetsnische errichtet, jedoch mehrfach gründlich renoviert.
Auf der anderen Seite des Flüßchens das sehr beschädigte sog. *Seldschukische Hamam (Debbağlar H.),* das aus einer Folge kleiner Kuppelräume mit sog. Stalaktitenformen (Mukarnes) in den Gewölbezwickeln besteht.

Amphitheater: Westlich der Altstadt, in einem Tal hinter einem seit 1960 von kleinen Häuschen besiedelten Hügel, liegen die Ruinen des *römischen Amphitheaters,* eines der wenigen in Kleinasien. Unter Ausnutzung der natürlichen Talmulde war es so über einem Bach angelegt, daß dieser zur Vorführung von Seeschlachten *(Naumachien),* einem beliebten Programmpunkt der römischen Gladiatorenschaukämpfe, aufgestaut werden konnte.

Römisches Theater: Ca. 200 m südlich vom Amphitheater, auf der Stadtseite desselben Hügels, sind die Mulde und einige Reste des *römischen Theaters der Unterstadt* noch zu erkennen. Der erhaltene Bogen bildete eine Ecke des Sitzraumes und überspannte das stadtseitige Ende der antiken Straße zum *Asklepieion* (IV).

Den Weg zurück in die Stadt weist ein Minarett aus glasiertem Ziegelmauerwerk, der Rest einer Moschee aus dem 14. Jh. Die heute daneben stehende Moschee *(Cadırvanlı Cami)* stammt von 1550. Durch das westlich anschließende *Basarviertel* gelangt man wieder zur Hauptstraße, an der weiter südlich, in einem Pinienhain, das Museum mit seinem großen offenen Hof liegt.

Das Museum

Um den Vorhof des Museums herum stehen Kapitelle von pergamenischen Bauten hellenistischer bis byzantinischer Zeit. An den Wänden der östlichen und südlichen Hallen (links) Gebälkteile und Reliefs, in der westlichen (hinteren) Halle vor dem Museumsbau Skulpturenfragmente. In der nördlichen (rechten) Halle ist eine Auswahl von Inschriften aus Pergamon angebracht, darunter vor allem die schon erwähnte ›Astynomen-Inschrift‹ (Mus.-Nr. 247) vom Unteren Markt (V). Ein Modell des Zeusaltars gibt eine ungefähre Vorstellung von der Gesamtanlage. In der Eingangshalle des Museums steht eine leider sehr verwitterte archaische Kalksteinfigur (6. Jh. v. Chr.) eines bekleideten Kuros (Jünglings) ionischen Stils, die in einem Stall in Çandarlı (Pitane; Nr. 10) gefunden wurde. In den Vitrinen dieses Raumes Terrakotten aus Myrina. Im 1. Saal (links) u. a. Akroterfiguren in Gestalt von Niken, Friesfragmenten mit Theatermasken vom Gymnasium, eine Asklepios-Statuette. Im folgenden Saal: Vitrinen mit bedeutenden Keramikfunden aus Pitane, drei Bronzestatuetten erster Qualität des 1. Jh. v. Chr. aus dem Asklepieion, eine kleine Lehrsammlung neolithischer Keramik, vor allem aber einige schöne Beispiele attischer Grabstelen (Mus.-Nr. 3, 4, 5, 10) und eine Athena-Statuette (Mus.-Nr. 16). – Im 1. Saal des rechten Flügels: Römische Skulpturen, im 2. Saal u. a. ein römisches ornamentales Bodenmosaik aus Bergama und einige römische Kaiserporträts (Vespasian, Mus.-Nr. 157; Caracalla, Mus.-Nr. 163), eine Hadrian-Statue aus dem Asklepieion (IV), eine Aphrodite-Statue aus Myrina (Mus.-Nr. 456) und Tierfiguren. – Eine *ethnographische Abteilung* hat beachtliche Bestände an Textilien und volkstümlichen Gebrauchsgegenständen.

Südlich der Altstadt Bergama, östlich der Straße nach Izmir erhebt sich einer der monumentalen pergamenischen Grabhügel, der *Maltepe*, von 170 m Durchmesser mit steinerner Umfassungsmauer und dreifacher, gewölbter Grabkammer am Ende eines 70 m langen, gewölbten Ganges (Taschenlampe erforderlich!). Leider war die Grabanlage zur Zeit der Erforschung bereits geplündert, so daß man nur noch aus Gewölbeformen und Bautechnik auf die römische Zeit (2. oder 3. Jh. n. Chr.) schließen kann. – Etwa 1 km weiter südöstlich liegt der noch höhere *Yiğma Tepe*, dessen Umfassungsmauer aus Quadern ohne Mörtel für ein höheres Alter spricht. Seine Grabkammer wurde bisher nicht gefunden.

IV. Das Asklepieion von Pergamon   Nr. 9

Das südwestlich von Bergama in einer Talsenke (hinter dem modernen Kasernenbau) gelegene Heiligtum ist zu Fuß vom römischen Theater aus direkt oder mit dem Auto auf einem Umweg um den südlichen Stadthügel zu erreichen (gelber Wegweiser). – Wegen seiner Abgeschiedenheit in späterer Zeit nicht weiter besiedelt, war das Heiligtum der Forschung gut zugänglich und stellt heute einen bedeutenden geschlossenen Ruinenkomplex römischer Zeit mit einigen älteren und wenigen späteren Teilen dar.

Asklepieion und Bergama

Asklepios wird in der ›Ilias‹ als Heros, Arzt und Schüler des Kentauren *Chiron* erwähnt und erst seit dem 5. Jh. v. Chr. als Gott verehrt. Sein Kult kam von Epidauros und der Insel Kos, wo ältere Asklepios-Heiligtümer erhalten sind, nach Pergamon und hatte hier in dem Arzt *Galen* (129–199 n. Chr.) seinen berühmtesten Vertreter, der mit seinem das medizinische Wissen der Antike zusammenfassenden Werk auf die Medizin des Mittelalters großen Einfluß hatte. Grundlage dieser Heilkunde ist die sog. ›Viersäftelehre‹ *(Humoraltherapie)*, von der bis heute die Begriffe ›Humor‹ und ›Phlegma‹, sowie die Bezeichnungen ›Choleriker‹, ›Melancholiker‹ und ›Sanguiniker‹ zeugen. – Die Therapie im Asklepieion, über die der Redner *Ailios Aristides* (117–187 n. Chr.) ausführlich berichtet, betraf Leib und Seele gleichermaßen: Außer verschiedenen, an Kneippkuren erinnernden Wasserbehandlungen, war der Heilschlaf mit anschließender Traumdeutung in den Hallen des Asklepieions von besonderer Bedeutung. Daneben entwickelten sich lebhafte kulturelle Aktivitäten, denen ein eigenes Theater und eine große Bibliothek dienten.

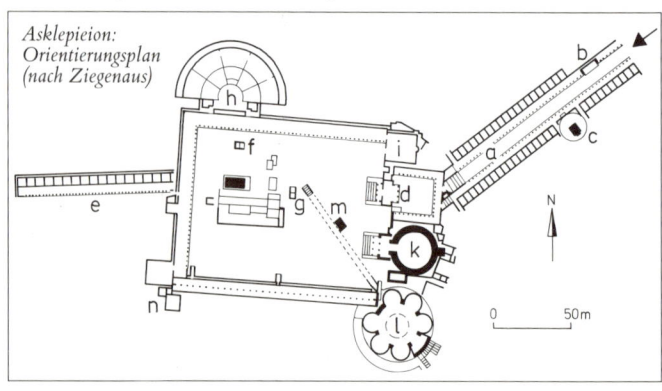

Asklepieion:
Orientierungsplan
(nach Ziegenaus)

Asklepieion: Modell

Heute wie in der Antike erreichte man das Asklepieion über eine Straße, die in der Kaiserzeit auf beiden Seiten mit Säulenhallen mit Kammern ausgebaut worden war (via tecta; a), in denen sich wohl das auch heute noch zu einem Kur- und Wallfahrtsort gehörende Geschäftsleben entfaltete. – Rechts wird die Säulenreihe von dem langgestreckten Becken eines *Straßenbrunnens* (b) unterbrochen, links liegt, einst von der Säulenhalle verborgen, ein *Rundgrab* aus augusteischer Zeit (c) und nicht weit davon die Fragmente eines kleinen runden *Grabmonopteros* (Pavillon) aus der Innenstadt von Bergama (1. Hälfte 2. Jh. n. Chr.). – In einem Bau, am Ende der Straße, der die Winkeldifferenz zwischen dieser und dem Platz des Asklepieions kaschiert, gelangt man über Treppen und durch asymmetrisch angeordnete Türen in einen symmetrisch vor dem eigentlichen viersäuligen *Propylon* (d) liegenden Hof; vom Propylon stieg der Besucher einst auf einer breiten Freitreppe zum Platz des Asklepieions hinab; heute benutzt man eine schmale Nebentreppe.

Die Bauten des Asklepieions liegen an einem 92 × 120 m großen Platz und stammen im wesentlichen aus der Zeit *Hadrians* (117–138 n. Chr.). Fundamente älterer, bis in die Zeit der pergamenischen Könige zurückgehender Bauten, die schon in etwa die spätere Orientierung aufweisen, sind innerhalb des Platzes teilweise sichtbar gelassen; eine lange *dorische Säulenhalle* (e), die sich nach Westen außerhalb der römischen Platzanlage erstreckt, stammt ebenfalls aus älterer Zeit.

Das Heiligtum entwickelte sich offensichtlich um die noch heute wegen ihres guten, leicht radioaktiven Wassers geschätzte Quelle etwa in der Mitte des Platzes. Um diese Quelle wurden in mehreren Bauphasen zwei kleine Tempel (nur noch ein Fundament erhalten)

mit Altären und drei Brunnenhäusern wohl auch zum Baden angelegt. Die nördlichste nahe am Theater gelegene *Brunnenanlage* (f) um-
baut einen Felsspalt, dem die wohl von Anfang an auch kultisch verehrte Quelle entspringt. In der Mitte des Platzes, beim Eingang zu
einem Tunnel (m) in Richtung Kurhaus (l) liegen ein Schöpfbrunnen
(g), der als Trinkbrunnen gilt und mehrere Gebäude für den heilen-
den Tempelschlaf (sog. Inkubation), die teilweise bis in römische Zeit
bestehen blieben. Unter *Hadrian* wurden dann im Norden, Westen
und Süden ionische Hallen angelegt, von denen die südliche das
abfallende Gelände noch mit einem zusätzlichen Untergeschoß aus-
nutzt. Die korinthischen Säulen auf Postamenten am Ostende der
Nordhalle stammen von einer Reparatur nach einem Erdbeben
im Jahre 187 n. Chr. – In der NW-Ecke wurde ein *kleines Theater* (h; ca.
3500 Plätze) in die Mulde des Hanges eingebettet.

Die Reihe der sehr differenzierten Hauptbauten an der Ostseite, die
in Ziegelmauerwerk mit Marmorverkleidung errichtet waren, beginnt im Norden mit einer *Bibliothek* (i), die zugleich dem Kaiserkult
diente; ihre rechteckigen Nischen für die Bücherbretter und die
Apsis in der Hauptachse für die Kaiserstatue sind noch erkennbar. –
Es folgt im Süden das erwähnte *Propylon* (d), das von dem Konsul
Claudius Charax gestiftet wurde. – Der anschließende *große Tempel*
(k), in dem *Zeus* und *Asklepios* in Kultgemeinschaft verehrt wurden,
ist ebenfalls die Stiftung eines Konsuls, *Lucius Rufinus* (um 140
v. Chr.). Der ungewöhnlich gestaltete Tempel ist eine verkleinerte
und vereinfachte Replik des hadrianischen Pantheon in Rom: Hinter
einer Vorhalle, die mit ihrer viersäuligen Front über einer Freitreppe
dem Propylon entsprach, lag ein runder *Kuppelbau* von 24 m Durchmesser (Pantheon: 44 m), dessen Wände von abwechselnd runden
und eckigen Nischen gegliedert werden und der wahrscheinlich wie
das Pantheon durch eine runde Öffnung im Kuppelscheitel belichtet
wurde.

In der Südostecke des Heiligtums lag der für die Patienten wichtigste
Bau, das *Kurhaus* (l), dessen ungewöhnliche Form aus seinem Zweck
als Bau für verschiedene heilpraktische Behandlungen entwickelt
worden war. Zu ebener Erde lag ein großer runder Saal, auf den sich
sechs tiefe, apsidenartige Räume öffneten; heute ist davon nur noch
der Mittelteil zu sehen. Über eine geräumige, in Ansätzen erhaltene
Treppenanlage an der Rückseite gelangte man ins Untergeschoß und
zu einer nach Süden vorgelagerten Sonnenterrasse. Das Untergeschoß besteht aus einem umlaufenden Tonnengewölbe, an dessen
Wänden Brunnen und andere Wasseranlagen zu Kurzwecken aufgereiht waren. Das Wasser der heiligen Quelle wurde durch einen
eigens angelegten, schräg zur Platzmitte führenden, begehbaren,
gewölbten Tunnel (Kryptoportikus; m) herausgeführt.

Soma: Hızırbey Camii, Vorhalle

Bemerkenswert sind schließlich die gut erhaltenen, luxuriös mit Marmor dekorierten *WC-Räume* (n) in der SW-Ecke des Heiligtums, von denen der größere 40 perforierte Sitze über einem ständig durchspülten Kanal hatte.

Soma   **Nr. 9**

Lohnend ist ein Besuch der *Hızırbey Camii* (1791) im 45 km östlich von Bergama (Asphaltstraße) gelegenen Soma. Sie stellt eines der letzten Beispiele reich mit Schnitzereien und bemaltem Putz verzierter Holzbauten des 18. Jh. dar (vgl. Birgi, Nr. 16).

IO   Pitane *(Çandarlı)*

Vom antiken *Pitane* (h.: Çandarlı), nach griechischem Mythos von einer Amazone gleichen Namens gegründet, sind einige Mauerreste am westlichen Ufer der Halbinsel von Çandarlı erhalten, deren markantestes Gebäude heute das quadratische, mit Ecktürmen versehene *venezianische Kastell* aus dem 13. Jh. ist (1955 gründlich wiederhergestellt). – Die reichen Funde einer bedeutenden archaischen Nekropole sind auf die Museen von Pergamon (Kuros, Keramik), Izmir (Vasen) und Istanbul (Vasen) verteilt.

II Aegae

Ein beschwerlicher Abstecher ins Landesinnere führt zu den romantisch gelegenen und archäologisch wenig erforschten Ruinen der kleinen äolischen Stadt Aegae beim Dorf *Köseler.*

Anfahrt (ca. 1,5 Std.): a) entweder von Bergama (48 km) nach Süden: Nebenstraße Richtung Manisa über Sindelli (4 km) – Koymeli – Yuntdağ/Ismailli (35 km) – Seklik (44 km) nach Köseler (48 km), von dort 45 Min. Fußweg nach Aegae (Nemrut Kalesi); b) oder von der Küstenstraße Bergama – Izmir aus über Zeytindağ (3 km) – Ismailli (18 km) und weiter wie oben (31 km); c) oder weiter südlich von der Küstenstraße bei Yenişakran landeinwärts über Kapıkaya (9 km) – Karaahmetli (12 km) nach Köseler (15 km).

Geschichte: Die erste literarische Erwähnung von Aegae als eine der 12 äolischen Städte findet sich schon bei *Herodot,* doch blieb die Stadt wegen ihrer Abgelegenheit stets unbedeutend – aber auch lange unabhängig. Erst ab 218 v. Chr. gehörte sie zu Pergamon und scheint in dieser Zeit eine wirtschaftliche Blüte erlebt zu haben, die einen monumentalen Ausbau der Stadt erlaubte. – Nach einer Erdbebenkatastrophe wird Aegae zusammen mit anderen Städten Kleinasiens in einem Aufbauprogramm des Kaisers *Tiberius* genannt.
Die Ruinen liegen auf einem wild überwachsenen Bergrücken (*Nemrut Kalesi,* 365 m ü. M.), den man von Norden her erklimmt. Das annähernd dreieckige Gipfelplateau wird von einer antiken Mauer (Länge ca. 1,5 km) umzogen, die zwei verschiedene, durch die Bautechnik (Polygonal- bzw. Quaderbau) unterschiedene Phasen aufweist.
Die eindrucksvollste, hoch aufragende Ruine am Ostrand des Plateaus stammt von einer dreigeschossigen *Markthalle* (vgl. Assos, Nr. 8; Alinda, Nr. 25): Die Halle von Aegae faßte den auf abschüssigem Gelände angelegten Marktplatz auf zwei Seiten ein. Teilweise bis über 11 m Höhe erhalten ist fast die ganze 82 m lange talseitige Außenwand mit Türen und Fenstern der Kammern des Untergeschosses, mit Lüftungslöchern der dunklen Vorratsräume des Mittelgeschosses und mit einem der Rückwandfenster der darüberliegenden zweischiffigen Halle, die sich ebenerdig zum Markt hin öffnete und deren Bauglieder die Räume der Untergeschosse ausfüllen. Im Innern sind die Auflager der Deckenbalken zu erkennen, die die Stockwerke unterteilten. Verschiedene Indizien deuten auf zwei Bauphasen: eine hellenistische erste Phase und eine römische Reparatur vor allem der oberen Halle. Am Südwestrand des Gipfelplateaus, der Halle gegenüber, liegt ein Komplex aus mehreren Bauten, in dessen gestaffelter Anlage am Hang Züge pergamenischer Stadtbaukunst wiederkehren. An einer langgestreckten Terrasse lag in einer Mulde das *Theater,* von dem nur noch gewölbte Unterbauten des Zuschauerraumes und Reste des Skenengebäudes erhalten sind. Westlich daneben, auf einem kleinen Absatz stand ein bescheidenes *dorisches Antentempelchen;* östlich des Theaters erstreckte sich ein von Hallen umgebener Platz; und 20 m darüber, an zwei Kante, erhob sich ein *Peripteraltempel* des 2. Jh. v. Chr., dessen Vorplatz an zwei Seiten zum Berg hin zweigeschossige Hallen umgaben, während der Tempel zur Talseite frei sichtbar blieb. – Trümmerhaufen und einzelne Bauglieder weiterer unerforschter Bauten sind im Gelände verstreut.
Ein bedeutendes *Apollonheiligtum* der Stadt befand sich etwa 1 Stunde Fußmarsches nach Osten, am Nordufer des Baches, der den Stadtberg nördlich umfließt, am alten Weg nach Magnesia am Sipylos (Manisa). Von dem dortigen Peripteraltempel ragt aus einem großen Trümmerhaufen noch der 6 m hohe aus 3 Monolithen gebildete Türrahmen hervor. Die Formen und eine Bauinschrift datieren den ionischen Bau, dessen Gebälk einen Bukranienfries verzierte, ins 1 Jh. v. Chr.

12 Phokäa *(Foça)*

Zwar sind in Phokäa (Foça), einer in archaischer Zeit blühenden griechischen Stadt, heute nur noch wenige antike Reste zu sehen, doch seine Lage in der Küstenlandschaft und seine bedeutende Geschichte rechtfertigen einen Besuch.

Geschichte: Die Stadt wurde im 8. Jh. v. Chr. von Ioniern auf äolischem Gebiet gegründet. Der Name soll von *Phoka* (= ›Robbe‹) herstammen, welche Phokäa auch als Wappentier auf seinen Münzen führte. Schon früh sandte die Stadt Kolonisten aus, die Siedlungen von Lampsakos (Lapseki, s. Nr. 3) an den Dardanellen und Amisos (Samsun) am Schwarzen Meer bis nach Massilia (Marseille) und Tartessos (bei Cadiz) gründeten. Schon 544 v. Chr. wurde die Stadt allerdings durch eine persische Belagerung und eine erzwungene Irrfahrt der Bevölkerung zu Schiff nach Chios und Korsika so geschwächt, daß sie sich am ionischen Aufstand (494 v. Chr.) gegen die Perser nur mit 3 Schiffen beteiligen konnte und in den Beitragslisten des Attisch-Delischen Seebundes unter den ärmsten Städten geführt wurde. – Da sie sich zudem im Späthellenismus mehrfach auf die Seite der Gegner Roms stellte, wurde ihre Bedeutung als Handelshafen schließlich ganz von Smyrna (Izmir) übernommen. Seit 1275 liegt ein kleines genuesisches Kastell an der Bucht von Phokäa. 1455 wurde die Gegend schließlich dem Osmanischen Reich eingegliedert.

Schon auf dem Wege nach Foça, 8 km vor dem Ort, liegt das heute eindrucksvollste Denkmal des alten Phokäa, *Taşkule,* ein 6 m hohes *Grabmonument,* das fast ganz aus dem anstehenden Fels herausgearbeitet wurde: Erhalten ist ein großer, rechteckiger Felsklotz, auf dessen Schmalseite ein gerahmtes, vertieftes Feld mit einem Profil darüber vielleicht einmal ein Relief oder eine Inschrift enthielt. Die linke Ecke war mit Quadern aufgemauert, die heute fehlen. Darüber erhebt sich über einigen seitlichen Stufen ein Kubus, der seinerseits einige Stufen trägt und möglicherweise durch Quadermauerwerk auf die Größe des unteren Klotzes ergänzt war. Seitlich im unteren Klotz

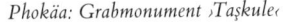

Phokäa: Grabmonument ›Taşkule‹

69

führt eine schlichte Tür zu zwei hintereinanderliegenden Kammern, in deren hinterer das eigentliche Grab im Boden eingelassen war.

Von einer kleinen Paßhöhe auf dem weiteren Weg nach Foça bietet sich ein guter Überblick über die von Inseln und Halbinseln gegliederte Bucht und die kargen Olivenhaine von Foça. Die antike Stadt lag, wie viele antike Koloniestädte an der Westküste Kleinasiens, auf der Landenge einer vorgelagerten Halbinsel und nutzte die beiden danebenliegenden Buchten als Häfen.

Bei der Schule, deren Hof ein kleines erhöhtes Plateau inmitten des alten Dorfes einnimmt, wurde ein *ionischer Tempel* des 6. Jh. ausgegraben. Dort sind noch einige Säulentrommeln zu sehen, vor allem ein Kapitellfragment, das nicht die normale ionische Volutenform zeigt, sondern lediglich einen Kranz von Blättern unter einer Platte, eine Form, die später in einfacherer Weise in Pergamon wieder aufgegriffen wurde (s. Nr. 9 H).

Im Süden des Dorfes, unweit moderner Häuser, befindet sich ein größeres, in den Fels gehauenes *Kammergrab,* das sog. Şeytan hamamı (›Teufelsbad‹). Ein langer Gang führt auf den Eingang zu, vor dem rechts und links offene Nischen liegen. Durch die gewölbte Tür gelangt man in eine rechteckige Kammer mit ›Satteldach‹, deren Kanten mit Rötelstrichen betont sind; in den Boden sind zwei Grabstätten eingelassen. Eine weitere gleichartige Kammer schließt sich an.

13   Larisa am Hermos *(Buruncuk)*

Über dem Dorf *Buruncuk,* auf einem in die Flußebene des *Hermos* (Gediz-Nehri) vorspringenden Hügelrücken liegen Ruinen einer antiken Siedlung, die mit größter Wahrscheinlichkeit als Larisa a. H. zu identifizieren ist.

Larisa wird schon von *Homer* an der Seite Trojas erwähnt, erscheint später als Mitglied der 12 äolischen Städte und im Delisch-Attischen Seebund. Doch schon im Hellenismus war es zu einem unbedeutenden Dorf herabgesunken. Grabungen wurden 1902 und 1932/34 auf der Akropolis und in der Nekropole unternommen. Die Funde kamen in die Museen von Istanbul (äolische Kapitelle, Bauornamentik aus Stein und Terrakotta) und Izmir (ionisches Kapitell, Antenkapitelle).

Der leichteste Zugang zur *Akropolis* führt von Norden über einen flach ansteigenden, teilweise noch antiken Weg an der Nordkante des Hügelrückens. Die Sakral- und Profanbauten der Akropolis aus vulkanischem Andesit, dessen graue, grünliche und rötliche Varianten teilweise bewußt ornamental eingesetzt sind, liegen in einem länglichen, schon im 6. Jh. v. Chr. mit einer Wehrmauer versehenen Bezirk (180 × 100 m) am Rande der Stadt, die sich nach Süden und Osten hinabzog, während die Nekropole entlang einer antiken Straße im Sattel östlich des Stadtgebiets liegt. Zwar sind nur jeweils die Quadersockel erhalten, über denen sich einst Wände aus Lehmziegeln erhoben, doch sind die Grundrisse der Hauptbauten aus drei Bauepochen noch einigermaßen zu erkennen:

Die ältesten (6. Jh. v. Chr.) sind der einfache kastenförmige Tempel (a) auf einer Terrasse, das sog. Megaron (b) und der sog. *Alte Palast (c),* dessen Grundriß mit großem Hauptraum hinter einer Säulenhalle zwischen vorgelagerten Eckpylonen eine möglicherweise orienta-

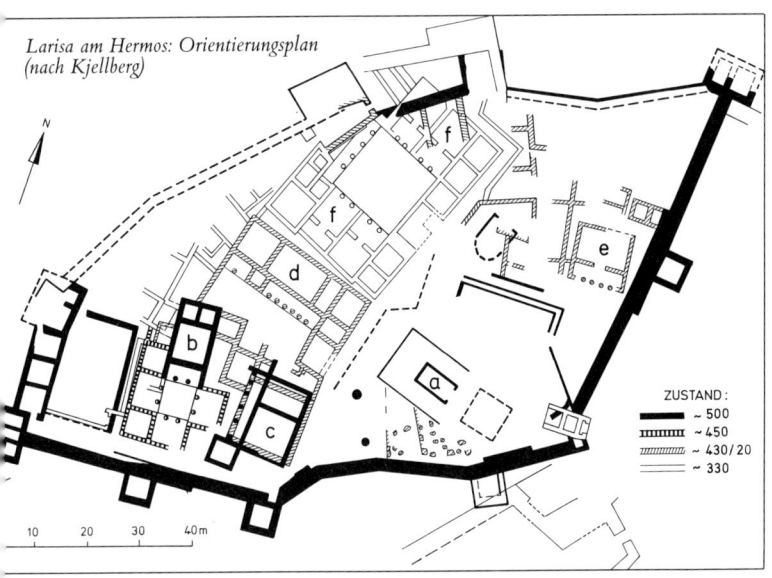

*Larisa am Hermos: Orientierungsplan
(nach Kjellberg)*

ZUSTAND:
— ~ 500
⊞⊞⊞ ~ 450
⊞⊞⊞ ~ 430/20
═ ~ 330

10   20   30   40m

lisch beeinflußte Sonderform darstellt. Dagegen ist das nordsüdlich
gestreckte *Megaron* eine Urform mediterraner Baukunst (s. Troja,
Nr. 5). Der einfache gestreckte Kernbau mit zwei Säulen im Vorraum
nach Süden wurde etwa 450 v. Chr. durch Anbau von 3 weiteren Bauten mit quadratischen Räumen und Säulen um einen Innenhof
erweitert. Im 5. Jh. wurde der Tempel beibehalten und das aus dem
Megaron entwickelte *Hofhaus* durch einen gestreckten Hallenbau
mit Kammern (d) an einem unregelmäßigen Hof ergänzt, der alte
Palast wurde durch einen großen Raum überbaut und im Ostteil der
Akropolis ein kleiner *Tempel (e)* mit ungewöhnlich breiter Front
errichtet. Im 4. Jh. v. Chr. wurde der im Grundgedanken ähnliche,
aber etwas regelmäßigere *Neue Palast (f)* nördlich der genannten
Anlagen gebaut: Er besteht aus 2×2 einander an einem großen Hof
gegenüberliegenden Megaronbauten, die seitlich durch langgestreckte Flügel mit Kammern und einer einfachen Säulenhalle im
nördlichen Teil verbunden sind. Man beachte hier und an den Burgmauern die absichtlich auf farbliche Wirkung bedachte Verteilung
der Sockelquader.
Die *Nekropole* in dem Sattel zum nächsten Hügel ist an zahlreichen,
aus groben Steinen gebildeten Kreisen zu erkennen, die einst niedrige Grabhügel aus dem 6. Jh. v. Chr. umgaben und in vielen Fällen
noch später angesetzte Erweiterungskreise aufweisen.

Rekonstruktion des Alten Palastes

Der imposante Felskegel über dem östlich von Larisa gelegenen Dorf *Yanık Köy* wird mit dem antiken *Neonteichos* identifiziert. Vor 10 Jahren war Yanık Köy selbst noch ein ganz einheitlich aus Lehmziegeln auf Feldsteinsockel erbautes Dorf anatolischen Typs.

Von der antiken Stadt stammen eine lange gepflasterte Straße und einige Polygonalmauern aus rotem Andesit. Auf dem Nordhang der Akropolis liegen Reste eines schrägen (45°), in den Hang gebetteten Quaderpflasters, das den Abhang unterhalb der eigentlichen Mauern unwegsam machen sollte. Ähnliche Hangpflaster, die u. a. in der hethitischen Hauptstadt bei Boğazköy gefunden wurden, sind im griechischen Kulturbereich selten (Samikon bei Olympia).

14 Manisa *(Magnesia am Sipylos)*

Manisa (ca. 100 000 Einwohner) am Südrand der fruchtbaren *Gediz-Ebene* (Hyrkanische Ebene) am Fuß der *Manisa Dağlari* (des Sipylos-Gebirges) gelegen, ist schon seit hethitischer Zeit besiedelt. Hellenische Siedler kamen in früharchaischer Zeit aus Thessalien. Der Ort war erst unter lydischer (Sardis, Nr. 15), dann unter persischer, seit 334 v. Chr. unter makedonischer Herrschaft. 190 v. Chr. unterlag der Seleukide *Antiochos III.* in der Schlacht bei Manisa den Römern und Pergamenern, wodurch der Ort an *Eumenes II.* von Pergamon fiel. Nachdem es in römischer und frühbyzantinischer Zeit nicht weiter hervortrat, wurde Manisa 1222, während die ›Lateiner‹ Konstantinopel beherrschten, die Residenz des byzantinischen Kaisers *Johannes III. Dukas*, der die Zitadelle über der Stadt ausbauen ließ. Ab 1313 beherrschten zunächst die Seldschuken unter *Saruhan*, der der ganzen Region den türkischen Provinznamen gab, die Stadt, ab 1390 dann die Osmanen. 1416 war Manisa Schauplatz eines Aufstandes des Derwisch-Scheichs *Bedrettin*, eines Mystikers, dessen sozialreformerische Ideen teilweise bis heute nachwirken.

Heute ist Manisa eine lebhafte Handels- und Handwerkerstadt mit einem zwar modernen, aber stimmungsvollen, von Bäumen und Weinreben durchgrünten Basar. Am Fuße des Stadtberges mit der Zitadelle und den älteren Stadtvierteln liegen die sehenswerten *Sultan Camii* und *Muradiye Camii*, etwas höher am Hang die ältere *Ulu Cami*.

Kybele-Schrein aus Sardis,
Rückseite

Die *Muradiye Camii* und ihre Nebengebäude, in denen sich das *Museum* befindet, wurden 1582–1586 errichtet. Die Moschee liegt in einem dichten Garten mit hohen Bäumen und mit dem Reinigungsbrunnen in der Eingangsachse; das Innere ist ein großer Kuppelraum auf breiten Gurtbögen. Fensterlünetten und die Mekka zugewandte Kiblawand sind mit Kacheln aus der besten Zeit der Iznik-Manufaktur verziert (16. Jh.).

Das *Museum* mit Funden aus Manisa und Umgebung nimmt zwei Hofhäuser ein, die früher u. a. die Armenküche der Moscheestiftung enthielten. Im *archäologischen Teil* ein einzigartiger, kleiner, massiver Marmorschrein aus Sardis (6. Jh. v. Chr., Mus.-Nr. 4049) mit einer Kybelefigur, ionischer Zierarchitektur und feinen Reliefbändern. Bedeutend sind u. a.: archaische lydische Dachterrakotten, Marmorskulpturen, Terrakottafiguren und Fragmente von Elfenbeinschnitzereien, eine gute Sammlung hellenistischer und römischer Keramik und Gläser. In dem bemerkenswerten *ethnographischen Teil* sind u. a. türkische Waffen, Schriftproben, Möbel und Kupfergeschirr der letzten Jahrhunderte ausgestellt.

Die nahegelegene *Sultan Camii* (1522) vertritt wie die Muradiye den osmanischen Moscheetyp Instanbuls mit Vorhalle und großem Kuppelraum.

Hoch über der Stadt und dem Muradiye-Komplex liegt die *Ulu Cami*, davor auf einer weiten Terrasse mit Bäumen Tische und Stühle eines schlichten Teehauses. Die Moschee wurde schon 1366 unter dem Seldschuken *Işak Çelebi* unter Verwendung antiken und byzantinischen Baumaterials errichtet. Die große Anlage mit zwei Höfen und Säulenhallen vermitteln mit ihren schlichten, oft wiederholten Bauformen einen recht urtümlichen Eindruck. Der Vorhof mit Waschbrunnen ist umgeben von spitzbogigen, überwölbten Säulenarkaden. Der querliegende Gebetsraum selbst besteht aus einer großen Kuppel über einem Achteck, um die sich 19 kleinere Kuppeln

Manisa:
Ulu Cami,
Vorhof

über Säulenarkaden gruppieren. Die reiche, geschnitzte Kanzel stammt von 1376/77. – Neben der Moschee – vom Hof aus erreichbar – befindet sich eine *Koranschule* mit kleinen Zellen um einen weiteren Hof, mit dem gekachelten Minarett und einer großen offenen Nische (Livan) an der Südseite. Am Durchgang zum Moscheehof liegt in einem überkuppelten Raum das Grab des Stifters Isâk Çelebi.

Etwa 1 km westlich der Muradiye Camii überquert die Hauptstraße in Richtung Izmir einen eingefaßten Bach, an dem eine Nebenstraße bergauf zu einem bizarr geformten Felsen führt, der in der Antike als die von Zeus in Stein verwandelte *Niobe* galt. – Niobe hatte der Sage nach den Zorn der Götter heraufbeschworen, als sie sich gegenüber Leto, der Mutter Apollons und Artemis', ihrer 12 Kinder gerühmt hatte, die daraufhin zur Strafe von Apollon und Artemis getötet wurden; aus Verzweiflung über dieses Schicksal ließ Niobe sich von Zeus in Stein verwandeln.

Bei *Akpınar*, 6 km östlich der Stadtmitte oberhalb der Straße nach Salihli und Sardis, befindet sich ein *hethitisches Felsrelief (Taş Suret)*. Der steile Aufstieg (ca. 200 m) beginnt in der Nähe eines großen, links von der Straße gelegenen Teiches (›Akpınar‹). In einer Nische der fast senkrechten Felswand erkennt man das stark verwitterte Relief einer sitzenden Frau in Vorderansicht, die bis zur Wiederentdeckung des oben beschriebenen Felsens für die in der antiken Literatur genannte Niobefigur gehalten wurde. Das Relief stammt aus hethitischer Zeit (2. Jtsd. v. Chr.) und wurde von *Pausanias* (2. Jh. n. Chr.) ausdrücklich erwähnt. Zusammen mit dem *Relief von Karabel* (s. S. 88) ist es das westlichste hethitische Monument.

I5   Sardis

Am Fuße des *Tmolos-Gebirges* (Boz Dağleri) im Tal des *Hermos* (Gediz Nehri), 60 km östlich von Manisa lag Sardis, die Hauptstadt der Lyder, eines Grenzvolkes, das in Mythos und Geschichte der Griechen eine bedeutende, zwischen der Kultur des Alten Orients und Griechenlands vermittelnde Rolle gespielt hat.

Geschichte: Während die Nachrichten von der ersten lydischen Dynastie der ›Tyloniden‹ (ca. 1200–680 v. Chr.) noch mythischen Charakter haben, ist die darauf folgende Dynastie der ›Mermnaden‹ bereits historisch belegt. Ihr Gründer *Gyges* begann mit der Eroberung der Küstenstädte, und unter ihrem letzten König, dem wegen seines Reichtums bis heute sprichwörtlichen *Kroisos* (Krösus), beherrschten die Lyder den ganzen Westen Kleinasiens. Am Ende des 7. Jh. wurden in Lydien die ersten Münzen, d. h. gestempelte Edelmetallstücke mit staatlich garantiertem Gewicht, aus einer Legierung von Gold und Silber (sog. Elektron) geprägt. Die Lyder galten bei den Griechen als die Erfinder der Würfel- und Ballspiele sowie einer Musiktonart. – 546 v. Chr., mit der Eroberung von Sardis durch den Perserkönig *Kyros*, endete die unabhängige Geschichte von Sardis; Lydien wurde persische Provinz und Sardis der Sitz eines Statthalters (Satrapen). In Sardis endete die berühmte *persische Königsstraße*, die im über 2500 km entfernten Susa im Iran begann. Ab 334 v. Chr. gehörte Lydien mit Sardis zum Reich *Alexanders d. Gr.* und seiner Nachfolger, 188–133 v. Chr. zu Pergamon und danach zum römischen, später byzantinischen Reich. Im Mittelalter wurde es mehrfach gebrandschatzt, 616 n. Chr. durch Perser unter den Sassaniden, 717 durch Araber; 1310 wurde es den Byzantinern unter dem Seldschuken *Saruhan* entrissen und kam im 14. Jh. unter wechselnde türkische Herren, bis es 1425 dem Osmanischen Reich einverleibt wurde. – 1910–1914 und ab 1958 wurden von amerikanichen Archäologen Ausgrabungen durchgeführt, deren neuere Funde ins Museum von Manisa gekommen sind; die älteren Funde befinden sich in Istanbul und New York (Architekturteile).

Die bedeutendsten Ruinen sind der *hellenistische Artemis-Tempel* und das an der Straße nach Salihli gelegene *römische Gymnasium*. – Siedlungsreste verschiedener Epochen wurden im Dorf *Sart* an der Hauptstraße freigelegt; am Nordhang der Akropolis liegen Reste eines *Grabbaus* in Gestalt einer Stufenpyramide (200 m östlich der Asphaltstraße, 400 m nördlich des Tempels); auf dem Gipfel des Akropolisberges *byzantinische Burgmauerreste*. – Auf der anderen Seite des Flusses zeichnen sich die Silhouetten der Grabhügel der sog. *Bintepe-* (= ›Tausend Hügel‹)-*Nekropole* ab, der fürstlichen Begräbnisstätte aus lydischer Zeit.

Sardis: Artemistempel von Westen, im Hintergrund die Akropolis

Der Artemistempel

Die Hauptgöttin der Lyder war die Fruchtbarkeitsgöttin *Kybele*, die unter griechischem Einfluß mit *Artemis* identifiziert wurde. Der große Tempel am Fuße des Akropolishügels ist nach Westen auf einen älteren, später umgebauten Altar ausgerichtet und gehört zu den vier größten Tempeln Kleinasiens. Sein Grundriß mit ursprünglich geplanten 8 × 20 Säulen an den Außenseiten, die aber nicht alle errichtet wurden, spiegelt die lange, bis heute nicht restlos geklärte Baugeschichte wider, die im wesentlichen drei Perioden umfaßt: Am Ende des 4. Jh. v. Chr. wurde der Tempel begonnen und zunächst der Naos gebaut, d. h. die langgestreckte Cella mit westlich vorgelagertem, tiefem Pronaos (Vorhalle) und einem flachen Opisthodom auf der Ostseite. Der Tempel war also – wie bei Artemistempeln häufig – nicht nach Osten, sondern nach Westen gerichtet. Von den sonst üblichen Säulen zwischen den Wandenden (Anten) wurden bisher keine Spuren entdeckt. Entweder waren also von vornherein weite und lichte Vorhallen an beiden Enden des Tempels geplant, oder die Säulen zwischen den Anten wurden in der 2. Bauphase (2. Jh. v. Chr.) wieder restlos entfernt und um zwei Joche nach außen, vor die Anten, versetzt. Von diesen Säulen sind diejenigen am Opisthodom teilweise erhalten, sie stehen auf einem hohen, bossierten Sockel, der später offenbar mit Reliefs verziert werden sollte. Erst in der 2. Phase wurde damit begonnen, den Tempel mit der Ringhalle zu versehen, die an den Langseiten im Abstand von zwei Jochen verlief, also nach

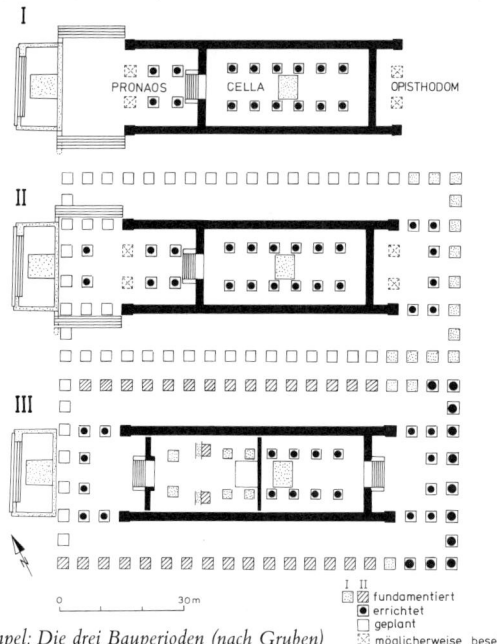

I

PRONAOS   CELLA   OPISTHODOM

II

III

0 _____ 30 m

I II
▨ ▨ fundamentiert
● errichtet
□ geplant
▨ möglicherweise beseitigt

Artemistempel: Die drei Bauperioden (nach Gruben)

dem Schema des Pseudodipteros. Doch wurde der Bau nicht vollendet, sondern erst in der römischen Kaiserzeit, unter *Antoninus Pius* (138–161 n. Chr.) weitergebaut. In dieser 3. Phase wurde sein Grundriß allerdings stark verändert; denn neben Artemis sollte nun auch die vergöttlichte Kaiserin Faustina (gest. 141 n. Chr.) verehrt werden. – Dazu wurde die Türwand der Cella nach Westen in den Pronaos vorverlegt, die Cella durch eine neue Trennwand unterteilt und in die östliche, ehemalige Rückwand die heute noch erkennbare Tür eingebaut, wodurch ein symmetrischer Doppeltempel entstand.

Während im Westen nur Fundamente erhalten sind, erheben sich im Osten die Cellawände noch zu beachtlicher Höhe. Zwei Säulen stehen noch ganz aufrecht (17,31 m), die nördliche mit einem hellenistischen, die südliche mit einem römischen ionischen Kapitell. Die anderen Säulen der Ostseite sind verschieden hoch erhalten und weisen unterschiedliche Bearbeitungsgrade auf. An der Südseite ist ein hellenistisches Kapitell wiederaufgestellt worden.

Das *Gymnasium*, dessen wiedererrichteter monumentaler *Marmorhof* sich markant aus den Wiesen nördlich der Straße von Sardis nach Salihli erhebt, folgt in seiner Anlage dem schon in Pergamon behandelten Typus kaiserzeitlicher Prunkgymnasien mit Badeanlagen, der

Gymnasium. Blick über den Hof der Synagoge auf den Marmorhof

sich hier – durch keine Geländeform beschränkt – in weitläufiger Symmetrie entfalten konnte. – Man betritt von Oster her die weite, von Säulenhallen umgebene Palästra (Hof) und schreitet auf den Marmorhof zu, der durch eine transparente Säulenhalle von der Palästra getrennt war. Vor seine drei Umfassungswände legt sich ein Netz von versetzten Ädikulen mit reich differenzierten Säulen in zwei Geschossen – eine der typischen römischen Prunkfassaden. Die *Dedikationsinschrift* (in rot) von 211 n. Chr. auf dem unteren Architrav nannte *Geta* und *Caracalla* (*M. Aurelius Severus Antoninus* 211–217 n. Chr.) sowie deren Mutter *Julia Domna*. Eine weitere Bauinschrift (in gelb) auf dem Podium bezieht sich auf die spätere dekorative Ausgestaltung des Hofes mit farbigem Marmor (Fußboden, Wände etc.) im 5. Jh. n. Chr. – Seitlich hinter dem Marmorhof liegen symmetrisch angeordnet die ebenfalls monumentalen, noch nicht freigelegten *Baderäume*.

Von besonderer Bedeutung wegen ihrer Größe und ihres reichen Marmordekors ist die im 3. Jh. in dem Südflügel an der Palästra eingebaute, ebenfalls restaurierte *jüdische Synagoge*. Hinter einem kleinen Peristyl an der Ostseite liegt ein langgestreckter Saal mit halbkreisförmigen, ansteigenden Sitzreihen am Westende. Die ganze Anlage ist reich mit Mosaiken und Marmorschnittmustern ausgestattet.

An der Südseite des Baukomplexes aus Thermen und Synagoge, zur Straße hin, wurde in byzantinischer Zeit eine Säulenhalle mit einer Ladenreihe angebaut.

78

16 Birgi

Wer die mühsame Fahrt über kurvige Schotterstraßen nicht scheut, kann 1 km östlich von Sardis das Gebirge überqueren (Richtung *Ödemiş, Tire*) und erreicht nach 45 km das kleine Landstädtchen Birgi. – Bequemer, aber erheblich weiter, ist die Asphaltstraße, die bei *Torbalı* von der Straße Izmir – Selçuk (*Ephesos*) – Denizli nach Osten (Richtung Tire–Ödemiş) abzweigt (71 km bis Birgi).

Das Stadtbild von Birgi ist von stattlichen Häusern des 18. und 19. Jh. mit flachgeneigten Ziegelwalmdächern geprägt, die durch grüne, ummauerte Gärten an kleinen Gassen voneinander getrennt sind. Es ist das Bild der türkischen Landstädte, wie es auf alten Stichen gezeigt wird und heute nur noch in entlegenen Orten zu finden ist.

Der *Çakırağa Konağı*, ein stattliches Wohnhaus zeichnet sich durch besondere Größe und reiche bauliche und dekorative Ausstattung aus; er ist in der Bauweise – im Erdgeschoß Bruchstein, darüber Fachwerk – in den Proportionen der Zimmer mit ihren niedrigen Fensterbrüstungen und in der Ornamentik typisch für das reichere türkische Wohnhaus des 18. und 19. Jh. Schon das Äußere mit der Bemalung des Obergeschosses und dem ausladenden Gesims hebt den Bau besonders hervor.

Man betritt zunächst eine zum Innenhof hin geöffnete Halle, die sich in allen Geschossen wiederholt. Im Erdgeschoß liegen lediglich Personal- und Nebenräume, die Wohnräume nehmen die beiden in der Anlage gleichen Obergeschosse ein. An drei Seiten der zentralen Halle wechseln Zimmer und offene Sitznischen (sog. Eyvan) ab, so daß eine große Vielfalt verschieden belichteter, mehr oder weniger belüfteter oder beheizter Räume zur Verfügung steht. Alle Räume haben reiche, aus bemalten Leisten und Brettern zusammengesetzte Decken, die Wände sind teilweise verschalt und mit Einbauschränken versehen, teilweise verputzt und mit dekorativen Ornament- oder Landschaftsmalereien geschmückt. Niedrige Holzschranken begrenzten einst die flachen, ausgebreiteten Sitzpolster. Die schlichten Bretterböden waren unter Teppichen verborgen. An Mobiliar wurden nur noch die typischen runden Tische aus einem Tablett (Tepsi) auf faltbarem Gestell benötigt.

Ein Rundgang durch den Ort zeigt weitere, ähnliche, aber weniger reiche Häuser. Die im oberen Ortsteil gelegene *Ulu Cami* trägt eine Bauinschrift von 1312/13, ist also eine der ältesten Moscheen der kleinasiatischen Westküste. Das Äußere zeigt zahlreiche wiederverwendete antike Quader, das Innere ist ein rechteckiger, durch Bogenreihen in mehrere schmale Schiffe unterteilter Raum.

Çakırağa Konağı, Erker

Izmir: Altstadtstraße an der Kadifekale

17 Izmir *(Smyrna)*

Izmir (ca. 2 Mill. E.), nach Ankara und Istanbul die drittgrößte Stadt und der
bedeutendste Hafen der Türkei, war einst berühmt wegen seiner schönen
Lage an einem Berghang am Rande einer Flußebene, die sich in dem langgestreckten Golf von Izmir fortsetzt. Die Industrialisierung und der dadurch
verursachte massenhafte Zuzug der Landbevölkerung haben jedoch zu einer
lückenlosen Bebauung der ganzen Umgebung mit Betonskelettbauten und
gleichzeitig zu einer kaum noch erträglichen Luft- und Meeresverschmut-
zung geführt. Von dem einstigen Charme der Stadt läßt sich nur an wenigen
Stellen etwas erahnen: in den mondäneren Vierteln von Alsancak und in der
wenig veränderten ärmlichen Bebauung am oberen Hang unter der Burg.

Geschichte: Die erste Siedlung auf dem Gebiet von Izmir, dem antiken
Smyrna, lag auf einem kleinen Hügel im nördlichen Vorort *Bayraklı.*
Hier wurden mehrere Siedlungsperioden festgestellt, im II. Jh. v. Chr.
eine Siedlung der Äoler, im 9. und 8. Jh. eine solche der Ioner, über
die sogar schon die ersten historischen Nachrichten bei *Herodot* vor-
liegen; Smyrna erhob als einer von mehreren griechischen Orten den
Anspruch, der Geburtsort *Homers* zu sein. Um 600 erfolgte eine
ärchäologisch nachgewiesene Zerstörung durch *Alyattes von Lydien*
(s. Sardis; Nr. 15.). Danach, bis ins 4. Jh. v. Chr., scheint es nur noch als
Gruppe dörflicher Siedlungen weiterexistiert zu haben. – *Alexander d. Gr.* veranlaßte eine Neugründung, und zwar aufgrund eines
Traumes, in neuer Ortslage am Pagosberg (der heutigen Burg *Kadifekale*), die man sich noch durch ein Orakel des Apollon in Klaros (Nr.
20.) bestätigen ließ. Im Hellenismus zwischen den Seleukiden und
den Attaliden von Pergamon umstritten, wandte sich Smyrna frühzeitig an die neue Macht des Mittelmeerraums, die Römer, deren
Stadtgöttin *Dea Roma* schon 195 v. Chr. ein erster Tempel errichtet
wurde. Als ›freie Stadt‹ wurde Smyrna nach der Erbschaft *Attalos' III.*
der Provinz Asia angegliedert und kam zu großer wirtschaftlicher
und kultureller Bedeutung. Der antike Geograph *Strabon* und der
Redner *Ailios Aristides* rühmten Smyrna als eine der schönsten Städte
Kleinasiens. Wie Sardis und Pergamon gehörte es zu den sieben ältesten christlichen Gemeinden; zwei seiner Bischöfe starben den Mär-
tyrertod (*Polykarp* 155, *Pionius* 250 n. Chr.). Dem Arabereinfall des 8. Jh.
konnte nur die Zitadelle standhalten; im II. Jh. herrschten die Seldschuken eine zeitlang; im 13. Jh., während des ›Lateinischen Kaiser-
reichs‹, gehörte Smyrna zum Rückzugsgebiet der byzantinischen
Kaiser, die hier den Genuesen wichtige Handelsvorteile einräumten.
1320 wurde Smyrna wieder von den Türken unter dem Sultan von
Aydın (Tralleis) erobert, war im 14. Jh. zeitweise von Kreuzrittern
beherrscht, denen es der ›Mongolenkhan‹ *Timur Lenk* 1402 entriß und
wieder dem Sultan von Aydın unterstellte. – Ab 1415 gehörte Izmir
endgültig zum Osmanischen Reich, in dem es als blühende Handelsstadt ein bedeutendes Exportzentrum war. Der griechisch-türkische

Konflikt 1920–1922 endete mit der Eroberung Izmirs durch das türkische Volksheer unter *Atatürk* und wurde im Vertrag von Lausanne beigelegt, in dem u. a. der Austausch der griechischen und türkischen Minderheiten beider Länder bis auf geringe Ausnahmen festgelegt wurde. Heute hat sich die Bedeutung der Stadt vom einstigen Agrarexport (Feigen, Tabak, Baumwolle) auf die Industrie verlagert. Die jährlich im Kültürpark (20. Aug.–20. Sept.) stattfindende Messe ist die größte derartige Veranstaltung im Nahen Osten. Izmir ist Sitz eines röm.-kath. Bischofs.

Der Hügel im heutigen *Bayraklı*, auf dem Izmirs Geschichte mutmaßlich begann, ist als Teil eines staatlichen Weingutes eine der letzten grünen Oasen in der städtischen Steinwüste; in der Antike bildete er eine Halbinsel im Golf von Izmir, eine Landschaftsform, die fast überall an der Küste Kleinasiens Siedler anlockte. Deren erste Spuren gehen hier auf das 3. Jtsd. v. Chr. zurück. In Schichten des 2. Jtsd. wurde Keramik gefunden, die derjenigen von Troja VI (s. Nr. 5) ähnelt. Aus dem 10. und 9. Jh. v. Chr. stammt geometrische Keramik griechischer Prägung. Die Funde von Bayraklı sind im *Archäologischen Museum* ausgestellt. Im Grabungsgelände selbst ist in einem Feld archaischer Mauergrundrisse und Straßenreste eine *abgewinkelte Stützmauer aus polygonalem Mauerwerk* zu erkennen, die von Erweiterungen des darüberliegenden Heiligtums im späten 7. Jh. und wahrscheinlich im frühen 6. Jh. v. Chr. (nach der lydischen Zerstörung; Westteil) stammen. Auf der Mitte der Langseite dieser Stützmauer begann eine – etwa 545 v. Chr. wieder vermauerte – *Zugangsrampe*, die zunächst auf die ältere, aus Quadern bestehende Stützmauer zuführt und dann nach Osten abknickt. Auf der Terrasse selbst sind parallel zur längeren Stützmauer Reste des Cellawand- und Stylobatfundaments sowie Fragmente von Säulen, Basen und Kapitellen gefunden worden: Die fein kannelierten Schäfte (einige noch am Ort) erhoben sich über zylindrischen Basen und trugen eigenwillig gestaltete Kapitelle: Über einem konkaven und einem konvexen Blattkranz (Archäologisches Museum) stieg ein Volutenpaar empor, das seinerseits lückenlos mit Blättern verziert ist. Man hält diese seltenen, fein gesponnenen Pflanzenornamente für äolische Formen, die sich ursprünglich neben den ionischen in Kleinasien entwickelt haben, dann aber außer Gebrauch kamen.

Der Rand des Hügels war von einer Befestigung aus Lehmziegeln umgeben, die jedoch nicht mehr zu erkennen ist.

In der Stadt Izmir selbst sind von der antiken Bebauung am Burghang noch die *römische Agora* und Reste des *Theaters*, ferner die antiken Fundamente der *byzantinischen Festung Kadifekale* erhalten. Sehenswert sind ferner die *Archäologische Sammlung* und zwei *osmanische*

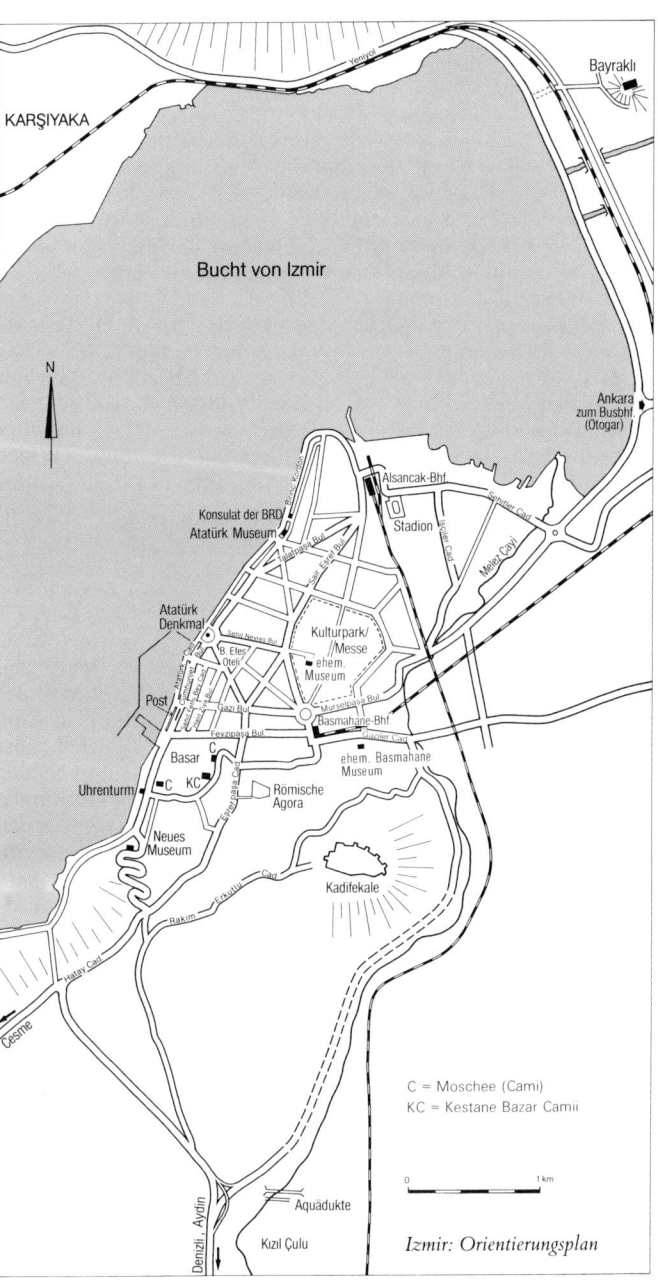

KARŞIYAKA

Bayraklı

Bucht von Izmir

N

Ankara
zum Busbhf.
(Otogar)

Alsancak-Bhf.

Konsulat der BRD
Atatürk Museum

Stadion

Atatürk
Denkmal

Kulturpark/
Messe

B. Efes
Otell

ehem.
Museum

Post

Gazi Bul.

Fevzipaşa Bul.

Mürselpaşa Bul.

Basmahane-Bhf.

ehem. Basmahane
Museum

Basar

C   KC

Uhrenturm

Römische
Agora

Neues
Museum

Kadifekale

Çeşme

Bakım

Eşrefpaşa Cad.

Halkapınar Cad.

Denizli, Aydın

Kızıl Çulu

Aquädukte

C = Moschee (Cami)
KC = Kestane Bazar Camii

0   1 km

Izmir: Orientierungsplan

Aquädukte im Stadtteil *Kızıl Çulu.* Schwere Erdbeben und Brände haben die alten osmanischen Bauten von Izmir fast durchweg zerstört. An den Hängen des Kadifekale-Berges sind einige zwei-geschossige Wohnhäuser erhalten, am *Konakplatz* ein *Uhrturm mit Kütahya-Fliesen* des 19. Jh. Der *Basar,* der sich um den Konakplatz herumzieht, besteht zwar auch aus modernen Bauten, hat aber durch starke Verdichtung des Handels eine gewisse orientalische Atmo-sphäre. – In der *Kestane Bazar Camii* sind Reste der Gebetsnische der großen seldschukischen Isa Bey Camii von Selçuk (Ephesos Nr. 22) wiederverwendet.

Der langgestreckte, polygonale Mauerring der Burg *Kadifekale* mit mächtigen Türmen liegt auf dem 160 m hohen Gipfel des in der Antike ›Pagos‹ genannten Berges. Die unteren Mauerschichten zei-gen stellenweise noch hellenistisches Quaderwerk, auf dem die byzantinischen und türkischen Bruchsteinmauern stehen. Berühmt war früher der heute leider durch Industriedunst getrübte Ausblick auf den Golf, den Hafen, die – heute vollkommen bebaute – Bor-nova-Ebene und das Sipylosgebirge.

Nordwestlich der Burg, nördlich der *Haci Ali Efendi Caddesi* (bei Haus Nr. 985), liegt die inzwischen ganz zugebaute Mulde des *antiken Theaters,* von dem mit Mühe einige Reste der Cavea und ein gewölbter Zugang zu finden sind.

Die römische Agora

Weiter unterhalb im Häusergewirr des ältesten noch erhaltenen Stadtteiles, unweit der *Eşref Paşa Caddesi,* liegt der Eingang zu der teilweise ausgegrabenen *römischen Agora* vom Ende des 2. Jh. n. Chr., einem von Hallen gesäumten Handelsplatz. Das Hauptgebäude, eine sog. Basilika, von dem heute noch ein Teil des aus gedrungenen Gewölben zusammengesetzten Untergeschosses erhalten ist, stand an der Nordseite. Zu ebener Erde sind die Hauptmerkmale des Grundrisses zu erkennen: Die Platzfront bildet eine Reihe von korin-thischen Säulen mit Granitschäften auf Marmorpostamenten, dahin-ter folgen – mit doppelter Achsweite – zwei Basenreihen für Arka-den, denen wieder korinthische Säulenordnungen vorgelegt waren. Sie säumten das weite und hohe Mittelschiff. Aus entsprechenden Bauteilen ist zu schließen, daß die beiden Seitenschiffe der Basilika zweigeschossig waren. Dieser Bautyp wurde in Rom für öffentliche Bauten entwickelt, ist in Kleinasien jedoch selten erhalten (vgl. Aphrodisias; Nr. 28, I). Im Unterschied zur späteren christlichen Basilika waren die Wände des Mittelschiffes nicht als Fenstergaden über die beiden Geschosse hochgezogen, sondern die Beleuchtung des Mittelschiffes erfolgte durch die Räume der Seitenschiffe. Die übrigen Seiten des Platzes wurden von eingeschossigen, dreischiffi-gen Hallen eingefaßt.

Reliefs von der Römischen Agora: Poseidon und Demeter (seit 1984 im Museum)

An der Nordwestecke der Agora sind überlebensgroße *Reliefs von Demeter und Poseidon* aufgestellt, die möglicherweise vom Fries eines großen Altares stammen.

Ein an der Westhalle angebrachtes Bildnis *Faustinas d. J.*, der Frau *Mark Aurels* (161–180 n. Chr.), die antike Überlieferung und stilistische Kriterien führten zu einer Datierung dieses Agorakomplexes in die Zeit nach dem verheerenden Erdbeben von 178 n. Chr. – Aus byzantinischer Zeit stammen hier nur einige verstreute Bauteile. In türkischer Zeit war die Agora eine Begräbnisstätte, wovon noch zahlreiche Grabsteine zeugen.

Zwei *osmanische Aquädukte*, die – zweifellos unter Weiterbenutzung älterer Bauwerke – Wasser zur Stadt leiteten, sind im südlichen Stadtteil *Kızıl Çullu* unterhalb des derzeitigen Beginns der Schnellstraße nach Denizli im Tal des Kemer Çayı zu sehen. Die verfallenen zweistöckigen Bogenreihen, einige Bäume und das – allerdings vollkommen verschmutzte – Wasser können einen gewissen Eindruck einstiger stiller und schattiger Kühle des Ortes vermitteln.

Museen

Die *Antikensammlungen* der Stadt sind inzwischen in einem 1984 fertiggestellten Neubau an der Serpentinenstraße südlich des Konakplatzes, dem Hauptplatz am Hafen mit Uhrturm des 19. Jh., vereint worden und waren vorher auf zwei Museen verteilt: Eines war im früheren ›Pavillon der Nationalen Erziehung‹ der Izmir-Messe im Kültürpark untergebracht, das andere, 1927 gegründete, in einem schlichten protestantischen Kirchenbau des 19. Jh., südlich des Basmahane Bahnhofs; es dient jetzt als Magazingebäude.

Die Sammlungen sind geeignet, dem Besucher einen guten Überblick über die antike Kunst Ioniens zu geben. Die ältesten Gegenstände stammen allerdings aus dem Inneren Anatoliens: Eine kleine Auswahl handgeformter, schwarzroter, polierter Keramik von *Çatal Höyük* bei Konya aus dem 4. Jtsd. v. Chr. repräsentiert eine der frühesten Kulturen Kleinasiens. – Prähistorisch sind ferner das Hockergrab und Beigaben aus anderen Gräbern aus *Iasos* (s. Nr. 35). – Die Keramik von *Bayraklı* beginnt im 3. Jtsd. (parallel zu Troja I und II), die protogeometrische und geometrische Keramik ist wegen der Verwandtschaft mit der griechischen Ware des Mutterlandes aus dieser Zeit von kulturgeschichtlicher Bedeutung. Sie markiert den Beginn griechischer Vasenmalerei, deren weitere Entwicklung durch sog. orientalisierende und archaische Vasen aus *Bayraklı* und *Pitane* (Nr. 10), die den Übergang von geometrischen zu pflanzlichen und figürlichen Darstellungen zeigen, ebenfalls reichlich vertreten ist. Eine Vase des attischen Malers *Sophilos* (archaisch) und ein Fragment des *Niobidenmalers* (attisch, strenger Stil, etwa 460 v. Chr.) sind Meisterwerke ihrer Gattung. – Die großen *Särge* aus gebranntem Ton mit flachen, reich mit Ornamenten und bisweilen figürlichen Szenen verzierten Rändern und dachförmigem Deckel, die nach ihrem Hauptfundort ›klazomenische Sarkophage‹ heißen, sind archaisch (6. Jh.).

Zur archaischen Bauornamentik zählen: ein doppelter Blattkranz von einem Kapitell aus *Bayraklı* (Altsmyrna; Inv.-Nr. 3546; s. S. 82), ein Blattkranzkapitellfragment und andere Kalksteinfragmente aus *Foça* (s. Nr. 12), ein mit drei schönen Profilreihen verziertes (114) und zwei schmucklose Antenkapitelle (70.76) sowie zwei mit Sphingen dekorierte Giebelblöcke (110.111) aus *Didyma* (letztere wahrscheinlich zum nicht mehr erhaltenen archaischen Haus der heiligen Quelle des Apollon gehörig), ein ionisches Kapitell (975) und Dachverkleidungen aus Terrakotta von *Larisa am Hermos* (s. Nr. 13).

Die archaische ionische Plastik des 6. Jh. vertreten schlanke, bekleidete Mädchenfiguren (Koren) aus *Klaros* (3708) und *Erythrai* (5301) sowie Knaben (Kuroi) mit gestrecktem Körperbau und zart geformtem Gesicht aus *Klaros* (3504), *Didyma* (470.520) und *Keramos* bei Milâs (Kopf). – Marmorne Greifen und Ziergefäße, eine Serie von quadratischen Reliefplatten vom Mausoleum in *Belevi* (s. Nr. 21), welche sportliche Wettspiele und Kentaurenkämpfe darstellen, und ein

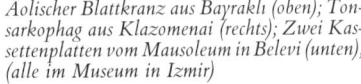

Äolischer Blattkranz aus Bayraklı (oben); Ton-
sarkophag aus Klazomenai (rechts); Zwei Kas-
settenplatten vom Mausoleum in Belevi (unten);
(alle im Museum in Izmir)

Amazonenrelief (3719) aus *Teos* sind Skulpturen der frühhellenistischen Zeit (3./4. Jh.).

Aus *Bodrum* stammt die Büste einer ebenfalls spätklassischen weiblichen Bronzestatue (3544). – Den größten Teil der ausgestellten Bestände bilden Marmorskulpturen römischer Zeit aus *Ephesos, Milet, Pergamon* u. a. Erwähnt seien davon: Aus *Ephesos*: der liegend dargestellte Flußgott Kaystros (78), eine Priesterfigur (648) mit charakteristischem Kranz, Kopf und Arme einer Kolossalstatue Domitians (670.671; 81–96 n. Chr.). – Aus *Milet*: ein naiv, aber ausdrucksvoll wirkender Jagdfries des 2. Jh. n. Chr. von einem Umbau des Theaters. – Aus *Teos*: Akroter und Fries des Dionysos-Tempels sind ebenfalls römisch (Basm). – Aus *Aphrodisias*: ein langer Fries mit Girlanden und Theatermasken. – Eine große Zahl von Grabstelen und römischen Sarkophagen unterschiedlicher Qualität, aber auch von Gebrauchs- und Schmuckgegenständen runden das Bild archäologischer Funde aus Ionien ab.

Das *Atatürk-Museum* an der Seepromenade (Atatürk Caddesi bzw. Birinci Kordon) bewahrt Erinnerungen an den Gründer des modernen türkischen Staates.

Östlich der Stadt an einer Nebenstrecke zur Hauptstraße Izmir – Turgutlu – Uşak – Ankara liegt der Ort *Kemalpaşa*, an dessen Ortseingang links in den Gärten die Ruine eines einfachen rechteckigen *Schlosses* steht, das der byzantinische Kaiser *Andronikos I. Komnenos* im 12. Jh. errichten ließ. – 2 km östlich des Ortes zweigt nach Süden eine Straße ins Gebirge ab, über die sich nach ca. 6 km ein Betonbogen spannt; hinter diesem geht man links hinauf zum ca. 200 m von der Straße entfernten *hethitischen Felsrelief von Karabel* (türk. ›Etibaba‹ genannt), welches mit dem Relief von *Akpınar bei Manisa* (Nr. 14) das *westlichste hethitische Denkmal* ist. Deutlich erkennt man in einer Nische in der glatten Felswand eine überlebensgroße nach rechts schreitende Figur in kurzem Rock und hoher mitraartiger Mütze, die in der ausgestreckten linken Hand einen Speer und über der rechten Schulter einen Bogen trägt. Über dem ausgestreckten Arm die Reste von Hieroglyphen, u. a. ein Vogel. Das Relief soll einen Kriegsgott darstellen und im 13. Jh., zur Zeit des *Neuen Hethiterreiches* von einem abhängigen Lokalfürsten angebracht worden sein. Schon *Herodot* erwähnte das Relief, hielt es allerdings für eine Darstellung des ägyptischen Pharaos *Sesostris* (19. Jh. v. Chr.).

Hethitisches Felsrelief von Karabel

Südlich von Izmir erstreckt sich eine lange und verzweigte Halbinsel mit einigen antiken ionischen Städten und dem modernen Bade- und Ferienort Çeşme nach Westen in die Ägäis. An ihrer Nordküste liegt 35 km von Izmir das Dorf Urla İskelesi. Dieses und eine vorgelagerte Halbinsel bezeichnen die Lage des antiken Klazomenai, wo im 6. Jh. v. Chr. die charakteristischen bemalten Tonsarkophage hergestellt und von wo sie nach ganz Westkleinasien exportiert wurden (Museum Izmir); heute sind keine antiken Reste am Ort mehr zu erkennen. – An der Westküste (45 km weiter), der griechischen Insel Chios (Sakizadasi) gegenüber, liegt Çeşme, ein beliebter Ferien- und Thermalbadeort, an dessen nahen Stränden Hotels aller Kategorien zu finden sind. Nach Chios existiert eine Bootsverbindung.

Çeşme wurde im 14./15. Jh. von den Genuesen mit einer doppelten Festungsmauer versehen und sollte die Meerenge von Chios beherrschen, fiel jedoch bald an die Türken. 1770 fand vor Çeşme eine Seeschlacht zwischen Russen und Türken statt.

Von Çeşme über den Badeort Ilica an einer Meeresbucht entlang nach Nordosten führt die Straße zu dem 20 km entfernten Dorf Ildırı auf der Stätte des antiken Erythrai. In der Geschichte Kleinasiens hat diese Stadt keine eigene Rolle gespielt. Sie gehörte zu dem Bund der zwölf ionischen Städte und war im 5. Jh. v. Chr. so wohlhabend, daß sie einen hohen Beitrag in die Kasse des Delisch-Attischen Seebundes gegen die Perser einzahlen konnte. Das halb verfallene Dorf Ildırı und die in seinen Olivenhainen verstreuten Ruinen der langen Stadtmauer und des Theaters von Erythrai machen noch den Eindruck einer unentdeckten antiken Stätte; an wichtigen Punkten ist jedoch bereits mit guten Ergebnissen gegraben worden.

Auf dem zentralen Hügel, der Akropolis, sind Fundamente einer archaischen Terrassenmauer und eines megaronartigen Baues (6,50 × 13 m) freigelegt worden, wobei eine große archaische Mädchenstatue und zahlreiche Kleinfunde aus Bronze, Elfenbein und Keramik geborgen wurden, die aus so unterschiedlichen Gegenden wie Phönikien, Zypern und Phrygien nach Erythrai importiert worden waren (jetzt im Museum von Izmir).

Das Theater am Nordhang des Hügels zeigt Reste der Zuschauersitze in einer flachen Mulde. Im Gelände nordöstlich und nördlich davon liegen vier Baukomplexe: die Fundamentplatte mit einigen Orthostaten eines kleinen Heroengrabes, Hausreste aus klassischer Zeit mit einer Quaderstützmauer und

Çeşme 1770 (Stich bei Choiseul-Gouffier, 1842)

Teos: Dionysostempel, restaurierte Säulen

daneben – deutlicher erkennbar – der Grundriß einer *römischer Villa*, die als Peristylhaus angelegt und mit Mosaikfußböden versehen ist. Schließlich 150 m nördlich des Theaters an einem Westhang Reste einer *hellenistischen Villa*, deren Räume ebenfalls um einen Hof herum lagen. Dicht hinter dieser Villa verläuft die stellenweise noch hoch erhaltene *Stadtmauer* mit eigentümlich ›gestreiftem‹ Mauerwerk aus Schichten roter Lava und weißen Kalksteins.

19   Teos

Von der Landstraße Çeşme–Izmir zweigt bei *Güzelbahçe* (50 km) in südlicher Richtung die Straße nach *Seferihisar* ab, auf der man nach 24 km an die Küste zu dem Dorf *Sigacık* (oder *Segacak*) gelangt. Dieses liegt in einer aus wiederverwendeten antiken Baugliedern (Spolien) bestehenden genuesischen Festung aus dem 15. Jh., am ehem. Nordhafen von Teos.

Von Sigacık führt eine Schotterstraße in das wenige Kilometer südlich gelegene Stadtgebiet von *Teos*, das sich von einem niedrigen Akropolishügel unter lockeren Olivenhainen nach Süden bis zum Meer erstreckt und von langen geraden Stadtmauern im Osten und Westen begrenzt war.

In der *Geschichte* ist die zeitweilig sehr wohlhabende Stadt Teos nicht hervorgetreten; es ist die Vaterstadt des lyrischen Dichters *Anakreon* (6. Jh. v. Chr.). Die bekannteste Kolonie von Teos war das thrakische *Abdera*, dessen Einwohner in der Antike zwar den Ruf unserer legendären Schildbürger hatten, die aber immerhin den ›Atomtheoretiker‹ *Demokrit* hervorgebracht hat (5. Jh. v. Chr.). Von überragender Bedeutung war das *Dionysosheiligtum*, in dessen Nähe sich am Ende des 3. Jh. v. Chr. die Gemeinschaft der ›Techniten des Dionysos‹ niederließ, eine religiöse Vereinigung fahrender Schauspieler und Musiker, die bei den vielen religiösen Festen der Griechenstädte Kleinasiens auftraten und einerseits hohes Ansehen und Privilegien genossen

(u. a. Steuerfreiheit), andererseits aber einen so zweifelhaften Lebenswandel führten, daß sie mehrfach ihren Standort wechseln mußten.

Die Ruine des *Dionysostempels* wurde schon im 18. Jh. ausgegraben, danach leider lange Zeit als Steinbruch benutzt, so daß sich vom Grundriß heute nur noch wenig in originaler Lage befindet und sich unsere Kenntnisse vor allem auf die Publikation des 18. Jh. stützen. Immerhin ist an den stark restaurierten Fundamenten der Cellamauern und einiger Säulen heute noch zu erkennen, daß es sich um einen west-östlich gerichteten Peripteros mit tiefem Pronaos und flachem Opisthodom handelt. Als Architekt ist durch Vitruv *Hermogenes aus Alabanda* überliefert, dessen Hauptwerk der Artemistempel von Magnesia ist (Nr. 30). Bei dem am Ende des 3. Jh. v. Chr.(?) in ionischer Ordnung erbauten Dionysostempel hielt sich *Hermogenes* genau an den Grundriß des Athenatempels von Priene (Nr. 31), setzte ihn jedoch auf ein Podium und verwendete die einfacheren attischen Säulenbasen sowie den attischen Fries im Gebälk (Museum Izmir). Von den am Ort sichtbaren Baugliedern stammt das meiste von einer Reparatur, die unter *Hadrian* (117–138 n. Chr.) erfolgt ist (Architrav-Inschrift).

Nördlich des Tempels, halbwegs zur Akropolis, sind kürzlich Reste der *antiken Siedlung* und – ca. 200 m westlich davon – eines *römischen Odeions* freigelegt worden. In eine Mulde des Stadthügels schmiegt sich das *große Theater*, dessen Bühnenhaus im Grundriß noch zu erkennen ist. Vom Hügel selbst hat man einen schönen Blick auf die Olivenhaine und auf das Meer in der Ferne. An der Mole des versandeten Südhafens von Teos ist noch ein antiker Ringstein zum Befestigen der Schiffe zu sehen.

20   Notion · Klaros · Kolophon

Von *Seferihisar* aus, dem nächsten größeren Ort bei Teos, führt eine Schotterstraße in südlicher Richtung an der Küste entlang nach *Doğanbey* (16 km), *Gümüşsu* (31 km) und nach *Klaros* (56 km), das man auch auf einer Asphaltstraße von Norden her über Izmir – Cumaovası erreichen kann. – 500 m nach Verlassen des Ortes *Seferihisar* geht links ein Feldweg zur *Halbinsel Kisik*, auf der Mauerreste des ionischen Städtchens *Lebedos* erhalten sind. – Etwa 15 km weiter, kurz vor *Doğanbey*, ragt direkt vor der Küste eine steile, zerklüftete Felseninsel aus dem Wasser, der Ort des antiken *Myennesos*, vom dem indessen sonst nichts mehr sichtbar ist. – Setzt man die Fahrt der Küste entlang fort (von Doğanbey über Gümüşsu, Özdere), so gelangt man schließlich in eine kleine Flußebene, in der die Straße die Küste verläßt und landeinwärts führt (Richtung Cumaovası – Izmir). Am *Ostrand der Flußebene*, auf zwei Hügeln am Meer, liegen die Mauerreste von *Notion*, im Sattel zwischen den Hügeln Reste seines *Theaters* und auf dem Westhügel Reste von Agora und Buleuterion (Sitzstufen) sowie eines Athenaheiligtums aus dem 2. Jh. n. Chr. (jetzt Teil einer byzantinischen Festung). Die Geschichte des Ortes ist mit derjenigen von *Klaros* und *Kolophon* verbunden.

Klaros   Nr. 20

In den Feldern, 2 km von der Küste entfernt, liegen die Ruinen des *Apollonheiligtums von Klaros*, das schon im homerischen Apollonhymnus (7. Jh. v. Chr.) erwähnt wird. Archaische Funde bezeugen ein Heiligtum des 6. Jh. v. Chr., aber als *Orakel* scheint es erst im Hellenismus und dann in der römischen Kaiserzeit berühmt geworden zu sein, nun aber bis in weiteste Fernen der antiken Welt, wie die allenthalben erhaltenen Inschriften von Gesandtschaften bezeugen. Die Art der Orakelverkündung kennt man aus einer Be-

Klaros: Orakelräume im Fundament des Apollontempels und Fragmente der Kultbildgruppe

schreibung bei *Tacitus* (etwa 55–118 n. Chr.). – Die Ruinen des Heiligtums, das Propylon, 2 Tempel und zahlreiche Denkmäler wurden 1950–1960 ausgegraben, doch blieben die Ergebnisse bisher in orakelhaftes Geheimnis gehüllt, so daß der Besucher weiterhin auf seinen eigenen Scharfsinn bei der Interpretation der baulichen Reste angewiesen ist. Durch ein Propylon aus dem 2. Jh. v. Chr. betraten die meist vom Meer her kommenden Pilger den heiligen Hain des Apollon – heute ein dichtes Tamariskengestrüpp, in dem sich die Heilige Straße mit einer Säulenhalle, zahlreichen Statuen, einer Exedra, Votivsäulen und Statuenbasen, meist des 1. Jh. v. Chr., kaum mehr abhebt. Das 26 × 46 m große Fundament des Tempels aus dem 4. Jh. v. Chr. ist hingegen gut zu erkennen. Er gehört zu den wenigen dorischen Tempeln Kleinasiens und trug 6 × 11 Säulen über einem fünfstufigen Unterbau. Den Zwekken des Orakels diente ein ausgebautes Untergeschoß, dessen Raumfolge noch gut ablesbar ist: Zwei Treppen führen aus dem Pronaos hinab zu entsprechenden Gängen, die sich zunächst vereinen, dann wieder trennen und von zwei Seiten in eine von Bogen überspannte größere Kammer führen, in der Bänke und ein Omphalos, die symbolische Darstellung des Erdmittelpunkts standen und von der aus ein schmaler Durchgang in eine kleine Kammer führte. Hier befand sich offenbar die *Heilige Quelle*, die dem Priester die Fähigkeit zur Weissagung verlieh. Die von diesen ›Propheten‹ gewonnene Einsicht wurde von einem ›Thespioden‹ in Verse gefaßt und verkündet. In der Cella über diesen geheimnisvollen Kellerräumen stand die riesige 7–8 m hohe *Kultbildgruppe*, die eine sitzende *Apollonfigur* sowie stehende Figuren seiner Schwester *Artemis* und seiner Mutter *Leto* umfaßten. Von ihrer Größe vermitteln die vorhandenen Marmorfragmente einen Eindruck. – Vor der Front des Tempels, ca. 30 m entfernt, stand ein großer langgestreckter *Doppelaltar* (18,5 × 9 m). Neben dem Apollontempel wurden Reste eines kleineren, *ionischen Artemistempels* aus dem 6. Jh. v. Chr. mit eigenem Altar festgestellt. – In der Nähe des großen Altares stehen eine als Hohlkugel gebildete *Sonnenuhr* und ein *steinerner Sessel*. Südlich des Altares befindet sich eine Votivinschrift des *Quintus Tullius Cicero*, des Statthalters der Provinz Asia (61– 58 v. Chr.) und jüngeren Bruders des klassischen römischen Schriftstellers *Marcus T. Cicero*.

93

Leider führt zu dem nur 20 km entfernten *Ephesos* z. Zt. noch kein Fahrweg an der Küste entlang (u. U. bereits im Bau), so daß der weite Umweg (87 km) auf der Straße über *Cumaovası* und *Torbalı* gemacht werden muß. 15 km nördlich von *Klaros* (etwa 17 km vom Meer) entfernt liegt das Dorf *Değirmendere* am Westrand des antiken *Kolophon*.

Obwohl ohne besondere geschichtliche Bedeutung, galt Kolophon in der Antike als Inbegriff von Reichtum und Luxus, den es sich durch Seehandel erworben hatte. Eines seiner Exportgüter war das Harzprodukt *Kolophonium*, das u. a. zur Herstellung von Klebstoffen und Lacken diente. Notion, ursprünglich die *Hafenstadt von Kolophon*, war zeitweise mit diesem zerstritten. Beide waren unabhängige Mitglieder des Delisch-Attischen Seebundes. *Lysimachos* siedelte einen Teil der Einwohner von Kolophon in das wiedergegründete Ephesos um. Nach *Lysimachos'* Tod lebten Kolophon und Notion jedoch – nunmehr als vereinigte Stadt – wieder auf.

Die Ruinen von Kolophon sind nicht leicht zu finden. Die sog. *Akropolis* liegt auf dem Hügel, der sich am Südrand des Dorfes *Değirmendere* erhebt. Auf einem von dieser Akropolis nach Nordost fallenden Höhenrücken sind gepflasterte Straßen, Reste eines Hallenplatzes aus dem 4. Jh. v. Chr., einer römischen Thermenanlage sowie, am Osthang des Bergrückens, Ruinen eines Heiligtums der einheimischen Muttergöttin *Antaia* erkennbar. Die nur spärlich erhaltene hellenistische Stadtmauer verbindet den Akropolishügel mit einem kegelförmigen Hügel im Nordosten und dem nächstgelegenen Hügel östlich des Tälchens.

21 Belevi

Bei dem Dorf Belevi, 11 km von *Selçuk* entfernt, gegenüber der byzantinischen Burg *Keçi Kalesi* an der Hauptstraße nach Izmir, zweigt eine Straße nach *Tire, Ödemiş* und *Birgi* (s. Nr. 16) ab. 3 km außerhalb des Dorfes in den Olivenhainen, die die Hügel an der Straße bedecken, liegen das *Mausoleum* und der *Tumulus* von *Belevi*. Bis zum Mausoleum führt ein befahrbarer Feldweg (ca. 100 m). Schräg oberhalb des Mausoleums und von dort aus sichtbar liegt der kegelförmige, ummauerte Tumulus (ca. 200 m).

Vom *Mausoleum* von Belevi steht noch der ganz aus dem dort anstehenden marmorartigen Fels gehauene Klotz des Unterbaues mit der Grabkammer, gewissermaßen der Rohbau; denn dieser Kern war, wie einzelne noch am Bau befindliche und die zahlreich herumliegenden Bauglieder zeigen, ganz mit Marmor verkleidet und architektonisch gegliedert. Der Felskern bedeckt eine quadratische Grundfläche von ca. 24 m Seitenlänge und ist etwa 12 m hoch. Das Mausoleum hatte ursprünglich etwa die dreifache Höhe (ca. 34 m) und bestand aus drei Bauteilen: dem Sockel mit dorischem Gebälk, einer korinthischen Säulenordnung und einer Abdeckung, die mit ziemlicher Sicherheit als Stufenpyramide, auf deren Spitze eine Quadriga gestanden haben dürfte, zu rekonstruieren ist. Der Aufbau ist dem berühmten *Mausoleum von Halikarnass* (Nr. 37) verwandt, im ganzen jedoch etwas kleiner. Im einzelnen gliedert sich der Bau folgen-

Belevi: Mausoleum, Felskern des Sockelgeschosses

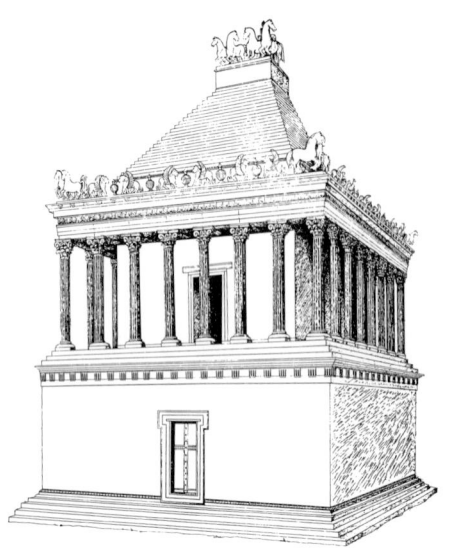

Rekonstruktion des
Mausoleums

dermaßen: Der blockhafte Sockel steht auf drei Stufen und ist durch ein Fußprofil abgesetzt, dessen unterschiedliche Fertigungsstadien vom glatten Profil bis zum lesbischen Kyma mit scharfgratigen, herzblattförmigen Blättern verfolgt werden können. Der Bau ist also nie ganz fertig geworden. Den oberen Abschluß des Sockels bildete ein dorisches Gebälk mit Wandarchitrav, Triglyphen-Metopen-Fries und Mutulusgeison. Der Sockel hatte vorne eine Scheintür, während die eigentliche Grabanlage wohl zugemauert war; sie bestand aus zwei durch eine bewegliche Marmortür getrennte, überwölbte Kammern, in deren hinterer der Sarkophag stand, ein in Stein nachgebildetes Bett, auf dessen als Polster wiedergegebenem Deckel der Verstorbene halb liegend dargestellt ist (jetzt im Museum Selçuk; s. Nr. 22). – Bei genauerem Hinsehen bemerkt man, daß der Sarkophag unfertige Stellen aufweist und daß der Deckel nicht genau auf den Kasten paßt, beides also zu unterschiedlichen Zeiten gearbeitet sein dürfte.

Über diesem massiven Sockelbau mit der Grabanlage erhob sich, wieder auf drei Stufen, eine Säulenstellung korinthischer Ordnung, die ein ionisches Gebälk mit Fries (Lotus-Palmetten-Ornament), Zahnschnitt und Geison mit Löwenkopfwasserspeiern trug und eine Cella umgab. Der Umgang war durch große quadratische Kassetten abgedeckt, die aus 4 Marmorbalken mit reicher Profilierung und zwei ⊓-förmigen Teilen aufgebaut waren und in der Mitte je eines

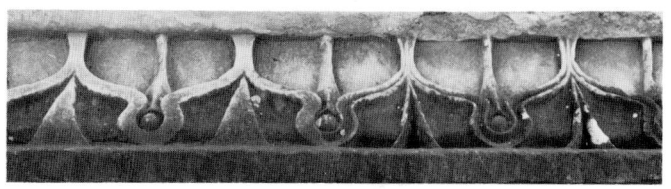

Lesbisches Kyma (Fußprofil des Sockelgeschosses)

der Reliefs mit Wettspielszenen (Nordseite) und Kentaurenkämpfen trugen, die sich im Museum von Izmir (Nr. 17; Basm.Mus.) befinden. – Über der Sima (Dachrinne) waren Figuren aufgestellt, deren Einlassungen auf den Simablöcken zu erkennen sind: Pferde an den Ecken, antithetische Greifen und Marmorvasen an den Seiten. Fragmente von solchen Vasen liegen noch am Ort, während die Greifen in die Museen von Izmir und Ephesos gekommen sind. – Der Oberbau enthielt einen Innenraum und sollte mit einer Stufenpyramide abgeschlossen werden, die wohl nicht ausgeführt wurde.

Bestimmung und Datierung des Monuments stützen sich mangels einer Grabinschrift auf stilistische Indizien und historische Hypothesen: Da die Ornamente des Außenbaus und des Sarkophagunterteils an den Anfang des 3. Jh. v. Chr. gehören, könnte das Grabmonument für *Lysimachos von Makedonien*, dem Neugründer von Ephesos, bestimmt gewesen sein. Nach seiner Niederlage gegen *Seleukos* und seinem Tod bei Magnesia, 281, wären die Arbeiten an dem Bau zunächst eingestellt worden. Die Vollendung und Belegung des Monuments kann dann entweder mit dem Seleukiden *Antiochos II. Theos*, der 246 v. Chr. in Ephesos gestorben ist, oder mit dessen Enkel *Antiochos III.*, der 190 v. Chr. in der Schlacht von Magnesia umkam, in Verbindung gebracht werden.

In römischer Zeit führte die sorgfältig nivellierte Trasse einer der Wasserleitungen nach Ephesos unmittelbar am Grabmal entlang. Reste davon sind an der Rückseite des Denkmals zu finden und auf der Fahrt nach Ephesos als gelegentliche horizontale Geländekante am Hang über der Straße zu beobachten.

Auf einem Bergrücken, ca. 200 m vom Mausoleum entfernt, erhebt sich ein *Grabhügel* (Tumulus), der von einer mächtigen, kreisförmig geführten Mauer aus groben sog. Polsterquadern abgestützt wird. Diese Mauer ist teils aufgebaut, an der Hangseite aber teilweise aus dem anstehenden Fels gearbeitet, von dem auch die Quader gebrochen wurden. Etwa in der Mitte des Tumulus liegen am Ende eines in den Felsen gehauenen Ganges zwei Kammern hintereinander, die vordere mit einer Balkendecke aus Stein, die hintere mit einem Scheingewölbe gedeckt. Obwohl die jetzige Anlage hellenistisch ist, zeigen ältere Scherbenfunde, daß hier schon früher ein Kult stattfand. Man nimmt an, daß der Hügel das Grab eines ephesischen Heroen bezeichnen sollte, nämlich des *Pixodaros*, eines Hirten, dem die Ephesier die Entdeckung der Marmorsteinbrüche für den Artemistempel zuschrieben. Letztere sind übrigens auf der gegenüberliegenden Talseite zu erkennen.

Ephesos: Embolos (Kuretenstraße)

Das kleine an der Landstraße Izmir-Denizli gelegene Städtchen
Selçuk zeigt von seiner historischen Vergangenheit auf den ersten
Blick nur das äußerlich gut erhaltene *byzantinische Kastell,* das die
ganze Schwemmebene des Küçük Menderes (Kaystros) beherrscht.
In der Antike reichte das Meer weit ins Land, so daß Ephesos zwei
Häfen besaß. – Die Festung ist das Wahrzeichen der byzantinischen,
seldschukischen und modernen Siedlung, während die ausgedehn-
ten Ruinen des antiken Ephesos dem Blick des Reisenden zunächst
verborgen, am Fuße des hohen Bergrückens (*Pion,* türk. ›Bülbül
Dağ‹) liegen, der südlich der Nebenstraße nach Kuşadası ansteigt und
einen Ausläufer in die Ebene vorschiebt, den *Koressos* (›Panayir
Dağ‹).

Geschichte: Der Ort war ursprünglich von Karern und Lelegern (s.
Nr. 37) besiedelt, zu denen sich in früharchaischer Zeit ionische Kolonisten gesellten, die den Kult der einheimischen Muttergöttin mit
dem für ihre Artemis gleichsetzten. Ihre Siedlungen lagen um den
Artemistempel herum in der Ebene zwischen Selçuk und dem späteren Ephesos sowie am Nordhang des Koressosberges. Die Siedlung
scheint schon bald so floriert zu haben, daß man im 6. Jh. einen der
größten Tempelbauten Kleinasiens in Angriff nehmen konnte. Diese
Entwicklung erlitt eine gewisse Unterbrechung, als die Lyder unter
Kroisos die befestigte Stadt am Koressosberg eroberten und die Einwohner wieder in der Ebene um das Artemisheiligtum ansiedelten.
Dennoch erwies *Kroisos* dem Heiligtum seine Reverenz, indem er
einige Säulen stiftete. Ab 546 v. Chr. war Ephesos persisch und leistete
den Griechen auch keine Hilfe beim ionischen Aufstand (494
v. Chr.). Am Ende des 6. Jh. lebte der griechische Philosoph *Heraklit*
in Ephesos, von dem u. a. die beiden Aussprüche ›πάντα ῥεῖ‹ (›Alles
fließt‹), aber auch: »Möge nie der Reichtum euch ausgehen, Ephesier,
daß nicht offenbar wird, wie verkommen ihr seid«, stammen.

Von wirtschaftlicher Bedeutung für die Stadt war u. a. das im Bereich
des Artemistempels zeitweilig geltende *Asylrecht,* das manchen reichen Verbannten zur Ansiedlung in Ephesos veranlaßte. Es wurde
von *Alexander* erneut bestätigt, von den Römern unter *Augustus* aber
wieder eingeschränkt.

Ephesos beteiligte sich am Delisch-Attischen Seebund – allerdings
erst, als die Perser bereits zurückgedrängt waren – mit einem hohen
Beitrag, der auf erneuten Reichtum der Stadt schließen läßt. 386–334
v. Chr. war Ephesos wieder unter persischer Oberhoheit, blieb
jedoch weiterhin so wohlhabend, daß es nach dem Brand des
Tempels (356 v. Chr.) gleich an den Neubau gehen konnte. Ephesos
konnte es sich sogar leisten, 334 einen Beitrag von *Alexander d. Gr.*

zum Tempelbau mit dem berühmten Wort: »Es geziemt einem Gotte nicht, Göttern Votive zu errichten« (Strabon) zurückzuweisen. Einer der Nachfolger *Alexanders* in Kleinasien, *Lysimachos* (geb. 361, herrschte über Kleinasien 301–281 v. Chr.), siedelte die Stadt von neuem am Fuß des Berges Pion an und ließ sie mit einer für seine Zeit typischen gewaltigen Geländemauer versehen, die das Stadtgebiet weiträumig auf der Kante des Pionberges umgreift. Die Straßen wurden als rechtwinkliges Netz (nach dem sog. System des *Hippodamos von Milet* (s. Nr. 32) angelegt, und die Bevölkerung der Stadt noch durch die umgesiedelten Einwohner aus Kolophon und Lebedos vergrößert. Als Hafen diente eine Bucht unmittelbar am Fuß des Pion.

Nach Lysimachos' Tod übernahmen die Seleukiden die Herrschaft über Westkleinasien, darunter *Antiochos II. Theos*, der 246 v. Chr. in Ephesos starb (s. Belevi, Nr. 21). Sein Enkel, *Antiochos III.*, verlor 190 v. Chr. die Schlacht bei Manisa (Nr. 14) gegen die Römer und Pergamener (Nr. 9) und mußte die Herrschaft über Westkleinasien an die Pergamener abtreten, deren König *Attalos III.* sie 133 v. Chr. den Römern vermachte. Nach anfänglichen Konflikten und einem besonders blutigen, von *Mithradates von Pontos* angezettelten Aufstand gegen Rom (88 v. Chr.) gedieh Ephesos als wichtigste Stadt der Provinz Asia neben Pergamon.

Aus der folgenden Zeit, dem 1. und 2. Jh. n. Chr., stammen die meisten der heute erhaltenen Bauten von Ephesos. Aus der Bibel ist die Stadt als Missionsort des *Ap. Paulus* (etwa 54–57 n. Chr.) und des *Thimotheus* bekannt; besonders Paulus' Bericht über den Aufruhr der Devotionalienfabrikanten des Artemisheiligtums (Apg. 19, 23–40) ist aufschlußreich für das Wirtschaftsleben des Wallfahrtsortes. In der Marienkirche (F) von Ephesos fand 431 n. Chr. das *III. Ökumenische Konzil* statt, auf dem die Lehre des *Nestorius* verurteilt und die Verehrung Marias als Gottesmutter begründet wurde. Die *Nestorianer* wurden daraufhin im Byzantinischen Reich verfolgt. Ihre Lehre verbreitete sich vornehmlich nach Osten, zeitweilig in ganz Innerasien bis nach China. Einige Tausend Anhänger sind als ›Assyrische Christen‹ im Vorderen Orient heute noch übrig geblieben. An gleicher Stelle fand 449 n. Chr. eine so turbulente Bischofsversammlung statt, daß sie von *Papst Leo I.* (440–461) als ›Räuberhöhle‹ bezeichnet wurde, zumal sich hier die *Monophysiten* gegen Rom durchsetzen konnten. Sie wurden zwar zwei Jahre darauf in *Chalkedon* (Kadiköy, Istanbul) wieder aus der Hauptkirche verbannt, aber ihre Lehre blieb in den koptischen, äthiopischen und anderen orientalischen Kirchen bis heute erhalten. Den Titel des Bischofs von Ephesos trägt z. Zt. ein Bischof in Rom. Im 7. und 8. Jh. n. Chr. wurde Ephesos von Arabern auf ihren Zügen nach Konstantinopel geplündert. Das Stadtgebiet wurde zur besseren Verteidigung von einem engeren Mauerring umgeben. Da gleichzei-

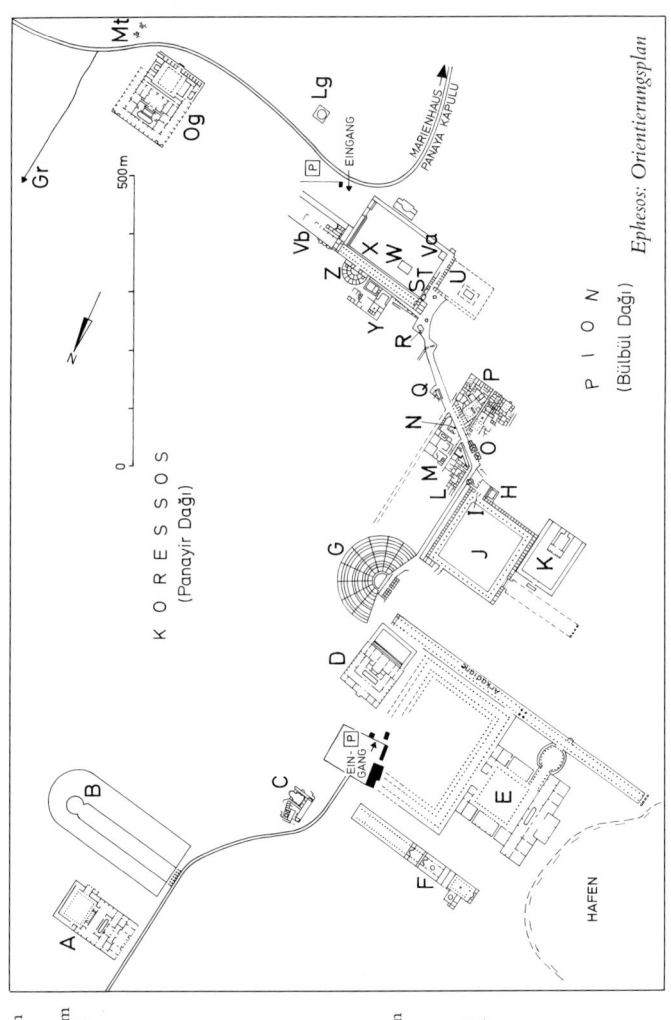

KORESSOS
(Panayir Daği)

PION
(Bülbül Daği)

HAFEN

500 m

Gr

Mt

Og

Lg

EINGANG

PANAIA KAPULU

MARIENHAUS

EIN-GANG

Arkadiane

Ephesos: Orientierungsplan

A   Vediusgymnasium
B   Stadion
C   Byzant. Bau
D   Theatergymnasium
E   Hafengymnasium
F   Marienkirche
G   Theater
Gr Grotte der
    Sieben Schläfer
H   Celsusbibliothek
I   Mazaeus-Mithri-
    dates-Tor
J   Agora
K   Serapisheiligtum
L   Peristylhaus
Lg Lukasgrab
M   Scholastikia-
    thermen
Mt Magnesia-Tor
N   Hadrianstempel
O   Heroa
Og Ostgymnasium
P   Hanghäuser
Q   Trajansnymphäum
R   Memmius-
    monument
S   Polliomonument
T   Polliomnymphäum
U   Domitianstempel
    und -terrasse
Va Brunnen des
    Laecanius Bassus
Vb Variusbad
W   Tempel
X   Basilika
Y   Prytaneion
Z   Odeion (Buleu-
    terion)

101

tig aber der Hafen mehr und mehr versumpfte, an Bedeutung verlor und außerdem fieberbringende Mückenschwärme aussandte, siedelten sich die Einwohner um 1000 n. Chr. wieder auf dem Ayasoluk-Hügel um die Johanneskirche (II) an.

Im 14. Jh. wurde die Stadt durch die seldschukische Dynastie der Aydinoğlu beherrscht und erlebte noch einmal einen beachtlichen Aufschwung. 1390 wurden die Aydinoğlu durch die Osmanen abgelöst, 1403 plünderten die Heerscharen des ›Mongolen‹ *Timur Lenk* Ephesos, und noch bis 1426 blieb es zwischen Seldschuken und Osmanen umstritten. Die Siedlung schrumpfte dann zu einem Bauerndorf zusammen; die Funktion des Hafens wurde von dem im 14. Jh. neugegründeten genuesischen Hafen *Scala Nova* (Kuşadası, Nr. 23) übernommen. – Erst die Eisenbahn, die Grabungen und der darauffolgende Tourismus haben den Ort im 20. Jh. wiederbelebt (ca. 15 000 E.).

Bereits 1866/69 und 1904/05 machten sich englische Forscher auf die Suche nach dem aus der antiken Überlieferung bekannten *Artemision* und legten dessen Fundamentreste frei, während die Grabungen in der Stadt Ephesos selbst in drei großen Abschnitten (1895–1913, 1926–1935 und ab 1953) vom Österreichischen Archäologischen Institut durchgeführt wurden. Funde aus Ephesos befinden sich außer in Selçuk selbst in Izmir, Istanbul (Elfenbein- und Edelmetallkleinfunde aus dem Artemision), London (Artemistempel: Architekturteile und Reliefs), Wien (Ephesos-Museum: Skulpturen, Architektur: Oktogon, Rundbau am Panayırdağ, Hafentor).

Die Beschreibung von Ephesos beginnt bei (I) den Ruinen der hellenistisch-römischen Stadt mit der hellenistischen Mauer. Es folgen (II) der Artemistempel, die Ruinen der Johanneskirche und die Isa Bey Camii am Ayasoluk-Hügel, (III) das Museum und die abseits liegenden Denkmäler sowie (IV) Marienhaus und Aquädukt.

I. Die hellenistisch-römische Stadt   Nr. 22

Von der Straße Selçuk-Kuşadası zweigt die Zufahrtsstraße zu den Ruinen von Ephesos ab, ersteigt einen Ausläufer des Koressoshügels (Panayir Dağ) und endet an einem Parkplatz, von dem aus der Besucher, durch einen wahren Touristenbasar schreitend, zum Haupteingang gelangt. Doch schon vor Erreichen des Parkplatzes sieht man links, am Nordhang des Hügels, zwei bedeutende Bauwerke liegen: das Vediusgymnasium (A) und das Stadion (B).

Das Vediusgymnasium (A)

Das *Vediusgymnasium* vertritt den bereits in Pergamon (Nr. 9) und Sardis (Nr. 15) kennengelernten kaiserzeitlichen Bautyp des *Thermen-*

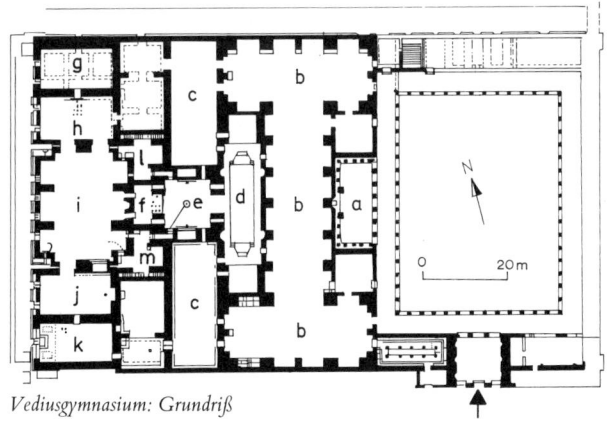

Vediusgymnasium: Grundriß

gymnasiums und wurde in der Zeit des *Antoninus Pius* (138–161 n. Chr.) von einem reichen Ephesier namens *P. Vedius Antoninus* gestiftet. Man nähert sich dem Gebäude von der Rückseite, findet sich aber anhand des Planes in dem symmetrisch angelegten Grundriß leicht zurecht. Der durch eingestellte Säulen betonte Haupteingang führt von der Südseite, von einer antiken Straße aus in den von Säulenhallen umgebenen Hof, an dessen Westseite der durch reiche Wandgliederung und eine vorgestellte zweigeschossige Säulenarchitektur (vgl. Sardis; Nr. 15) ausgezeichnete *Kaisersaal* (a) liegt, aus dem zahlreiche Statuenfunde ins Museum von Izmir gelangt sind. Während die beiden kleinen und drei großen an den Kaisersaal grenzenden Säle (b) wohl noch der Gymnastik gedient haben, schließen nach hinten, symmetrisch angeordnet, die Räume für den Badebetrieb an: die *Apodyterien* (c), von denen Gänge zurück in den Saal mit dem Schwimmbecken (*Natatio*, d) führten; in diesem Saal lagen an den Enden des Beckens marmorne Flußgötter (jetzt im Museum von Izmir und Istanbul). Von der Natatio und den Apodyterien kann man den zentralen Kaltwasserraum betreten (*Frigidarium*, e) und von dort weiter über einen Raum mit lauwarmem Wasser (*Tepidarium*, f) in die Warmwasserabteilung (g–k), deren Räume an den Fußbodenheizungen (*Hypokausten*) zu erkennen sind: Die Konstruktion der Fußböden ruht hier auf Säulchen, zwischen denen von einem Heizraum aus heiße Luft streicht und durch Hohlziegel in den Wänden abzieht; die Heizräume liegen an den kleinen Innenhöfen (l und m). Dieses sehr aufwendige und im ganzen Römischen Reich verbreitete Heizungssystem verschlang enorme Holzmengen und dürfte nicht unwesentlich zur Entwaldung der mediterranen Küstengebiete seit der Antike

Ephesos: Agora, Marmorstraße, Theater und Embolos (›Kuretenstraße‹, unten)

beigetragen haben. Denn diese Badekultur und -technik wurde von den Römern über die Byzantiner auch von den Osmanen ererbt, und noch heute kann man in großen Hamams in Istanbul oder Bursa, aber auch in neueren Bädern, das umfassende, der Reinigung, der Gesundheit und dem Genuß dienende antike Badeleben kennenlernen.

Südlich neben dem Vediusgymnasium zeichnet sich die etwa 200 m lange Mulde des antiken *Stadions* (B) ab, von dessen Steinbau am Ort nur noch die Postamente des Eingangsgebäudes und ein Tor mit dahinterliegender Treppe, die zu den oberen Rängen der Tribüne führte, zu sehen sind.

Geht man etwa in gleicher Höhe weiter nach Osten um den Hügel herum, so bemerkt man zahlreiche Nischen in den niedrigen freiliegenden Felsenwänden. Sie dienten zur Aufstellung von *Weihreliefs* für die ›phrygische Bergmutter‹, einer kleinasiatischen Urgottheit, auf deren Kult letzten Endes auch der der ephesischen Artemis zurückgeht.

Wieder auf der modernen Straße, passiert man auf dem Weg zum Parkplatz rechts einen gut erhaltenen frühbyzantinischen *Straßenbrunnen*, dessen Becken, aus dem Wasser für den Hausgebrauch geschöpft wurde, von verzierten Marmorplatten gebildet wird.

Weiter südlich, oberhalb der Straße, liegt eine *Ruine* (C) aus byzantinischer Zeit (6. Jh.), die aus einem Kuppelsaal mit vier Apsiden, einer langgestreckten, in Apsiden endenden Wandelhalle und zahlreichen kleinen Räumen besteht und an der Südseite auch eine kleine Kapelle enthielt.

Durch eine neu bepflanzte Allee gelangt man vom Eingang des Ruinenfeldes zu einem gepflasterten Platz, von dem nach rechts (Westen) die großartige, nach dem römischen Kaiser *Arkadius* (395–408 n. Chr.) *Arkadianè* benannte Prunkstraße zum etwa 500 m entfernten Hafen führte; links liegt das sog. *Theatergymnasium* (D, 2. Jh. n. Chr.), dessen 30 × 70 m großer Hof an drei Seiten von Säulenhallen mit Mosaikböden umgeben war; an der 4. Seite erhob sich eine Art Tribüne mit einigen Sitzstufen. Dahinter befanden sich die großzügigen, wieder symmetrisch angeordneten Übungs- und Baderäume, die noch nicht gänzlich freigelegt sind.

Die 11 m breite, mit Marmor gepflasterte *Arkadianè* war auf beiden Seiten mit 5 m tiefen Hallen gesäumt, in denen sich der zu einer Hafenstraße gehörige lebhafte Handel abgespielt haben muß. Der Name der Straße und die Tatsache, daß sie mit 50 Laternen zu beleuchten war, gehen aus einer Inschrift hervor.

Etwa auf halbem Wege zum Hafen sind vier dreistufige Unterbauten erhalten, auf denen vier byzantinische Säulen mit Bronzestatuen gestanden haben. Das westliche Ende der Straße zum Hafen hin bildet ein architektonisch reich gestaltetes Tor, wohl augusteischer Zeit, mit drei Durchgängen, von denen sich aber nur noch Sockel unter dem Gestrüpp finden lassen (Architekturteile in Wien). In der Nähe des Viersäulenbaues, nördlich der Straße, erstreckt sich ein großer Gymnasiums- und Thermenkomplex des 2. Jh. n. Chr. mit Umbauten im 4. Jh., das *Hafengymnasium* (E), dessen Ruinen aber nur zum geringen Teil freigelegt und zudem wegen der Überbauung durch byzantinische Häuser heute nur noch schwer erkennbar sind. Im Osten liegt zunächst ein weiter, von Laufbahnen umgebener Hof. Von besonderer Pracht muß der Marmorsaal mit reichem Fußboden und üppiger Wandgliederung gewesen sein, der am westlich anschließenden Gymnasiumhof (Palästra) lag. Weiter westlich und über einen runden Vorhof von der Straße her zugänglich, schließen sich die sog. *Großen Thermen* an, deren noch nicht freigelegte Ruinen sich malerisch aus dem meist grünen Gelände, in dem allenthalben Marmorbauteile herumliegen, erheben.

Westlich (Richtung Theater) dieses Gymnasiums geht ein Pfad hinüber zur *Marienkirche* (F), die heute etwas abseits an einer unausgegrabenen Parallelstraße zur Arkadianè liegt; hier haben 431 und 449 n. Chr. die erwähnten Konzile stattgefunden. Ihre Baugeschichte ist kompliziert und umfaßt im wesentlichen vier Bauphasen. Die erste, noch profane Phase stellte ein langes dreischiffiges Gebäude mit

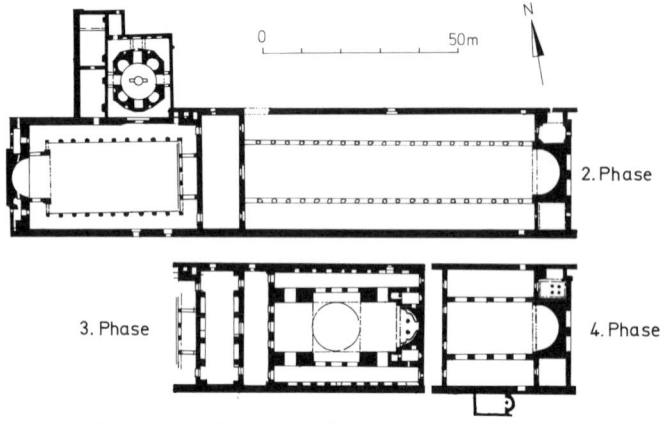

2. Phase

3. Phase

4. Phase

Marienkirche: Grundrisse der 2.–4. Bauphase

Apsidenräumen an den Enden dar – eine römische ›Basilika‹, wie sie an den Marktplätzen von Izmir (Nr. 17) und Aphrodisias (Nr. 28) steht. Dieser Bau wurde im 4. Jh., in der 2. Bauphase, verkürzt und durch Einbau einer neuen Apsis mit zwei Nebenräumen im Osten und eines querliegenden Vorraumes (Narthex) im Westen in eine christliche Säulenbasilika umgewandelt. Dabei wurde der westliche Apsidensaal in einen großen Arkadenhof (Atrium) umgebaut, an dessen Nordseite die überwölbte runde Taufkirche mit einem Taufbecken lag, das noch Stufen zum Durchschreiten für den Täufling aufweist.

In der 3. Bauphase im 7. Jh. wurde die Westhälfte der langgestreckten christlichen Basilika in eine *Kreuzkuppelkirche* umgebaut, deren Grundriß und Mauerpfeiler noch gut zu erkennen sind. – Das Ostende mit der Apsis der ersten Kirche verfiel offenbar und wurde erst in der mittelbyzantinischen 4. Bauphase, nachdem die Kuppelkirche der 3. Phase wohl bei einem Erdbeben eingestürzt war, zu einer kleinen *dreischiffigen Basilika* mit Empore ausgebaut.

Das Theater

Auf Fußpfaden gelangt man wieder zurück zu der neuen Zugangsallee oder zur Arkadianè, die gerade auf die Ruine des am Osthang des Panayir Dağ (Koressos) gebetteten *Theaters* (G) von Ephesos hinführt. Beinahe verborgen in der Westwand des Theaters (rechts neben dem nördlichen Zugang) liegt ein kleines *hellenistisches Brun-*

nenhaus mit zwei ionischen Säulen zwischen Anten und den Zuflüssen an der Rückwand, die von einem aus den südlichen Bergen kommenden *Aquädukt* (IV) gespeist wurden. – Das Theater ist *eines der größten Kleinasiens* und bot etwa 24.000 Zuschauern auf seinen 66 in drei Ränge unterteilten, mit Marmor belegten Sitzstufen Platz, von denen heute fast nur noch die Unterbauten vorhanden sind. Die Sitzstufenreihen waren außerdem durch radiale Zugangstreppen (in Keile) unterteilt. Zu den Rängen führten gewölbte Treppenhäuser, die in den hochgemauerten Seitenflügeln des Zuschauerraumes untergebracht waren. – Der gegenwärtige Zustand des Theaters entstand durch Umbau- und Reparaturmaßnahmen unter *Claudius* (41–54 n. Chr.) und *Trajan* (98–117 n. Chr.). Das Zentrum des Theaters, die runde Orchestra, wird abgeschlossen durch das Bühnenhaus und ein davor liegendes Podium *(Proskenion)*, dessen Pfeiler noch vorhanden sind. In seinem Innern sind die Bauteile des einfacheren hellenistischen Bühnenhauses verbaut. Hinter diesem Podium erhob sich eine dreigeschossige mit Säulenstellungen, Apsiden und Ädikulen reich gegliederte Fassadenwand, von deren Wirkung die wiederaufgebaute Celsusbibliothek (H) einen Eindruck vermitteln kann, auch wenn deren Größe und Einteilung etwas anders ist. Der südliche Seiteneingang des Theaters *(Parodos)* führt auf die sog. *Marmorstraße*, die westlich (rechts) von einer Sockelmauer aus kräftigen Bossenquadern begrenzt wird. Darüber erhob sich eine zweischiffige dorische Halle, die zu einer älteren Bauphase (unter *Nero*, 54–68 n. Chr.) der ein Stockwerk tiefer liegenden Agora (J) gehörte. Von ihrer dorischen Ordnung ist eine Probe wieder aufgebaut.

Am Ende dieser Halle weitet sich der Straßenraum wegen heute fehlender Gebäude, und der Blick fällt rechts über ein verbautes *hellenistisches Rundheroon* hinweg auf die Fassade der Celsusbibliothek; nach links (SO) führt eine ebenfalls gepflasterte Straße das Tal zwischen Pion und Koressos hinauf.

Celsusbibliothek (H)

Von der *Celsusbibliothek* waren so viele Marmorteile der Fassade vorhanden, daß man sich mit der finanziellen Hilfe großzügiger Spender daranwagen konnte, diese wiederherzustellen; Technik und Statik dieser Maßnahme sowie die baugeschichtlichen Daten sind auf Schautafeln im Inneren des Baues erläutert. Der Bibliotheksbau selbst nebst einem Grundkapital zur Unterhaltung der Bibliothek und zur Bekränzung der Statuen des Stifters wurde von einem in Kleinasien geborenen Mann namens *Tiberius Julius Celsus Polemaeanus* gestiftet, der zwischen 105 und 107 römischer Proconsul, also Statthalter, der Provinz Asia mit Sitz in Ephesos war. Die Durchführung des

Celsusbibliothek: Restaurierte Fassade

Baues, der zugleich sein Grabbau ist, übernahmen sein Sohn, Konsul des Jahres 110, und dessen Erben, die den Bau gegen 135 n. Chr. vollendeten. Über einer von zwei Statuenbasen eingefaßten, breiten Freitreppe erhebt sich die zweigeschossige Fassade, in deren Erdgeschoß sich drei Türen zwischen vier vorspringenden zweisäuligen Ädikulen (Tabernakeln) öffnen. Im Obergeschoß wechselt das System: Hier stehen die Ädikulen über den Öffnungen des Erdgeschosses, die sich als Fenster wiederholen. An den Ecken der Fassade stehen im Obergeschoß einfache detachierte Säulen. Mit großem technischen Raffinement sind die Horizontalen der Fassade kurviert, vielleicht um perspektivisch eine größere Breite des Baus, sicher aber um eine stärkere Geschlossenheit zu erreichen (s. Schautafel). Wie in der Struktur, so ist auch im Detail jede Möglichkeit zur Abwechslung genutzt: Im Erdgeschoß Säulen auf Einzelpostamenten, Kompositkapitelle und Rankenfries im Gebälk, Statuen in den Nischen der Wand; im Obergeschoß je zwei Säulen auf gemeinsamen Podien, korinthische Kapitelle, ›Pfeifenfries‹, Statuen auf Postamenten vorgezogen, ein dreieckiger Giebel zwischen zwei runden. Auf den Postamenten des Obergeschosses standen drei Statuen des Stifters, jeweils in anderen gesellschaftlichen ›Rollen‹, und eine seines Sohnes, der den Bau besorgte. Die Nischen des Erdgeschosses enthielten Statuen, die die Tugenden des *Celsus* verkörperten. Am Architrav des Erdgeschosses steht die eigentliche Bauinschrift, während die Inschriften an den Wänden (s. Schautafel) die Laufbahn des *Celsus*, Höhe (25.000 Drachmen) und Zweck seiner Stiftung und die finanziellen Maßnahmen seiner Erben verzeichnen. Der Aufbau dieser Fassade steht hier als klassisches Beispiel für die Gestaltung einer römischen Prachtfassade, wie sie als Hintergrund bei Nymphäen, in Theatern und Prunksälen etc. immer wieder vorkommt. Im Gegensatz zu der prachtvollen Fassade wirkt das Innere sehr nüchtern; denn es stellt heute nur den in der Antike äußerst reich mit Marmor verzierten Ziegelrohbau dar, in dessen Wänden im Erdgeschoß die Nischen für die Bücherschränke erkennbar sind, die sich auf zwei weiteren, durch Säulen getragenen Galerien wiederholten. An der Rückwand ist die einst gleichfalls durch eingestellte Säulen gegliederte Apsis zu erkennen, unter der in einer Gruft der marmorne Girlandensarkophag des Stifters stand (s. Schautafel).

Rechts neben der Bibliothek führt ein Zugang zur Agora durch den ebenfalls wieder aufgerichteten *Torbau der Mazaeus und Mithridates* (I). Nach der Bauinschrift haben zwei Freigelassene des römischen Feldherrn Agrippa (64–12 v. Chr.), die diese Namen trugen, das Tor im Jahre 3/4 v. Chr. zu seinen Ehren errichten lassen. Den drei von Bogen überspannten Durchgängen entspricht eine

Fassade mit zwei Risaliten und zurückgesetztem Mittelteil. Die Bögen sind als Archivolten ausgeführt und zwischen Pilaster gestellt, die ein ionisches Gebälk und darüber eine Attika mit der Bauinschrift tragen. Die Ornamente sind von sorgfältiger, das Plastische der Einzelform betonender Ausführung, worin gegenüber dem auf optische Gesamtwirkung bedachten Hellenismus oder der römischen Kaiserzeit (Celsusbibliothek) ein klassizistischer Zug der augusteischen Architektur deutlich wird. Auf der Attika waren noch Marmorstatuen der Familie des Kaisers Augustus aufgestellt, zu der ja Agrippa ebenfalls gehörte.

Agora (J)

Durch das Mazaeus-Mithridates-Tor (oder auf einem Umweg über die Arkadianè) gelangt man auf die *Agora* (J), nach Ausweis der Inschriften der Lebensmittelmarkt der Stadt – im Gegensatz zur Oberen Agora (›Staatsmarkt‹), die das politische Zentrum der Stadt darstellte. Sie wurde in hellenistischer Zeit angelegt (Reste an der Westseite), stammt in ihrer jetzigen Gestalt aber von einem Umbau des 3. Jh. n. Chr., bei dem viel Material von anderen Bauten wiederverwendet wurde, so daß stilistisch eine bunte Mischung von Formen entstand. Der quadratische Platz von 110 m Seitenlänge ist von zweischiffigen Säulenhallen mit korinthischem Gebälk aus meist wiederverwendetem Material umgeben. Drei dieser Hallen haben Kammern an der Rückseite. An der Ostseite des Platzes steht auf dem Kammerteil noch ein Obergeschoß mit der oben erwähnten Halle an der Marmorstraße.

An der Westseite – vom Hafen her – führte eine weitere 160 m lange

Serapistempel: Ornamente der Türverdachung (links) und zugehörige Konsole (rechts)

und 24 m breite *Prachtstraße* auf den Marktplatz zu, die ebenfalls von Säulenhallen mit Kammern gesäumt war, so daß bis heute zusammen etwa 100 Kammern im Bereich der Agora bekannt sind, also im Vergleich zu den heutigen orientalischen Basaren nicht übertrieben viele, jedoch ungleich prachtvoller gestaltete Kleinhandelslokale. Am Ende der langen Prachtstraße vom Hafen lag ein zweites prunkvolles *Eingangstor* zur Agora, das über einer Freitreppe als ionische Halle mit zwei seitlich vortretenden Risaliten (Vorbau) gestaltet war, heute jedoch durch Umbau und Zerstörung weitgehend unkenntlich ist.

In der Südhalle an der Seite des Mazaeus-Mithridates-Tores führt eine Treppe hinauf zu einem großen nach Norden gerichteten *Heiligtum*, das nach einigen unsicheren Indizien der ägyptischen Gottheit *Serapis* zugesprochen wird (K). Es bestand wiederum aus einem großen, von Hallen umgebenen Platz, der heute weitgehend überwuchert ist; gegen den Berg erhob sich über einer dreifachen, heute noch erkennbaren Freitreppe die achtsäulige Fassade des Tempels. Dieser besaß hinter seiner riesigen Marmorfassade einen einzigen gewölbten Raum mit einer Apsis, von dem noch einige Mauerwerksreste aufrecht stehen. Im übrigen ist die Stätte bedeckt mit den von der kyklopischen Gewalt eines Erdbebens durcheinandergeworfenen Marmorbauteilen: 15 m langen, monolithischen Säulenschäften (Gewicht: 37 to), Kapitellen, Architraven und anderen Gebälkteilen. Auf dem Tempelfundament sind die Steinteile des reich verzierten und als raffinierte, dreiteilige Konstruktion gebildeten Türsturzes ausgelegt, ferner eine der über 2 m hohen Zierkonsolen und ein gut erhaltenes, als Platte vor das Mauerwerk geblendetes Pilasterkapitell. Die Ausführung der Ornamentik ist in das 2. Jh. n. Chr. zu datieren. – Der Bau wurde später in eine Kirche umgewandelt.

Embolos (›Kuretenstraße‹)

Über die Agora und durch das Mazaeus-Mithridates-Tor gelangt man zurück zu der vom Theater kommenden Marmorstraße, welche hier in einer nach Südosten ansteigenden Straße ihre Fortsetzung findet. Diese hieß in der Antike *Embolos* und wurde erst von den Ausgräbern nach dem Priesterkollegium, dem die ehrenvolle und wichtige Pflicht oblag, das heilige Feuer auf dem Herd der Hestia im Prytaneion (Y) zu unterhalten, ›Kuretenstraße‹ genannt, da einige Inschriften dieser Priester dort gefunden wurden. Die prachtvolle Straße wird von Säulenhallen, deren Fußböden z. T. mit Mosaiken verziert sind, gesäumt und führt im Tal zwischen den Hügeln Pion und Koressos hinauf zur Oberen Agora (›Staatsmarkt‹). Da sie einem

Hadrianstempel

älteren Weg folgt, verläuft sie – wie etwa der Broadway in New York
– schräg zum übrigen Straßennetz der Stadt.

An dieser Straße liegt gegenüber der Celsusbibliothek ein *Peristylhaus* (L) mit einem Hof, einem Speisesaal mit Jahreszeitenmosaik und
kleineren Kammern; die vielfach verbreitete Bezeichnung ›Freu-
denhaus‹ ist umstritten. Ein heute dort montierter Brunnen bietet
erfrischendes Wasser. – Östlich davon – durch eine Nebengasse
getrennt – folgt eine Gruppe von Räumen, die schon im 2. Jh. n. Chr.
dem Baden gedient haben und im 4. Jh. in eine richtige *Thermenanlage*
(M) umgebaut wurden, wobei reichlich Gebrauch von Architektur-
stücken heidnischer Tempel gemacht wurde. Die Statue der Stifterin
Scholastikia, einer Christin, und die Bauinschrift sind erhalten und in
der Eingangshalle aufgestellt.

Vor diesen Thermen steht an der Straße der kleine *Hadrianstempel* (N),
von dessen Front – einer korinthischen Stützenstellung (zwei Säulen
zwischen Pfeilern) mit einem ›syrischen Giebel‹ (Giebeldreieck mit
Bogen über dem Mitteljoch) – die Stützen und der Mittelbogen wieder aufgebaut worden sind. Das Gebälk ist reich mit ausgearbeiteten
Profilen und einem Rankenfries geschmückt. Den Schlußstein des
Bogens ziert eine Büste der Göttin *Fortuna / Tyche* mit Mauerkrone,

einem Symbol, das einen besonderen Bezug zum städtischen Gemeinwesen herstellt. Der Relieffries, von dem Abgüsse in der Vorhalle eingebaut sind und der eine Darstellung des Gründungsmythos von Ephesos zeigt (Original im Museum von Selçuk), stammt von einem anderen Bau und wurde bei einer spätantiken Renovierung hier eingesetzt.

Den Scholastikiathermen gegenüber am unteren Ende der ›Kuretenstraße‹ (Embolos) liegen einige kleine Denkmäler (O): Zunächst, vor einer Nebengasse, ein *Torbau* aus dem 2. Jh. n. Chr. mit drei Durchgängen, deren Pfeilerpostamente noch vorhanden sind. Daneben folgen zwei Bauten, die eigentlich Grabdenkmäler sind und in der Innenstadt nur zugelassen waren, weil ihre Inhaber, wie ja auch *Celsus*, zu Lebzeiten so hohes Ansehen genossen, daß man sie nach ihrem Tode als Heroen (Halbgötter) verehrte. Vor das erste, ein ehemals zweigeschossiges, unten mit einer dorischen, oben mit einer ionischen Säulenordnung versehenes Denkmal wurde in frühchristlicher Zeit ein Brunnenbecken eingebaut. Links daneben steht ein weiteres Heroon, das *Oktogon*, wohl aus augusteischer Zeit. Sein quadratischer Sockel enthielt die Kammer mit dem Sarkophag; darüber erhob sich ein achteckiger, massiver Mauerkern, der von acht korinthischen Säulen mit Gebälk umgeben war und eine achtseitige Stufenpyramide trug – im Grunde also eine abgewandelte Version des Mausoleumsaufbaus von Belevi (Nr. 21). Im 4. Jh. n. Chr. wurden kaiserliche Erlasse auf seinem Sockel eingemeißelt, die uns vom Wiederaufbau der Stadt nach schweren Erdbeben unterrichten.

Die erstaunlichsten Ergebnisse der jüngsten Grabungen in Ephesos sind die sog. *Hanghäuser* (P) an der Südseite der ›Kuretenstraße‹ (Embolos): zwei zwischen schmalen Treppengassen gelegene, dicht bebaute Insulae (Wohnblocks) der römischen Stadt, deren ungewöhnlich gute Erhaltung dem oben genannten Erdbeben zu ›verdanken‹ ist, welches die Bauten unbewohnbar gemacht hat. Die Bewohner trugen sie jedoch nicht ab, sondern füllten sie mit dem Schutt der höher gelegenen Bauten auf.

Zur ›Kuretenstraße‹ hin zeigen auch diese Häuserblocks eine durchgehende Säulenhalle, hinter der kleine Geschäftsräume lagen. Hinter dieser Fassade staffeln sich die oft mehrstöckigen Wohnungen den Hang hinauf, wobei jeweils Teile der oberen Geschosse auf Gewölben der unteren liegen. Die Wohnungen sind seitlich aus den engen Treppengassen aus zugänglich, um einen säulenumstandenen Innenhof herum angelegt, und weisen ein reiches Raumprogramm von Sälen, Zimmern und Kammern bis hin zu kleinen Privatthermen auf, das im einzelnen nur beim Durchschreiten zu begreifen ist.

Die Ruinen geben jedoch einen guten Eindruck von der komplizierten Anlage und teilweise sogar der räumlichen Wirkung. Die Formen des modernen Schutzdaches sollen den Eindruck einer antiken Dachlandschaft vermitteln. Auch von der reichen Ausstattung mit Marmor, Mosaiken und dekorativen wie figürlichen Wandmalereien und Deckenstuck ist vieles noch am Ort erhalten, einiges im Museum zu besichtigen.

Einer der im 3./4. Jh. n. Chr. hier lebenden Ephesier war offensichtlich bereits Antikensammler; denn in seinem Speisesaal fanden sich sekundär aufgestellte Porträtköpfe aus der Zeit des Augustus, die also 300–400 Jahre älter als das Haus waren.

Auf halbem Wege zur Oberen Agora liegt links am Embolos ein *Nymphäum* (Prachtbrunnen; Q), das dem Kaiser *Trajan* um 114 n. Chr. geweiht wurde und dessen Teile in der Grundform des Baues arrangiert wurden. Auch dieser Bau hatte ursprünglich eine zweigeschossige Säulendekoration mit Statuen, deren mittlere das überlebensgroße Abbild des Kaisers selbst war.

Am oberen Ende des ansteigenden Embolos stehen noch die Sockel eines spätantiken dreifachen *Torbogens*, der die Straße optisch abschloß. Dahinter liegen rechts ein teilweise wiederaufgebauter Straßenbrunnen *(Hydreion)* und der Sockel des *Memmius-Monumentes* (R), auf dem Teile seines Oberbaus in freier Komposition gesammelt wurden; *Gaius Memmius* war ein Enkel des römischen Diktators *Sulla* (138–78 v. Chr.). Das wiederum der Grabarchitektur verwandte Denkmal bestand ursprünglich aus einem hohen massiven Kubus, der über einer Sockelzone korinthische Eckpilaster mit ionischem Gebälk und darüber eine reliefgeschmückte Attikazone zeigte. Zwischen den Pilastern öffneten sich apsidiale Nischen, die von lebhaft bewegten weiblichen Figuren flankiert waren.

Neben dem Memmius-Monument, an den beiden Reliefpfeilern eines Torbaues, beginnt eine gepflasterte Rampe *(clivus sacer)*, die, von einer Quaderwand (rechts) und einer Säulenreihe eingefaßt, direkt zum *Prytaneion* führt (Y), während sich nach Süden ein länglicher Platz erstreckt, an dessen Ostseite zunächst ein hoher Unterbau aus Rustikaquadermauerwerk mit drei Eingängen (sog. *Sockelbau*) liegt. Er gehört zur Basilika (X) an der oberen Agora. Rechts daneben, etwas zurückgesetzt, steht der massive Sockel des zu Ehren des *C. Sextilius Pollio* errichteten *Monuments* (S). Diesem *Pollio* verdankt die Stadt eine 3,5 km lange Wasserleitung, zu der der bedeutende, heute noch erhaltene *Aquädukt* (IV) an der Straße nach Magnesia gehörte. Das zugehörige, südlich anschließende *Wasserbecken* (T; Baujahr: 93 n. Chr.) war von einer Apsis überwölbt, von deren Fassade mit Bogen, Pilastern und Tympanon charakteristische Teile auf Stahlbetonstützen in ihrer alten Position schweben. Hier wurde die im Museum von Selçuk aufgestellte Statuengruppe gefunden, die das ›Polyphem-Abenteuer‹ des Odysseus darstellt.

Die Südseite des Platzes wird von den Unterbauten (Substruktionen) der Terrasse für den *Tempel des Kaisers Domitian* (U; 81–96 n. Chr.) überragt, zu der eine dreiläufige Treppenanlage hinaufführt. Den hohen, gewölbten Unterbauten der Terrasse war eine zweigeschossige Marmorfassade vorgeblendet, deren Untergeschoß eine dorische Ordnung mit Halbsäulenpfeilern zeigt, während das Obergeschoß über einer mit Blüten verzierten Brüstung Pfeiler mit vorgestellten Figuren aufweist; erhalten und aufgestellt sind Figuren der phrygischen Gottheit *Attis* und der ägyptischen Göttin *Isis*. – In diese Unterbauten ist in byzantinischer Zeit eine Zisterne eingebaut worden, in der Kopf und Arm der Kolossalstatue des Domitian gefunden wurden (Museum von Izmir; Nr. 17). Jetzt ist eine Auswahl von *Inschriften* aus Ephesos in den Gewölben ausgestellt. – Auf der Terrasse standen ein großer, gänzlich verschwundener Tempel und ein Altar für den Kult des Domitian (Relieffries des Altars im Museum von Selçuk; III). – An der Ostseite der Tempelterrasse setzt sich die Straße als eine enge Rampe fort und wird auf beiden Seiten von Reihen tonnenüberwölbter Läden begleitet.

Die Obere Agora (›Staatsmarkt‹)

An der Südwestecke der Oberen Agora, deren Niveau die Straße nun erreicht, befindet sich das im 1. Jh. n. Chr. errichtete Wasserreservoir mit öffentlichem *Brunnen des Laecanius Bassus* (V); 70–80 m weiter westlich steht die Ruine eines großen *Laufbrunnens* aus dem 2. Jh. n. Chr., in dessen beide von einem halbrunden Massivbau getrennte Becken das Wasser über Kaskaden hinabfiel. Die Rückwände des Bassins waren als Säulenfassaden ausgebildet.

Die 160 × 58 m große Obere Agora selbst bestand in einfacher Form schon seit dem Hellenismus, wurde aber in augusteischer Zeit gründlich umgestaltet und an ihrem Nordrand mit Regierungsbauten versehen, die in Repräsentationsbauten des Kaiserkultes eingebunden waren; dieser hat in Ephesos hier seine erste monumentale Ausprägung erhalten. Die Obere Agora ist daher als politisches Zentrum der Stadt anzusehen, als ›Staatsmarkt‹, im Gegensatz zu der Unteren Agora, dem ›Handelsmarkt‹ von Ephesos. – Der Platz war an drei Seiten von Hallen gesäumt; auf der freien Fläche selbst sind die Fundamente eines *Tempels* (W) des 1. Jh. v. Chr. ausgegraben worden, der wegen seiner Lage auf dem wichtigsten Platz der Stadt von besonderer Bedeutung gewesen sein muß. Leider ist man bei seiner Bestimmung auf Indizien angewiesen, die unterschiedliche Deutungen zulassen: *Isistempel*, von *Mark Anton* geweiht und später als *Dionysostempel* weitergeführt oder *Augustus-Roma-Tempel* als Zentrum eines neu eingerichteten Augustusforums.

Basilika (X) am ›Staatsmarkt‹

Die ›Regierungsbauten‹ liegen am Nordrand des ›Staatsmarktes‹ und
sind von diesem durch eine langgestreckte, dreischiffige *Basilika* (X)
getrennt, die sich zum Markt hin mit einer Säulenordnung öffnete.
West- und Ostende des Baus wurden von Räumen gebildet, die
durch Bogen abgetrennt waren und später ganz umgebaut wurden,
der östliche in byzantinischer Zeit zu einem Peristylhaus mit Spolien
des alten Obergeschosses. Die weitergestellten Säulen der beiden
Innenreihen trugen ionische Kapitelle, an deren Schmalseiten Stier-
köpfe angebracht waren (Museum von Selçuk); im Obergeschoß,
über einem ionischen Gebälk, standen korinthische Halbsäulenpfeiler.
In den Ruinen des byzantinischen *Peristylhauses* am Ostende der Basilika fanden sich Reste großer Sitzbilder des *Augustus* und seiner Gattin *Livia* (Museum von Selçuk).
Reste der Weihinschrift auf dem ionischen Architrav und einige
beschriftete Statuenbasen ließen den Schluß zu, daß auch diese Basilika von *Pollio* gestiftet wurde (vgl. T) und daß sie dem *Augustus* geweiht war.
Hinter der Basilika liegen von West nach Ost aufgereiht das *Prytaneion* (Y), ein kleines *Peristyl* mit doppeltem Tempel auf einem
Podium und das sog. *Odeion* (Z).

Von der ›Kuretenstraße‹ (Embolos) kommend, gelangte man über die besagte gepflasterte Rampe zunächst zum *Prytaneion* (Y). An der Straße liegen die nur mühsam erkennbaren Fundamente des Vorhofes mit dreiseitiger Säulenhalle. Von der tempelartigen, dorischen Fassade des Hauptbaus sind einige Säulen wiederaufgerichtet. Mit ihren sechs Säulen zwischen vorgezogenen Seitenwänden (Anten), Gebälk und Giebel wird der sakrale Charakter des Gebäudes, in dem das heilige Herdfeuer brannte und an dem stellvertretend für die Häuser der Stadt offizielle Gäste bewirtet wurden, zum Ausdruck gebracht. Die Wahl dieser strengen, großen Formen (eine Triglyphe pro Joch) muß in der späten Erbauungszeit (augusteisch) als klassizistischer Rückgriff auf alte Formen (etwa 4. Jh. v. Chr.) gelten. Man vergleiche sie etwa mit den kleinteiligen Formen der dorischen Halle an der Marmorstraße (s. S. 107).

Hinter der Fassade und hinter einer Vorhalle lag nach rechts versetzt der *Hauptsaal* mit einem gemauerten Tisch in der Mitte, der u. U. für die offiziellen Mahlzeiten gedacht war, und vier später (3./4 Jh. n. Chr.) eingestellte ›Herzsäulen‹. Der schmale Raum hinter dem Saal war offenbar der eigentliche *Hestiakultraum*; hier wurde das heilige Feuer von den Kureten unterhalten, deren Namensliste in die Säulen des Prytaneions eingemeißelt sind. Erst später wurden seine Keilsteinbögen zugemauert. Westlich (links) neben dem ›Speisesaal‹ liegen hintereinander noch zwei schmale weitgehend umgebaute Nebenräume.

Zwischen Prytaneion und dem nächsten größeren Bau, dem Odeion, sind Reste verschiedener Bauperioden übereinander erkennbar. Aus der ersten, noch augusteischen Bauperiode stammt ein Hof mit dreiseitig umlaufenden ionischen Säulenhallen, deren östliche, am Odeion liegend, höhere Säulen aufwies (rhodisches Peristyl), wodurch sich eine etwas unglückliche Eckstützenform aus zwei verbundenen Säulen verschiedener Höhen ergibt. Die Säulenstellungen wurden später leicht verändert, vor allem wurden die Säulen durch Entfernen von Basisteilen gekürzt.
In diesem Hof lag in der ersten Bauphase ein an die Mauer zum Prytaneion geschobenes, massives Podium mit Freitreppe, auf dem Spuren zweier kleiner Tempel festgestellt wurden. Das Podium wurde später mit kleinen Räumen überbaut.

Von dem Peristyl führt eine marmorne Bogentür direkt in das sog. *Odeion* (Z), das mit ziemlicher Sicherheit als das *Buleuterion* (Rathaus) von Ephesos bezeichnet werden kann. Es hat die Halbkreisform des römischen Theaters mit ca. 1400 Plätzen in zwei Rängen, von denen der untere 13 breitere und der obere 10 schmalere Sitzstufen hat. Gewölbte Treppenaufgänge führen direkt auf den Umgang. Als ›Bühne‹ steht nur der schmale Zugang zur Verfügung, gegen den die Orchestra abgesenkt ist. Zwar fehlt, wie bei Odeia üblich, ein Bühnenhaus, aber die Rückwand war als mehrstöckige, gegliederte

Säulenfassade mit Statuen und Inschriften gestaltet, aus denen hervorgeht, daß *P. Vedius Antoninus*, der Erbauer des nach ihm benannten Gymnasiums (A), auch hier der Stifter war, daß das Bauwerk demnach aus dem 2. Jh. stammt.

Am Ostende der langen, vor diesen Regierungsbauten liegenden Basilika (X), die, wie gesagt, hier zu einem byzantinischen Peristylhaus umgewandelt worden war, schließt sich ein weiterer, größerer *Thermenbau* (Vb) an, der vermutlich mit dem inschriftlich überlieferten *Variusbad* zu identifizieren ist. Vor allem das mit sieben heizbaren Wannen ausgestattete Caldarium (Warmbad) ist in seinem aus Ziegeln und Bruchsteinen bestehenden Rohbau erhalten.

Beim Variusbad befindet sich ein Ausgang aus dem umzäunten Gelände, von dem aus man die im folgenden beschriebenen Ruinen zu Fuß erreichen kann. Auf der anderen Seite der modernen Straße, dem Ausgang schräg gegenüber, liegt in einer Mulde die Ruine eines antiken Rundbaues, der im 19. Jh. fälschlich als *Lukasgrab* (Lg) bezeichnet wurde. Erhalten ist der marmorverkleidete Sockel mit 16 fensterartigen Nischen, auf dem sich einst der überkuppelte und von einem Säulenkranz umgebene Kernbau erhob. In christlicher Zeit wurde der auf dem Sockel stehende Rundbau in eine Kirche verwandelt, indem man im Osten eine Apsis, im Westen einen Narthex (Vorraum) anbaute und in den Sockel eine Krypta einließ.

Auf derselben Straßenseite, 300 m bergab, liegt die Ruine des *Magnesischen Tores* (Mt) mit drei Durchgängen zwischen zwei viereckigen Türmen. Der mittlere Durchgang, der an den Wagenspuren als Fahrtor zu erkennen ist, stammt noch aus hellenistischer Zeit, während die beiden seitlichen, etwas kleineren Durchgänge erst in römischer Zeit angelegt wurden. Die Baufugen lassen sich an dem (stadtwärts gesehen) rechten Durchgang gut erkennen. Die große römische Ruine an der Nordseite der Straße gehört zu dem weitgehend wieder verschütteten *Ostgymnasium* (Og), dem vierten kleinasiatisch-römischen Prachtgymnasium in Ephesos, dessen Grundrißform stets leicht abgewandelt wird (zum Typ s. Vediusgymnasium; A): Beim Ostgymnasium sind die Baderäume von drei Hallen umgeben. An der südlich vorgelagerten, relativ kleinen Palästra liegen sich der Kaisersaal und ein Vortragssaal gegenüber. Die Front zur Straße bildete eine Säulenhalle, in deren Fassade der zentrale Haupteingang des Gymasiums durch eine sechssäulige Giebelfront hervorgehoben war.

Entlang den Straßen außerhalb der Stadt liegen antike Gräber, von denen hier und da noch Reste von Sarkophagen oder in den Fels gehauene Grabstätten zu sehen sind.

Unweit des Ostgymnasiums zweigt nach Norden ein Weg an der Stelle einer antiken Straße zum Artemision ab. Die großen Kalksteinfundamente dort stammen von einer tonnenförmigen Straßenüberwölbung, mit deren Stiftung im 2. Jh. n. Chr. der Sophist *Flavius Damianus* der Straße einen basarähnlichen Charakter gegeben hatte.

Folgt man diesem Weg am Fuß des Koressoshügels etwa 1 km nach Norden (Richtung Selçuk), so gelangt man an die Stelle, an der die *Grotte der Sieben Schläfer* (Gr) lag, in der nach der Legende sieben fromme Christen vor der Verfolgung unter *Decius* (249–251 n. Chr.) gerettet wurden, indem sie in einen Schlaf sanken, aus dem sie erst unter dem christlichen Kaiser *Theodosios II.* (408–450 n. Chr.) wieder erwachten. Der zutage liegende Fels ist hier durch und durch von Grabstellen durchlöchert, weitere Gräber waren in Sälen untergebracht, die übereinander in eine Felsschlucht hineingebaut waren. Die Mitte des Bezirkes bezeichnete bis in die Neuzeit eine Kuppelkirche über einer Katakombe.

Südlich des oberen Ausganges schneidet die Straße, die zum Marienhaus (IV) hinaufführt, die *hellenistische Stadtmauer*, die sich auf dem Kamm des Bülbül Dağ (Pion) hoch über der Stadt entlangzieht. Ihre äußerst mühsame Besichtigung wird durch großartige Ausblicke wie aus der Vogelschau auf die Stadt und die ephesische Landschaft belohnt.

Die Stadtmauer ist sicher noch auf Veranlassung des *Lysimachos*, also am Anfang des 3. Jh., begonnen worden und in der üblichen hellenistischen Technik als ca. 3 m dicke, zweischalige Mauer aus gewaltigen Quadern mit loser Zwischenfüllung errichtet; sie wird in regelmäßigen Abständen durch ca. 40 vorgelagerte Türme gesichert (vgl. Herakleia; Nr. 34). Am Westende der Stadtmauer auf einer vorgelagerten Felskuppe liegt noch eine kleine hellenistische Festung, das sog. *Gefängnis des Paulus*, das am besten von der Straße Selçuk – Kuşadası zu erreichen ist, wenn man nicht die ganze hellenistische Mauer entlang marschieren will. – Der etwa quadratische Quaderbau ist im erhaltenen Erdgeschoß durch Mauern in vier Kammern geteilt, deren Türen bogenförmige Stürze zeigen; nach zwei Seiten sind Schießscharten angeordnet.

II. Artemistempel und Ayasoluk-Hügel (Selçuk)   Nr. 22

Die Reste des *Artemistempels* liegen links an der Straße von der hellenistisch-römischen Stadt nach Selçuk, kurz vor dem Dorf (Wegweiser) in einer sumpfigen, je nach Jahreszeit auch ganz überschwemmten Niederung, aus der lediglich die launig gestaltete Kunstruine einer wiederaufgerichteten Säule mit einem Storchennest auf der Spitze herausragt. Außer dieser Säule sind vor allem große Säulentrommeln und Fundamentmauern zu sehen. Die Position des Altares im Westen des Tempels ist durch eine Stützmauer um einen rechteckigen grünen Tümpel bezeichnet, in dem sich auf Fundamentzügen aus unregelmäßigen Bruchsteinen Schildkröten und Frösche tummeln.

Einige Bauteile des Altares und des Tempels werden im Museum von Selçuk, andere in Istanbul und London aufbewahrt. Der Artemistempel erhob sich an einer seit vorgriechischer Zeit benutzten Kultstätte. Opfergaben des ältesten griechischen Heiligtums aus Elfenbein und Gold (Museum Istanbul) wurden um 600 v. Chr. im ersten archäologisch nachweisbaren Bau an dieser Stelle, einem Sockel für das Kultbild, vermauert. In der Mitte des 6. Jh. v. Chr. begann man den ersten großen Tempelbau, dessen riesige Ausmaße (55 × 115 m, 25 m Höhe) und die doppelten Säulenhallen (Dipterosgrundriß) denen des Tempels auf Samos entsprachen; der ephesische Tempel wurde jedoch in wertvollerem und härterem Marmormaterial errichtet und erhielt zudem noch eine reiche Ausstattung mit figürlichen Reliefs an einigen der unteren Säulentrommeln und am Dachrand (Sima). Hinter den doppelten Säulenreihen lag der langgestreckte Kernbau, der aus der tiefen Vorhalle (Pronaos) und einem nicht überdachten Innenhof (Sekos) bestand, in dem – unter einem Schutzdach – das Kultbild aufgestellt war. Der riesige Bau, dessen Vorhalle und Umgänge mit Deckenkonstruktionen aus Holzbalken versehen waren, wurde 356 v. Chr. von einem Wahnsinnigen angezündet, nur damit sein Name – wie dann auch geschehen – in die Geschichte eingehen sollte: Er hieß *Herostratos*. Die Ephesier begannen sogleich mit einem Neubau, der im wesentlichen den alten Grundriß beibehielt, ihn lediglich auf einem hohen Sockel über den Boden erhob. Auch dieser Bau wurde mit Reliefs an den unteren Säulentrommeln versehen.

Den Altarplatz umgab im 4. Jh. v. Chr. an drei Seiten eine Wand, mit einer davorstehenden zierlichen ionischen Säulenordnung, ähnlich dem oberen Hof des Pergamonaltares, jedoch ohne dessen mächtigen Unterbau; ein Kapitell und Gebälkstücke dieser Ordnung befinden sich im Museum von Selçuk.

Ayasoluk-Hügel

Die älteren Teile des Ortes *Selçuk* liegen am Süd- und Westhang des sog. *Ayasoluk-Hügels* mit der Johanneskirche (Hinweistafeln ›Sen Jan‹), der byzantinischen Festung und der Zitadelle.

Der Weg (von einem hochgelegenen Parkplatz) zur Johanneskirche führt durch einen *Torbogen* zwischen zwei mächtigen, quadratischen Türmen, das sog. ›Tor der Verfolgung‹. Diese Anlage wurde im 6. Jh. n. Chr. unter reichlicher, teilweise ornamentaler Verwendung von Marmormaterial älterer Bauten errichtet. Hinter dem äußeren Torbogen schließt sich ein schmaler, langer Vorhof (Zwinger) an, an dessen Ende ein zweites Tor lag.

Nach Durchschreiten der Toranlage öffnet sich ein weiter Ausblick über die Flußebene hinüber zur hellenistisch-römischen Stadt und zur inzwischen weit hinausgeschobenen Küste.

Seit dem 2. Jh. n. Chr. wurde auf diesem Hügel das Grab des *Evangelisten Johannes* verehrt; die Stelle wurde schon früh mit einer Kapelle, am Ende des 5. Jh. dann mit einer großen mehrschiffigen Basilika überbaut. Die heute sichtbaren, teilweise wiederaufgebauten Ruinen stammen aber von der 130 m langen *Kreuzkuppelkirche* mit Vorhalle, die unter Kaiser *Justinian* (527–565 n. Chr.) errichtet wurde und noch

Johannesbasilika: Restaurierung der südlichen Langhausarkaden von Süden

bis ins II. Jh. gestanden hat. Ihr Bauprinzip entspricht der 1462 abgebrochenen Apostelkirche in Konstantinopel (ebenfalls 6. Jh.) und der viel späteren Kirche von S. Marco in Venedig (II. Jh.): eine kreuzförmige Anordnung von fünf Kuppeln über Gurtbögen, in denen Säulenarkaden ein transparentes Gitter zu den außen in zwei Geschossen umlaufenden Gängen bilden. Fundamente, Stylobate und die Mauern und Pfeiler bis zur Höhe von etwa 1m sind erhalten geblieben bzw. wiederaufgebaut worden; außerdem die Arkaden eines Pfeilerjoches der Nordseite. Monogramme des *Justinian* und seiner Gattin *Theodora* finden sich auf den Kapitellen und datieren die Anlage. Das heute sichtbare Ziegelmauerwerk war natürlich nur der rohe Kern, während man sich wie in der Hagia Sophia oder in S. Marco die Wände bis zum Gesims mit Marmorplatten und Kuppeln und Gewölbe mit Goldgrundmosaiken verkleidet vorstellen muß. Östlich der mittleren Kuppel, unter der das Heiligengrab lag, ist die gemauerte Unterkonstruktion der im Kreis angeordneten Sitze (Synthronon) für die Priester zu erkennen.
Im Westen liegt ein Hof (Atrium), der von Säulenarkaden umgeben war – eigentlich der Vorhof zur Kirche, der sich hier jedoch als von außen unzugänglicher Baukörper über einer hohen, von Bogen ge-

Isa Bey Camii:
Westportal

gliederten Terrassenmauer erhob. – An der Nordseite befinden sich
die ebenfalls freigelegten Reste des *Baptisteriums*, eines Kuppelbaus
mit großem Taufbassin in der Mitte.
Nördlich der Johanneskirche, auf der höchsten Erhebung des Hügels,
ist die byzantinisch-seldschukische *Zitadelle* mit ihrem dichten
Kranz von teilweise in voller Höhe erhaltenen Türmen zu sehen. In
dem weitgehend kahlen Inneren liegen die Ruinen von Zisternen
und einer kleinen Moschee.

Südwestlich der Johanneskirche, am Fuße des Ayasoluk-Hügels,
steht die große, kürzlich restaurierte *Moschee* (Isa Bey Camii), die der
seldschukische Sultan *Isa Bey I.* aus der Dynastie der Aydinoğlu 1375
(s. Aydin; Nr. 24) errichten ließ. Sie vertritt einen in der Westtürkei
seltenen syrischen Bautyp: Das von hohen Mauern gebildete Recht-
eck von 57 × 51 m Größe wird etwa zu zwei Dritteln von einem Arkadenhof und nur zu einem Drittel von dem eigentlichen, querliegenden Betsaal der Moschee eingenommen. Die blockhafte Außenseite
des Komplexes zeigt nur an der Westseite eine Marmorfassade, die

von reichverzierten, teilweise aus unterschiedlichen Marmorarten gearbeiteten Fenstern und einem hohen Rahmen für das Portal gegliedert wird. Die seldschukischen Ornamente (*Mukarnes* oder ›Stalaktiten‹-Ornamente) und die Form des Portals werden später von der osmanischen Architektur aufgegriffen und auf andere, stärker von der byzantinischen Architektur beeinflußte Bautypen angewandt (vgl. Manisa; Nr. 14). Eines der beiden Minarette im Winkel zwischen Außenmauer und Moschee ist noch erhalten.

Vom Hof, dessen Arkaden zerstört sind, betritt man durch drei Bogen den weiten, quergestreckten *Betsaal*, dessen Mittelteil von zwei Kuppeln über kräftigen Gurtbögen auf antiken Säulen gedeckt ist, während die seitlichen Teile neuerlich renovierte Holzdächer tragen. Die Granitsäulen stammen aus den Hafenthermen von Ephesos (E), tragen jetzt aber bis auf eine seldschukische Kapitelle; von der aus Marmor gearbeiteten Kanzel (Minbar) sind nur wenige originale Platten am Ort geblieben, die Ornamente der Gebetsnische (Mihrab) wurden nach Izmir in die Kestane Bazar Camii geschafft (s. S. 84).

Vom Ayasolukhügel nach Westen zieht sich eine Reihe von quadratischen, aus Spolien grob zusammengemauerten Pfeilern durch den Ort bis zu den nahen Hügeln: Sie trugen eine *Wasserleitung* aus byzantinischer Zeit.
Über den Ort sind noch etwa ein Dutzend seldschukischer Moscheen, Grabbauten und kleiner Badeanlagen verteilt, die durch ihre geometrische Form und das charakteristische Mauerwerk aus wechselnden Quader- und Ziegelsteinschichten gekennzeichnet sind.

III. Ephesos-Museum Nr. 22

Das schon 1929 gegründete Museum von Selçuk liegt an der Straße in Richtung Ruinengelände und Kuşadası gegenüber einem modernen touristischen Forum und dem älteren Stadtgarten mit einfachem Teehaus. Es enthält, zu einem Rundgang geordnet, bedeutende Skulpturen, Architekturteile und Gebrauchsgegenstände aus den Grabungen in Ephesos, das meiste aus römischer Zeit. Vor dem Museum steht ein prunkvoller römischer Girlandensarkophag.
Im 1. Saal, mit Vitrinen und Bodenbecken mit Mosaiken in Anspielung an römische Atrien, sind die neuesten *Funde aus den Hanghäusern* (P), meist aus dem 3. Jh. n. Chr., ausgestellt. Aus Bronze: der Porträtkopf eines bärtigen Mannes (Inv.-Nr. 1202), ein Eros, der auf einem Delphin reitet (Inv.-Nr. 757), und andere Statuetten, ein raffinierter Klappstuhl nebst -tisch und Teile weiterer Möbel, eine ägyptische Priesterstatuette des 7. Jh. v. Chr. aus der Wohnung eines römischen Sammlers. Statuetten und Gebrauchsgegenstände aus Ton. Zwischen den Vitrinen sind Marmorskulpturen und Fresken ausgestellt, so die bekannte Darstellung des *Sokrates* (Inv.-Nr. 1574).

Der anschließende Saal enthält Figurengruppen aus Marmor von drei römischen Brunnenanlagen: Vor allem eine Figurengruppe der I. Hälfte des I. Jh. v. Chr. aus dem Wasserbecken des *Pollio-Nymphäums* (T) ist von Bedeutung: Sie hat die *Polyphem-Episode* aus Homers ›Odyssee‹ zum Thema: Der einäugige Riese Polyphem steht in der Mitte und hält den grausigen Rest eines halbverzehrten Genossen des Odysseus. Dieser reicht ihm von links einen Weinbecher, um ihn zu betäuben. Hinter Odysseus stehen zwei weitere Gefährten mit einem Weinschlauch bereit, während auf der rechten Seite der Pfahl angebrannt wird, mit dem das Auge des Riesen geblendet werden soll, damit Odysseus und seine überlebenden Gefährten ungesehen entkommen können. Die Gruppe war im Pollio-Nymphäum in zweiter Verwendung aufgestellt. – Die gegenüberstehenden Figuren des *Trajansbrunnens* (Q) sind von heiterer Art: u. a. der Weingott Dionysos (Inv.-Nr. 1405), ein kleiner ruhender Satyr (Inv.-Nr. 754) und ein Torso des Jägers Androklos mit Hund (Inv.-Nr. 773). – Rechts vom Eingang stehen einige Figuren (Inv.-Nr. 1576–1585) vom *Wasserdepot des Laecanius Bassus* (V) am ›Staatsmarkt‹: Tritonen, eine Muse, eine Aphrodite und die Basis der verlorenen Statue des Stifters (Inv.-Nr. 1986; Datum: 75–81 n. Chr.). – Dieser Gruppe gegenüber stehen einige Porträtköpfe.

Im folgenden, am Hof liegenden Raum: Links Beispiele *byzantinischer Kunst*, darunter Reliefs aus der Johanneskirche und Porträts des 5. und 6 Jh. n. Chr. mit den für diese Zeit typischen ausdrucksstarken, vergeistigten Gesichtszügen (Inv.-Nr. 147, 478). – Rechts, in einem Nebenraum, Gegenstände aus Edelmetallen und Elfenbein, Münzen und Gemmen und die Elfenbeindekoration eines größeren Möbels (2. Jh. n. Chr.) in Form von Reliefs mit Kriegsszenen zwischen architektonischer Gliederung und schmalen Friesen; die größeren Eckfiguren stammen allerdings von einem anderen Gegenstand.

An der linken Wand des nun folgenden Innenhofes sind *Inschriftensteine* angebracht, die zahlreiche Details des staatlichen und religiösen Lebens der Stadt Ephesos berichten (weitere Inschriften in den Gewölben unter der Domiziansterrasse; U). Im anschließenden Quergang sind *Kapitelle* verschiedener Formen (ionisch, dorisch, korinthisch) und Epochen von archaischer bis in byzantinische und seldschukische Zeit in chronologischer Folge aufgestellt.

Im Hof selbst steht der große *Sarkophag* (Inv.-Nr. 1610) aus dem Mausoleum von Belevi (Nr. 21), in der Form eines aus Stein gearbeiteten griechischen Bettes (*Kline*, daher ›Klinik‹), auf dem der Verstorbene in der Haltung liegt, die man bei griechischen Gastmählern normalerweise eingenommen hat. Daneben ein Greif, eine Steinvase und ein korinthisches Kapitell desselben Grabbaues (s. S. 96). Der nächste Museumssaal ist *Grabfunden* gewidmet, die die Kontinuität der Besiedlung dieser Gegend von mykenischer Zeit (13. Jh. v. Chr.), vertreten durch einige Vasen (2100 ff.), über die archaische (klazomenischer Tonsarkophag; Inv.-Nr. 1726) und hellenistische Epoche (Stelen, Grabbeigaben) bis in römische Zeit (Aschenurnen in Gestalt kleiner Sarkophage) vor Augen führen. – In der Mitte des Saales ein römischer *Relieffries* von einem Heroon auf dem Staatsmarkt (nahe dem Wasserdepot des Laecanius Bassus; V).

Die folgende zentrale Halle ist dem *Artemisheiligtum* und -*kult* gewidmet, dessen Zentrum von archaischer Zeit bis 401 n. Chr. ein reich geschmücktes und bekleidetes *Kultbild der Artemis* aus Holz war, von dem hier eine große (Inv.-Nr. 712) und eine kleinere (Inv.-Nr. 718) römische Nachbildung aus Marmor ausgestellt sind. Danach stand das Kultbild offenbar auf einem Sockel zwischen Hirschkühen; das Gewand war überreich mit Darstellungen von Tieren und Fabelwesen verziert, die an den Marmorstatuen plastisch wiedergegeben sind. Über dem Gürtel quillt eine Vielzahl praller Beutel hervor, die jedenfalls Fruchtbarkeitssymbole sind, obwohl bisher umstritten ist, ob sie Brüste darstellen sollen oder Hoden von Opferstieren, die an das Kultbild genagelt wurden. Brust und Hals der Figur sind wieder reich mit Schmuck und Darstellungen der Tierkreiszeichen

Kultbild der Artemis (Römische Kopie; Inv. Nr. 712)

verziert. Die hohe Kopfbedeckung (Polos) zeigt weitere Fabeltiere und als Abschluß eine Architekturgliederung. – Rechts neben der großen Artemisstatue sind Baureste des Tempels, links solche des Altares eingebaut.

Der letzte Saal des Museums ist dem *Kult der römischen Kaiser in Ephesos* gewidmet. – An der Wand ist ein *Fries* (Inv.-Nr. 713–716) aus dem 4. Jh. n. Chr., der die Gründungslegende von Ephesos darstellt, aufgebaut, mit dem man bei einer Reparatur den Hadrianstempel (N) zusätzlich verziert hatte; daneben Reliefs des Domitiansaltares (U). – Neben dem Eingang steht die spätantike Statue des Konsuls *Stephanos* (4.–6. Jh. n. Chr.). – Ferner sind Porträts der Kaiser *Augustus* (27 v. Chr. – 14 n. Chr.), *Tiberius* (14–37 n. Chr.), *Nero* (54–68 n. Chr.), *Trajan* (98–117 n. Chr.), *Commodus* (180–192 n. Chr.) und *Septimius Severus* (193–213 n. Chr.) aufgestellt. An einer Schmalseite sind die kolossalen Sitzbilder des *Augustus* und der *Livia* aus der Basilika (X) an der Oberen Agora, dem ›Staatsmarkt‹, zu sehen.

In einem ehemaligen türkischen Bad *(Hamam)* an derselben Straße Richtung Ephesos ist eine kleine Sammlung türkischer Volkskunst zu besichtigen.

IV. Marienhaus *(Panaya Kapulu)* **und Aquädukt**   Nr. 22

Von der Hauptstraße in Richtung *Denizli* zweigt kurz nach Verlassen des Ortes die Straße ab, die am oberen Eingang der Ephesosruinen vorbei zu dem einsam gelegenen, schlichten *Haus der Maria* (Meryem Ana) führt (7 km), einer unscheinbaren, aber schon von altersher von den orthodoxen Christen verehrten Stätte, an der Maria die letzten Jahre ihres Lebens verbracht haben soll. Das Haus wurde in byzantinischer Zeit in eine kleine kreuzförmige Kapelle umgebaut. Aufgrund von Visionen der deutschen Nonne *Katharina Emmerich* (1774–1824) wurde der Ort auch für den westlichen Katholizismus wiederentdeckt. Das Wasser der dortigen Quelle gilt als wunderwirkend.

Die Landstraße von Selçuk nach Denizli verläßt die Ebene in einem Tal, welches 5,5 km südlich von Selçuk unterhalb der Straße von der doppelten Bogenreihe eines gut erhaltenen, kürzlich restaurierten *Aquädukts* aus Marmor überspannt wird, der zu der von *Pollio* im 1. Jh. n. Chr. gestifteten *Wasserleitung* (S) von Ephesos gehörte.

23   Kuşadası

Kuşadası, auf einer Nebenstraße von Selçuk nach Söke (s. Priene Nr. 31) gelegen, ist ein beliebter Fremdenverkehrsort, ein Haltepunkt für Kreuzfahrten, Yachthafen und Ausgangsort für Landausflüge nach Ephesos (Nr. 22), Priene (Nr. 31), Milet (Nr. 32) und Didyma (Nr. 33) sowie für Bootsausflüge (z. T. mit Autobeförderung) nach Samos.

Die Stadt wurde im 13. Jh. n. Chr. aufgrund von Privilegien, die italienische Handelsstädte wie Venedig und Genua von Byzanz erworben hatten, als Hafenort mit dem Namen *Scala Nova* gegründet, da der Hafen von Ephesos verlandet war. Aus dieser Zeit stammt das regelmäßige, rechtwinklige Straßennetz der eigentlichen Altstadt. In osmanischer Zeit in *Kuşadası* (›Vogelinsel‹) umbenannt, erhielt der Ort im 17. Jh. einen befestigten Han (Handels-

Kuşadası:
Alte türkische
Fachwerkhäuser

haus, Karavansaray, heute ein Hotel). In dem Viertel südwestlich oberhalb
dieses Hauses finden sich noch einige der verputzten Fachwerkhäuser des
19. Jh., die früher für die Küstenstädte Kleinasiens und der vorgelagerten
Inseln typisch waren. – Vor der Altstadt liegt noch eine kleine befestige Insel
mit einem Turm des 13. Jh. und einem Mauerring von 1821.
Ein ummauerter *hellenistischer Grabtumulus* mit gewölbter Kammer liegt 4 km
vom Ortszentrum an der Straße nach Selçuk auf der Meerseite, kurz bevor
diese einen schmalen, ganz mit Hotels bebauten Strand erreicht.

Das Panionion: Von der Straße in Richtung Söke und Priene (Nr. 31) zweigt
nach 9 km rechts eine Nebenstraße (Richtung Davutlar) ab, die durch Felder
in eine lange (3. Jh. v. Chr.) zwischen Priene und Samos umstrittenen Ebene,
vorbei an modernen Feriendörfern, an der Nordseite des Mykalegebirges
(Samsun Dağlari) zu einem *Nationalpark* führt, der die Spitze dieser Halbinsel
gegenüber von Samos einnimmt. Vor Erreichen des Nationalparks, am
Ostrand des Ortes *Güzelçamlı,* liegt 500 m südlich der Straße am Fuße eines
Hügels (Hochspannungsmast) das *Panionion,* ein Ort, dessen spärliche Ruinen
nur einen unzureichenden Eindruck von seiner ehemaligen Bedeutung vermitteln. Auf dem Hügel selbst – an wenigen Grundmauern noch erkennbar –
befand sich ein Heiligtum des Poseidon, das religiöse Zentrum des gegen 800
v. Chr. gegründeten ionischen Städtebundes, dem ursprünglich folgende
zwölf Städte angehörten: Phokäa, Klazomenai, Erythrai, Chios, Teos, Lebedos, Kolophon, Ephesos, Samos, Priene, Milet, Myus und seit dem 3. Jh. v. Chr.
als dreizehnte Stadt Smyrna. Das Panionion liegt auf dem Gebiet von Priene.
Am Fuße des Hügels liegen Reste von 11 Sitzreihen eines *theaterähnlichen Ver-
sammlungshaus* aus dem 4. Jh. v. Chr., in dem Vertreter der Städte sich unter
dem Vorsitz eines von Priene bestimmten Priesters versammelten.

24   Aydin *(Tralleis)*

Die Hauptstraße von Selçuk nach Südosten führt, vorbei an dem römischen Aquädukt über Ortaklar (18 km, Abzweigung der Straße nach Söke, Priene, Milet, Milâs, Bodrum) durch das fruchtbare Mäandertal in die Provinzhauptstädte Aydin (50 km, 60 000 E.) und Denizli (176 km).

Aydin (Tralleis) liegt bereits in der an das südliche Ionien grenzenden, in der Antike *Karien* genannten Landschaft, welche im alten Perserreich eine eigene Satrapie (Provinz) mit Zentrum zunächst in Mylasa (Milâs; Nr. 36), später in Halikarnass (Bodrum; Nr. 37) war. Nach *Alexanders* Tod gehörte Tralleis nacheinander zu den Reichen des *Antigonos I.* (ab 313) vor Chr.), *Lysimachos* (ab 301), dem Neugründer von Ephesos, und nach 281 zu dem der Seleukiden, ab 190 zu Pergamon und schließlich zur Provinz Asia des Imperium Romanum. Der Architekt *Anthemios,* der mit *Isidoros von Milet* zusammen 532–537 die Kirche der Hagia Sophia in Konstantinopel (Istanbul) entwarf, stammte aus Tralleis. Im 12. Jh. n. Chr. gehörte es zeitweilig zum seldschukischen Sultanat von Konya, im 14. Jh. war es ein eigenständiges Emirat, mit dem neuen Namen Aydin, bevor es dem Osmanischen Reich angegliedert wurde.

Die antike Stadt lag auf einem Hügelausläufer über dem jetzigen Ort, der sich vom Fuß des Hügels bis beinahe zur Straße Izmir-Denizli erstreckt.

Von den Bauten des römischen Tralleis zeugen noch einige prächtige Bögen (*Üç göz* genannt, = ›Drei Augen‹), die zur Wand eines gewölbten Raumes des *römischen Gymnasiums* gehören und sich jetzt im Bereich einer Kaserne über der Stadt befinden. Im älteren Teil der Stadt einige osmanische Bauten des 15.–18. Jh.

Sehenswert ist das *Museum,* in dem seit einiger Zeit Funde aus Tralleis selbst und aus der Umgebung gesammelt werden, während früher bedeutende Marmorskulpturen aus Tralleis ins Museum von Istanbul gebracht worden sind. Bemerkenswert große hellenistische Terrakottafiguren wurden bei Grabungen in der Stadt gefunden. Ferner enthält das Museum Keramik und Skulpturen meist aus römischer Zeit sowie eine *ethnographische Abteilung* mit einer schönen Sammlung türkischer Textilien.

Relief aus Tralleis

Von Aydin südwärts führt eine Straße nach Muğla über Çine (36 km), von dort eine Asphaltstraße nach Alabanda (*Araphisar*, 8–9 km) und Alinda (*Karpuzlu*, 20–22 km; die 5 km *vor* Çine angezeigte erste Straße nach Alinda war 1980 noch nicht befestigt).

Alabanda war in der Antike Hauptort der Ebene von Çine. Als Provinzstadt ist es in der antiken Überlieferung erwähnt, aber nicht hervorgetreten; für *Vitruv* galt Alabanda als Heimatort des hellenistischen Architekten *Hermogenes*, der den Artemistempel von Magnesia a. M. (Nr. 30) entworfen hat.

Heute ist Alabanda eine weitläufige Ruinenstätte von karger Trostlosigkeit. Die auffälligste Ruine in dem weiten, hügeligen Stadtgelände, das von einer in Resten erhaltenen Stadtmauer umzogen wurde, ist ein Teil der Fassade des *Buleuterions*, des Rathauses der Stadt (aus großen Granitquadern). Über dem glatten, hohen Quadersockel mit Zwischengesims erhebt sich eine von Pilastern gegliederte Wand mit Fenstern, von denen an der Ecke zwei Pfeiler stehengeblieben sind. Im Inneren sind die halbkreisförmige Mulde der Sitze und Reste von Treppen zu den oberen Sitzen zu erkennen.

600 m südlich des Buleuterions ragen die klobigen Quadermauern der Seitenflügel des *Theaters* aus dem Hang, unter denen gewölbte, jetzt zugesetzte Eingangstunnel zu den oberen Sitzreihen liegen. Südlich des Buleuterions schloß sich die weite, von Hallen gesäumte *Agora* an, von der indessen ebenso wenig zu sehen ist wie von dem auf halbem Wege zum Theater gelegenen *Tempel des Apollon*. 250 m westlich des Theaters auf einer flachen Terrrasse am Hang wurde ein kleiner *dorischer Tempel* von sehr mäßiger Qualität ausgegraben. Er hatte eine Säulenhalle von 6 × 11 unkannelierten Säulen, eine tiefe Vorhalle (Pronaos), jedoch kein Opisthodom. Einige Säulentrommeln und Reste des Grundrisses sind noch am Ort zu sehen.

Alinda: Bedeutender und besser erhalten als die Reste von Alabanda sind die Bauten von Alinda, die zudem malerisch teils zwischen altertümlich-primitiven Häusern des kleinen Ortes *Karpuzlu* mit flachen Lehmdächern, teils oberhalb in einer rauhen Felsenlandschaft liegen.

Alinda: Markthalle

Geschichtlich ist Alinda nur einmal hervorgetreten, und zwar als Ausweich-quartier der Schwester *Ada* des *Mausolos* und des *Idrieus* von Halikarnass (Bodrum), die von ihrem jüngeren Bruder *Pixodaros* 340 n. Chr. aus Halikar-nass vertrieben worden war, von *Alexander* 334 jedoch als Königin von Karien wieder eingesetzt wurde (vgl. die Geschichte von Milâs; Nr. 36).

Die eindrucksvollste, das Dorf weit überragende Ruine ist die der drei-geschossigen *Markthalle*, deren beide Untergeschosse aus massiven Bossen-quadern in der vollen Länge von ca. 100 m aufrecht stehen. Auch die Mittel-stützen der einstigen schweren Balkendecken sind erhalten. Dem Typ nach entspricht die Halle denen von Assos und Aegae (Nr. 8; Nr. 11): Das unterste Geschoß mit zwei Reihen von kleinen Kammern war durch Türen von der davorliegenden Terrasse aus zugänglich; darüber lag ein nur durch Schlitze belüftetes und von Schmalseiten her spärlich erhelltes Lagergeschoß. Darauf erhob sich, außen durch ein mächtiges Gesims abgetrennt, eine zweischiffige Halle, die sich zum hangseitig gelegenen Platz hin öffnete. Nur von ihrer Schmalseite sind einige Elemente einer Brüstung – Sockel und Zwischen-wände – erhalten, die zeigen, daß die Halle nach dieser Seite ein noch offen war.

Hoch über der Markhalle, in den Hang mit schütteren Olivenbestand gebet-tet, liegt das gut erhaltene, aber unausgegrabene *Theater*. Vor allem die seitlich vorspringenden Unterbauten des Zuschauerraumes aus mächtigen Quadern mit Zugangstunneln zu den oberen Sitzreihen zeichnen sich deutlich ab. Den oberen Abschluß des Zuschauerraumes bildet ein teilweise noch erkennbarer Umgang. An der Talseite lag das hohe Bühnengebäude mit einer 5 m breiten, aus Steinplatten gebildeten Bühne (Proskenion), wahrscheinlich aus römi-scher Zeit. – Über dem Theater auf der Kuppe des Stadtberges steht ein noch gut erhaltener zweigeschossiger *Turm* der hellenistischen Stadtmauer.

Im Nordwesten, mit dem Stadtberg durch einen Sattel verbunden, erhebt sich ein noch etwa 30 m höherer Berg mit einer weiteren *Festung*, die offenbar als Zufluchtsort gedient hat. Mauern, Türme, Tore aus Quadermauerwerk und Reste von Wohnhäusern aus Bruchsteinen sowie einige tiefe Zisternen sind zu erkennen.

Die nächste Senke hinter dieser oberen Festung wird von den vier Bögen eines sehenswerten, aus ungeschlachten Blöcken erbauten *Aquäduktes* über-spannt. Im Gelände sind allenthalben *Sarkophage* und in den Fels eingelassene *Gräber* zu beobachten. Auch eines der Häuser des Dorfes Karpuzlu ist in einen blockförmigen antiken Grabbau hineingebaut.

26 Gerga

Das abgelegene Gerga lohnt den mühsamen Tagesmarsch vor allem wegen der Sonderbarkeit seiner antiken Reste und ihrer Abgeschiedenheit in rauher, von rundlich verwitterten Granitfelsen und schütterer Vegetation geprägter Berglandschaft, weniger wegen seiner künstlerischen oder historischen Bedeutung.

An der Landstraße von Aydin – Muğla liegt 9 km südlich von Çine der alte Ort *Eski Çine* mit zwei eindrucksvollen, schlichten seldschukischen Bauten, der *Moschee* und der sog. *Türbe* (Grabbau) des *Ahmed Gazi* (Feldherrn Ahmed). Die Straße setzt sich nun in einem enger werdenden, felsigen Tal fort; 15 km südlich von Çine überspannen nach links (Osten) einige antike Bögen (Incekemer) aus Quadern das tief eingeschnittene Flußbett. Dies ist der Ausgangspunkt des zweistündigen Fußmarsches nach Gerga, welches genau nördlich davon im Gebirge liegt. Nach Überschreiten der Brücke wen-det man sich nach links (Norden), überquert auf einem Betonsteg, der eine

Incekemer: Antike Brückenbögen

zerstörte antike Brücke ersetzt, eine Schlucht und geht in nördlicher Richtung etwa parallel zu Straße und Fluß. – Das nächste Flüßchen ist auf einem primitiven Steg zu überqueren. Nach etwa 45 Min. gelangt man zu den verstreuten Häusern des Dorfes *Incekemer*; spätestens hier ist ein Führer anzuheuern, der einem den weiteren Pfad in dem unwirtlichen Gelände zeigt (Lohn vor dem Abmarsch aushandeln). Gerga liegt etwa eine weitere Stunde Fußmarsch nördlich des Dorfes, im zweiten Tal westlich des kleinen Flusses, der das Dorf durchquert.

Bereits vor Erreichen der Stätte bemerkt man auf verschiedenen Felsen *Inschriften*, die in großen Buchstaben den Namen ΓΕΡΓΑΣ (Gerga) oder ΓΕΡΓΑΚΩΜΗ (Dorf Gerga) zeigen.

Das Hauptmonument von Gerga ist der sog. *Tempel*, ein kleiner, rechteckiger, ganz erhaltener Bau (Breite 4 m; Länge 6,50 m), der von Giganten aus bis zu 10 t schweren Granitblöcken zusammengefügt worden zu sein scheint. Der Türrahmen besteht aus drei langgestreckten Steinen, davor stehen zwei aufrechte Steinplatten, die wohl zu einer Art Vordach gehörten. Selbst das Dach aus langen Platten auf Steinbalken ist erhalten. Die Giebelfront trägt wieder die griechische Inschrift ΓΕΡΓΑΣ. An der Rückseite ist eine rechteckige Nische abgesetzt.

In der Umgebung dieses Baues finden sich verschiedene merkwürdige Reste eine *Heiligtums*, dessen Kult uns gänzlich unbekannt ist: Sockel für Statuen, auch der Torso einer 3 m hohen brettartigen, steifen Figur und ein weiterer Torso sowie unerklärliche Abarbeitungen im Fels und rohe, wie Menhire aufgestellte Steine mit der Gergas-Inschrift.

Ferner sind einige niedrige, kubische *Brunnenhäuschen* aus Stein erhalten, ebenfalls mit Gergas-Inschriften und teilweise mit Verzierungen (Löwen). Eine weitere große Statue liegt etwa auf halbem Weg von dem ›Tempel‹ zum östlich vorbeiziehenden Flußtal.

Gerga: sog. ›Tempel‹

Die Ruinen von Gerga dürften zu einem ländlichen, karischen Heiligtum gehören, die Inschriften sind nach der Form ihres A in die römische Kaiserzeit zu datieren.
Verfolgt man die Straße von Çine weiter nach Süden, so gelangt man nach Yatağan bei Stratonikeia und Lagina (Nr. 38).

27 Nysa

Die Ruinen des antiken Nysa liegen in den Ölbaumhainen über dem modernen Ort *Sultanhisar* an der Straße Aydin-Denizili. Nysa war eine von mehreren antiken Städten, die diesen in hellenistischen Herrscherfamilien üblichen Frauennamen hatten, und dürfte im 3. Jh. v. Chr. durch Zusammensiedlung mehrerer kleiner Orte der Nachbarschaft entstanden sein. Nach Angaben des bedeutenden antiken Historikers und Geogaphen *Strabon* aus Amasya (64 v. Chr. – ca. 23 n. Chr.), der eine Zeitlang hier studierte, war Nysa damals ein geistiges Zentrum von Rang und außerdem bekannt wegen eines *Pluton-Heiligtums*.

Die 2–3 km lange, asphaltierte Zufahrtstraße von Sultanhisar endet auf einem Platz vor dem *Theater*, auf dem meist auch der Ruinenwächter anzutreffen ist, der einen weiterführt. Der große, teilweise ausgegrabene und von Olivenhainen beschattete Zuschauerraum des Theaters, der sich nach Süden öffnet, bietet ein reizvolles Bild. Das Bühnengebäude davor liegt in Trümmern.
Folgt man einem Pfad rechts (östlich) am Theater vorbei in das Bachbett, so bemerkt man, daß der ganze Vorplatz des Theaters eine Plattform über einem mächtigen, gewölbten Tunnel darstellt. Der ca. 100 m lange *Tunnel*, der

Nysa: Theater

mit einem Knick dem Bachbett folgt, erhält durch einen Schacht in der Mitte
und von den Enden ein grünliches Licht. An der Nordmauer ist in Höhe des
Knicks durch eine Inschrift ein Arbeitsabschnitt gekennzeichnet.

150 m südwestlich des Theaters, jenseits des niedrigen Höhenrückens, liegt die
Ruine einer *Bibliothek*: Die Wände eines rechteckigen Raumes mit zwei Reihen von überwölbten Nischen übereinander, in denen die Behälter für die
Buchrollen untergebracht waren; davor hat man sich hölzerne Galerien zu
denken. An zwei Außenseiten wurde der Hauptraum von kleinen Kammern
in zwei Geschossen begleitet. Wie stets ist nur der Rohbau ohne Verkleidung
erhalten, von der Reste im unausgegrabenen Erdgeschoß zu vermuten sind.

Man kehrt zum Theater zurück und folgt dem Fahrweg auf den östlichen
Bergrücken, auf dem, wiederum etwas abseits zwischen den Olivenbäumen,
das sog. *Gerontikon* (Senatsgebäude) liegt. Es hat die Form eines *Odeions* (vgl.
Ephesos; Nr. 22, Z) mit kreisförmigen, ansteigenden Sitzreihen und einer
schmalen ›Bühne‹ mit 5 Zugängen; dahinter zeigt eine Reihe von Sockeln für
Säulen, daß hier ein weiteres öffentliches Gebäude anschloß. Auf den Sockeln
stehen Inschriften, die die Kaiserinnen *Faustina d. Ä.* (100–141 n. Chr.) und *d. J.*
(130– 176 n. Chr.) erwähnen. Am Rande des Bachbettes, südlich des Theaters
sind von der Straße nach Sultanhisar aus Reste einer langgestreckten *Arena* zu
sehen, die wie das Amphithater von Pergamon das Bachbett überspannte.
Südlich anschließend auf der Westkante der Schlucht Reste einer *Badeanlage*,
in die in byzantinischer Zeit eine Kirche eingebaut worden ist.

Auf weiteren Spaziergängen durch die umgebenden Olivenhaine stößt man
auf andere unausgegrabene Ruinen, so z. B. weiter westlich, im nächsten Tal,
auf die Reste der *Nekropolen*. Nur noch einige Säulentrommeln sind von dem
Pluton-Heiligtum von Nysa geblieben, das sich 5,2 km westlich von Sultanhisar,
bei dem Dorf *Salavatli* befand, das man von dem Dorf *Cifte Kahveler* an der
Hauptstraße Aydin-Sultanhisar aus erreichen kann.

28 Aphrodisias

Von der Straße Aydin – Denizli zweigt 31 km östlich von Sultanhisar (Nysa) eine inzwischen gut ausgebaute Nebenstraße nach Karacasu (25 km) und Tavas ab, an der Aphrodisias (Geyre, 38 km) liegt.

Karacasu ist ein Landstädtchen, das in seinem oberhalb der Hauptstraße am Hang liegenden Teil noch einige Straßenzüge mit Häusern und einer einfachen Moschee des 19. Jh. bewahrt hat. 5 km weiter überquert die Straße einen Bach mit einer alten Mühle (Restaurant).

Aphrodisias liegt mitten in einer Hochebene zu Füßen hoher Berge, die noch weit ins Jahr hinein mit Schnee bedeckt sein können.

Geschichte: Aus den ältesten Besiedlungsschichten, z. T. aus dem 3. Jtsd. v. Chr., ist – ähnlich wie der Hügel von Troja – der Theaterhügel von Aphrodisias aufgebaut. Der Name ›Aphrodisias‹ ist seit dem 3. Jh. v. Chr. überliefert. Die Treue zu Rom als neuer Herrscherin Asiens seit dem 2. Jh. v. Chr. zahlte sich in frühen und großzügigen Privilegien für das Aphrodite-Heiligtum aus, die inschriftlich seit Mark Anton (39–35 v. Chr.) und dann durch zahlreiche bis ins 4. Jh. n. Chr. gehende Briefe von Kaisern bezeugt sind, die u. a. an einer Wand im Theater öffentlich angebracht waren. In der ›Schule von Aphrodisias‹ entwickelte sich eine bedeutende, die ganze Kaiserzeit über dauernde Bildhauertradition, deren Werke in Aphrodisias selbst, aber auch in Olympia, auf Paros (Kykladen), in Leptis Magna (Nordafrika) und selbst in Rom, wo zeitweise sogar ein Zweigatelier bestand, nachzuweisen sind.

In byzantinischer Zeit in *Stavropolis* und schließlich *Karia* umbenannt, war es Bischofssitz und im 12. und 13. Jh. zwischen den Seldschuken von Konya und den Byzantinern umstritten. Etwa ab 1400 scheint der Niedergang zu dem unbedeutenden Dorf *Geyre* begonnen zu haben, bei dem nur noch der Name, der sich von *Karia* herleitet, und die zahlreichen Ruinen von der glänzenden Vergangenheit zeugen.

Ausgrabungen fanden zu Beginn des 20. Jh., dann in den 30er Jahren statt und werden seit 1961 fortgesetzt (Funde im örtlichen Museum und in Istanbul).

Der Rundgang durch die Ruinen beginnt am Platz vor dem *Museum*, dem einst stimmungsvollen Dorfplatz des alten Geyre mit einigen hohen Bäumen und alten Häusern.

Ein Feldweg führt am Museum vorbei durch ein Pappelgehölz, in dem einige römische Marmorsarkophage stehen, zunächst zu einer Gruppe wiederaufgerichteter Säulen. Sie gehören zu einem *Propylon* (A), das möglicherweise schon zum Aphrodite-Heiligtum gehörte, dessen Tempel man links im Hintergrund erblickt. Die zunächst verwirrende Zahl von Postamenten und Säulen klärt sich, wenn man auf dem antiken Plattenpflaster auf den Tempel zugeht (nach Westen). Die ersten vier spiralig kannelierten Säulen mit korinthischen Kapitellen standen vor einer nord-südlich verlaufenden Mauer, die an Fundamenten und im Torbereich an Zwischenwänden und Halbsäulenpfeilern zu erkennen ist. Innen bildet eine Ordnung gewundener korinthischer Säulen mit dieser Mauer zusammen eine Halle, von der ein Architravstück wiederaufgebaut ist. Auf der dem Tempel zugewandten Westseite der Halle waren vier weitere Säulen mit einem Giebel als Betonung des Eingangs vorgesetzt. Die in der Nähe liegenden Bauglieder des Propylons zeigen neben geraden auch gebogene

Aphrodisias: Propylon

Teile eines ionischen Gebälks mit Konsolen und auch gebogenen Kassetten, woraus zu schließen ist, daß der eigentliche Durchgang von einer Tonne überwölbt war, die in die Giebelfelder als Bogen einschnitt (sog. syrischer Giebel). Der Torbau dürfte aus der Zeit *Hadrians* stammen (117–138 n. Chr.).

Anstatt nun geradeaus zum Tempel zu gehen, verfolgt man den Feldweg weiter bis zu einem Pfad zu dem gut erhaltenen *Stadion* (B) aus dem 1. Jh. n. Chr. am Rande der Stadt. Seine langgestreckte Form ergibt sich aus der Grundlänge von 180–200 m (= 1 ›Stadion‹) der griechischen Laufbahn. Diese Strecke wird hier eingerahmt von Sitzreihen, die ca. 30 000 Zuschauern Platz boten. Sie schwingen an den Längsseiten leicht nach außen, um den hier sitzenden Besuchern einen besseren Ausblick, an ihren Nachbarn vorbei, auf die Laufbahn zu gewähren. Von den oberen Rängen hat man einen guten Überblick über das Stadtgebiet, die umgebende Landschaft und Teile der insgesamt 3,5 km langen *Stadtmauer*. Relativ gut erhaltene *Tore* liegen

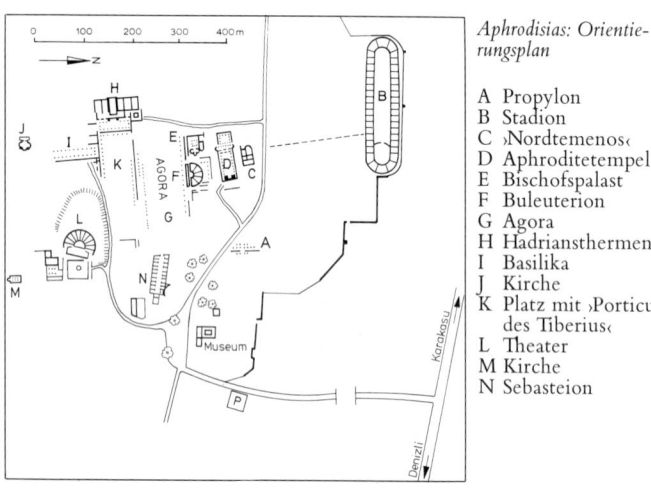

Aphrodisias: Orientie-
rungsplan

A Propylon
B Stadion
C ›Nordtemenos‹
D Aphroditetempel
E Bischofspalast
F Buleuterion
G Agora
H Hadriansthermen
I Basilika
J Kirche
K Platz mit ›Porticus
  des Tiberius‹
L Theater
M Kirche
N Sebasteion

westlich und östlich des Stadions. Das westliche Tor trägt eine Glück-
wunschinschrift an Kaiser *Konstantius* (337–361 n. Chr.) auf dem Tür-
sturz unter einer Archivolte. – Vom Stadion in Richtung des Tempels
gehend, gelangt man nach Überqueren des Feldweges zu den Ruinen
im sog. *Nordtemenos* (C), einem offenbar mehrfach umgebauten
Anwesen, das an einem größeren Peristyl stand und selbst zwei
kleine viersäulige Innenhöfe sowie einen marmorgepflasterten
Raum mit Apsis besaß.
Südlich schließt sich der langgestreckte, in christlicher Zeit weitgehend umgebaute Komplex mit dem *Tempel der Aphrodite* (D) an. Am
leichtesten ist die Ruine als Kirche zu begreifen (62 × 32,5 m, 4. Jh.
n. Chr.) mit Apsis im Osten, in deren Umgang Reste von byzantinischen Fresken entdeckt wurden. Das Dach des mit 17,5 m sehr breiten
Langschiffes wurde von den beiden an ihrem Ort belassenen Säulenreihen der Längsseiten des Tempels, offensichtlich eines Peripteros
(ursprünglich 8 × 13 Säulen), getragen, dessen Cella gänzlich heraus-
genommen wurde, so daß sie nur mit Mühe an den Fundamenten
noch zu erkennen ist. Indessen finden sich ihre gesäumten Quader
wiederverbaut in den neu hinzugefügten Außenwänden. Bei nähe-
rem Hinsehen bemerkt man, daß die Säulenreihen der Langseiten
nach beiden Richtungen verlängert wurden, indem man die sechs
inneren – jetzt überflüssigen – Säulen der Schmalseiten umsetzte, so
daß das Kirchenschiff zwei Reihen von je 19 Säulen hatte. Die Nord-
westecksäule des Tempels steht als zweitletzte Säule der Nordseite
noch an ihrem Platz, daneben eine umgesetzte Säule und ein aus

Wandquadern neu aufgemauerter Eckpfeiler der westlichen Abschlußwand des Langschiffes. Kapitelle und Gebälkteile ionischer Ordnung des ursprünglichen Aphroditetempels liegen in den mit Marmor gepflasterten, 5,5 m breiten Seitenschiffen der Kirche. Sie zeigen eine sehr schematische Ornamentik, die in die Zeit *Hadrians* (117–138 n. Chr.) zu datieren sein dürfte, wobei aber ein früherer Baubeginn oder eine ältere Bauphase wahrscheinlich sind. An der Westseite liegt der lange schmale Querraum des Narthex (Vorraum) mit Apsiden an den Enden. Sein westlicher Abschluß scheint eine Pfeilerreihe gewesen zu sein, die den Raum zu dem vorgelagerten Atrium (Säulenvorhof) hin öffnete.

Südlich dieses Atriums liegt der *Bischofspalast* (E), ein umfangreiches Gebäude mit Apsidensaal und einem Trikonchos (Saal mit drei Apsiden) an einem Peristylhof. Östlich schließt sich ein weiterer, säulenumstandener Platz aus älterer Zeit an, auf dem wohl im 2. Jh. n. Chr. ein odeionartiger Saal, wahrscheinlich das *Buleuterion* (F), errichtet worden ist, dessen unterer Teil mit schmaler Bühne, Orchestra und neun Sitzreihen mit Löwenfüßen noch die alte Marmorpracht zeigt, während von einem höheren, zweiten Rang nur noch die gekammerte Unterkonstruktion vorhanden ist.

Südlich des Odeions erstrecken sich fruchtbare Gärten, aus deren dichtem Pappelbestand hier und da ionische und korinthische Säulenordnungen hervorragen, die Überreste der Hallen, die hier einst zwei nebeneinander liegende weite *Plätze* (G, K) umgaben. Der nördliche ist als *Agora* zu bezeichnen; die Halle des südlichen Platzes hieß einer Inschrift zufolge ›Porticus des Tiberius‹ (14–37 n. Chr.). Ein schmaler Pfad führt am Westrand dieser Gärten zu den *Hadriansthermen* (H), deren symmetrisch angeordnete, große Gewölberäume die ganze Westseite des südlichen Hallenplatzes einnahmen. Zunächst betritt man von Norden einen quadratischen Raum mit Wasserbekken und vier Säulen – offenbar ein Atrium, von dem aus man einerseits in die Palästra gelangt, die zwischen den Baderäumen und dem Platz liegt und heute ganz von Trümmern verdeckt ist, andererseits in die Vorräume zu den Badehallen, deren vielfältig in Marmor gestaltete Fußböden und Becken in den hoch aufragenden Rohbauten die einzigen Reste der einstigen, prächtigen Marmorverkleidung sind. In der Mittelachse lag hinter einem großen, zur Palästra offenen Bogen und einem kleinen Heizraum das *Caldarium* (Warmbaderaum) mit zwei marmorverkleideten Badebecken. Die südlich anschließenden Räume sind noch nicht freigelegt. Hier und im Bereich der Palästra sind einige Bauglieder mit der reichen, für Aphrodisias typischen Ornamentik zu finden, deren Hauptmotiv neben den üblichen griechischen Profilen spiralige Blattranken mit kleinen Figuren bilden (besterhaltene Stücke im Museum Istanbul).

Aphrodisias: Aphroditetempel

Der Pfad führt nach Südosten weiter zu den Ruinen einer erst kürzlich freigelegten dreischiffigen römischen *Basilika* (I; 3. Jh. n. Chr., etwa 100 × 30 m), die eine offizielle Funktion gehabt haben dürfte. Der langgestreckte Bau hatte einen hohen Mittelraum, der rundum von zweigeschossigen ›Seitenschiffen‹ umgeben war; während im Erdgeschoß eine offene ionische Säulenhalle umlief, hatte das Obergeschoß eine Brüstung mit Reliefs zwischen Postamenten, auf denen Halbsäulenpfeiler mit Akanthus-Schilfblatt-Kapitellen pergamenischer Art standen. Im Inneren verstreute Fragmente einer Architravinschrift verweisen auf einen römischen Kaiser. – In einem Feld etwa 50 m südlich der Basilika steht die Ruine einer kleinen *byzantinischen Kirche* wohl aus dem 6. Jh. n. Chr. (J; sog. ›Martyrion‹) mit schöner Marmorornamentik des 10. Jh. Hinter einem schmalen Narthex (Vorraum) mit Apsiden an beiden Enden liegt der quadratische, einst überkuppelte Hauptraum mit Apsiden in den drei Außenwänden.

Am entgegengesetzten (Nord-)Ende der Basilika wird der Rundgang auf einem Pfad nach Westen fortgesetzt. Nördlich davon liegt unter dichten Gärten einer der erwähnten *Plätze* (K), dessen Hallen mit ionischen Säulen und einem Konsolgebälk aus der Zeit des *Tiberius* (14–37 n. Chr.) streckenweise noch aufrecht stehen. Anschließend, in einer von Grundwasser überfluteten Mulde Reste des Tores zu diesem südlichen Platz.

Auf dem *Theaterhügel*, an dessen Fuß der Pfad entlanggeht, wurden die ältesten Siedlungsspuren von Aphrodisias ausgegraben (3. Jtsd. v. Chr.).

Das *Theater* (L) ist in der Anlage hellenistisch und wurde mehrfach umgebaut; sein Zuschauerraum mit marmornen Sitzreihen ist in den Hang gegraben und nur oberhalb des Zwischenganges mit Gewölbekonstruktionen unterbaut. Die halbrunde Orchestra wurde unter *Mark Aurel* (161–180 n. Chr.) vertieft und ist seither von einer marmornen Sockelmauer umgeben, die die Ehrenbank (Prohedrie) trägt. Hinter der gemauerten Bühne stehen aufgereiht die hellenistischen Halbsäulenpfeiler des Proskenions (Bühne). In der Rückwand aus Marmorquadern öffnen sich drei gewölbte Durchgänge, an deren mittlerem man außen die Spuren der letzten Arbeitsgänge des Marmorbaus studieren kann. An der nördlichen Seitenwand des Bühnengebäudes (jetzt mit Brettern geschützt) sind Kaiserbriefe an die Stadt Aphrodisias eingemeißelt.

Der große quadratische Platz östlich vor dem Theater wurde im 4. Jh. n. Chr. mit Marmor gepflastert und mit einem Brunnen versehen. Daran schließen sich im Süden die sog. *Theaterthermen* an, deren Marmorornamente denen der Hadriansthermen ähneln.

Etwa 75 m weiter im Südosten liegt in den Feldern die Ruine einer *Kirche* (M), einer dreischiffigen Säulenbasilika mit bedeutenden Kompositkapitellen.

Nach Norden am Theater und am ummauerten Grabungshaus vorbei, gelangt man kurz vor dem Museumsplatz an die noch nicht abgeschlossene Ausgrabung des *Sebasteion* (N; Mitte des 1. Jh. n. Chr.),

Aphrodisias: Theater

eines schmalen Platzes (etwa 12 × 80 m), der sich nach Westen bis zur Agora hin erstreckt, an welcher das Propylon liegt. Der Platz weicht spürbar von der Richtung der übrigen Gebäude, z. B. der der Agora, ab und wurde von dreigeschossigen Hallen mit Kammern gesäumt. Die bereits weitgehend erforschte Fassade der Südhalle, die z. Zt. restauriert wird, zeigte in jeweils relativ niedriger Ausführung die drei klassischen Säulenordnungen dorisch, ionisch und korinthisch übereinander, dazwischen im Erdgeschoß mythisch-allegorische Reliefdarstellungen und im ersten Geschoß Historienreliefs zum Ruhme des iulisch-claudischen Kaiserhauses (Augustus bis Nero, 31 v. – 68 n. Chr.). Der Aufbau der nördlichen Halle dürfte ähnlich gewesen sein. – Den östlichen Abschluß des Platzes nahm ein Podiumtempel über hoher Freitreppe ein, der dem Kaiserkult gewidmet war. Ein wenig weiter nordwestlich liegt der Platz vor dem *Museum*, an dessen Eingang große römische Marmorsarkophage stehen. Einer davon zeigt in merkwürdig ›musealer‹ Weise die Büsten der Verstorbenen zwischen Ehreninschriften. Auf einem anderen ist ein Ehepaar mit den hohen Priesterkränzen auf den Häuptern dargestellt, das von Hermes in die Unterwelt vor den thronenden Totengott Hades geführt wird, links zwei nachblickende Frauen und ein schlafender

Eros mit Flügeln und gesenkter Fackel (2. Jh. n. Chr.). An dem nächsten, einem unfertigen ›Girlandensarkophag‹, stehen Girlanden, Figuren und Büsten noch in Bossen (1. Jh. n. Chr.).

Im *Museum* ist erst ein Teil der zahlreichen in Aphrodisias gefundenen *römischen Skulpturen*, deren über mehrere Jahrhunderte durchgehend gute Qualität und guter Erhaltungszustand gleichermaßen bemerkenswert sind, ausgestellt. – Der 1. Saal zeigt vor allem *Kaiserporträts*, der anschließende Gang einen vorzüglichen *Relieffries* vom ›Monument des Zoilos‹ (1. Jh. v. Chr.), eines Bürgers von Aphrodisias, der mit *Caesar* und *Augustus* befreundet war und viel für seine Vaterstadt tun konnte. – In den folgenden Sälen: Kleinfunde der frühesten Besiedlungszeit; unfertige Bildwerke, die 1969 in einer Bildhauerwerkstatt zwischen Buleuterion (F) und Tempel (D) gefunden wurden; eine ›Gruppe mit Apollon und der Muse Melpomene‹, eine ›Achill- und Penthesileia-Gruppe‹ aus den Hadriansthermen (H), die römische Kopie des ›Speerträgers‹ (Doryphoros) des *Polyklet* (5. Jh. v. Chr.), zwei Versionen der Statue eines Satyrs, der den Dionysosknaben auf dem Arm trägt, und spätantike Statuen ebenfalls guter Qualität. – Schließlich in der Mitte des letzten Saales, des sog. ›Aphrodite-Saales‹, eine Kopie der *Kultstatue des Aphroditetempels*. Sie stellt die Göttin *Aphrodite* in streng frontaler Ansicht dar, eingehüllt in ein flächiges Gewand, auf dem Reliefs einige, am Original wohl gestickte oder gewebte, Szenen aus dem Mythos wiedergeben. Im gleichen Saal Statuen bedeutender Bürgerinnen und Bürger von Aphrodisias, z. T. mit dem hohen Priesterkranz geschmückt. Im Hof weitere Sarkophage und der Torso eines Pferdes.

Aphrodisias: Römischer Sarkophag

Von Aphrodisias führen zwei Wege nach Denizli: entweder zurück zur
Hauptstraße von Aydin und auf dieser weiter nach Denizli (104 km) oder
die Nebenstraße weiter über Tavas nach Kazıkbeli und von dort nordwärts nach
Denizli (86 km; Provinzhauptstadt, 120 000 E.).
Um nach Laodikeia (7 km) und Hierapolis (Pamukkale, 17 km) zu gelangen,
verläßt man Denizli in Richtung Uşak–Dinar (Nordosten); 3–4 km nach der
Stadt zweigt nach Norden die Straße nach Pamukkale ab (gelber Wegweiser),
von der kurz darauf nach Westen (links) ein Weg nach Eskihisar, Ören
und Goncalı abgeht, drei Dörfer, zwischen denen sich der kahle Hügel des
antiken Laodikeia erhebt.
An der Hauptstraße in Richtung Uşak und Dinar selbst liegt 8 km von Denizil
entfernt der *Akhan* (1253–1254), eine der Karavansereien (Übernachtungssta-
tionen), die ursprünglich etwa alle 30 km entlang der Hauptstraße Anatoliens
bestanden und in Zentralanatolien unter den Seldschukensultanen von
Konya eine monumentale Ausprägung erfuhren. Die rechteckige, nach außen
geschlossene Anlage hat im Inneren einen von Arkaden umgebenen Hof, hinter dem ein dreischiffiger Gewölberaum mit einem verzierten Portal liegt.
Die stets zu einem solchen Komplex gehörige Moschee befand sich hier wohl
in dem Raum links neben dem Eingang im Obergeschoß, der mit Ornamenten verziert ist.

Geschichte: Laodikeia wurde wahrscheinlich zwischen 261 und 253
v. Chr. von *Antiochos II.* gegründet und nach seiner Gemahlin und
Mörderin *Laodike* benannt. Seiner günstigen Lage in einer fruchtbaren, wasserreichen Ebene verdankt es einen gewissen Wohlstand
während des Hellenismus und der römischen Kaiserzeit. Laodikeia
wird von *Paulus* im Brief an die Kolosser erwähnt (2,1; 4,13.15; *Kolossai*
lag etwa 15 km weiter östlich, 4,5 km nördlich des Dorfes Honaz) und
in der Offenbarung des *Johannes* (3, 14 ff.) zu den *sieben ältesten
Christengemeinden* gezählt. – Zwischen 343 und 381 n. Chr. fand in
Laodikeia eine *Synode* (Konzil) statt, deren Beschlüsse als Teile des

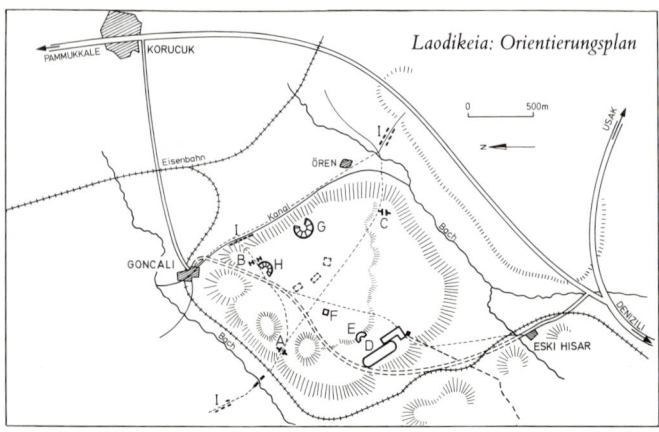

Laodikeia: Orientierungsplan

Kirchenrechts überliefert sind: U. a. wurden Zauberei und Magie (Amulette!) verboten, die Hierarchie der Kirche gestrafft und ein Verzeichnis der Heiligen Schriften (Kanon) beschlossen. Bis ins 13. Jh. hat es noch als *byzantinischer Bischofssitz* existiert; nach der türkischen Eroberung wurde es mehr und mehr von Denizli abgelöst.

Die Ruinen sind im weitläufigen, etwa 1,5 km durchmessenden Gelände der ehemaligen Stadt verteilt. Reste von *Mauern* und drei *Toren* (A, B, C) liegen an der Kante des Hügels.

Das nordwestliche *Ephesostor* (A) zeigt noch die Form des dreifachen Bogens mit flankierenden Türmen. Eine Inschrift weist in die Zeit *Domitians* (81–96 n. Chr.). Von diesem Tor ging eine Straße aus, deren Brücke über den Bach Asopos (Gümüş Cay) noch teilweise vorhanden ist. Der weitere Verlauf der Straße führt an den *antiken Nekropolen* vorbei, von denen noch einige *Sarkophage* (I) erhalten geblieben sind. – Weiter südlich liegt ein größerer Ruinenkomplex (D): Das ungewöhnlich lange (380 m) *Stadion* mit umlaufenden Sitzreihen wurde im 1. Jh. n. Chr. errichtet und im Jahr 79 n. Chr. dem Kaiser *Vespasian* geweiht. Es diente sowohl dem Wettlauf als auch den Gladiatorenkämpfen. Südöstlich schließen sich die Ruinen eines *Gymnasiums* oder einer *Therme* an, dahinter ein eindrucksvoller 5 m hoch erhaltener *Wasserturm* mit Bündeln von stark versinterten Ton- und Steinrohrleitungen, die das Wasser verteilten, das von Süden in einer doppelten Druckleitung aus Tonrohren, die in kubische Steine eingearbeitet sind, herangeführt wurde.

Etwa 100 m nördlich dieses Komplexes an einer Geländewelle liegt die Ruine eines odeionähnlichen *Versammlungsbaues* (E), möglicherweise des Rathauses.

300 m weiter nördlich befindet sich die Ruine des *Nymphäums* (F), eine Brunnenanlage monumentalen Ausmaßes aus dem 3. Jh. n. Chr., die offenbar an einer Straßenecke lag. Die Ecke selbst bildete ein etwa 10 × 10 m großes, von einer Säulenstellung eingefaßtes Wasserbecken, das später zu einem Raum umgearbeitet wurde. Daneben liegen zwei kleinere halbrunde Brunnenbecken, hinter denen sich weitere Reservoirs befinden. Über das Ruinengelände sind Teile des Marmorgebälks und von Reliefs verstreut.

Am Nordabhang des Hochplateaus der Stadt liegen in 250 m Abstand die beiden *Theater* (G, H) der Stadt. Das größere (G) öffnet sich nach Nordosten; seine Sitzreihen sind erhalten, das Bühnenhaus aber bis auf eine flache Nische in der Bühnenmitte noch verschüttet.

Von dem kleineren, nach Nordwesten geöffneten Theater (H) sind vor allem die oberen Ränge gut erhalten. In seiner unmittelbaren Nähe lag das *Nordtor* (B), vor dem im Tal wie an fast allen Ausfallstraßen antiker Städte *Grabstätten* (I) angelegt waren.

Pamukkale, das antike *Hierapolis*, wird vor allem wegen seiner warmen Quellen aufgesucht und wegen der einzigartigen Formen der hochgestaffelten, halbrunden Terrassen aus weißen Kalkablagerungen dieser Quellen, die dem Ort den Namen (d.i. ›Watte- oder Baumwollburg‹) gegeben haben.
Die antike Stadt *Hierapolis* wurde im 2. Jh. v. Chr. von Pergamon aus gegründet und wahrscheinlich nach *Hiera*, der Frau des *Telephos*, des mythischen Stadtgründers von Pergamon, benannt. Entsprechend ihrer Lage im Grenzgebiet zwischen Karien und Phrygien scheint auch ihre Bevölkerung ursprünglich gemischt gewesen zu sein. 133 v. Chr. wurde sie von Pergamon an Rom vererbt und 129 der Provinz Asia eingegliedert. Für das Jahr 60 n. Chr. wird von einem schweren Erdbeben und baldigem Wiederaufbau berichtet. Hierapolis hatte eine beachtliche jüdische und schon z. Zt. des Ap. *Paulus* eine christliche Gemeinde, die – wie diejenige von Laodikeia – im Kolosserbrief erwähnt wird; der Ap. *Philippus* soll in Hierapolis gestorben sein.

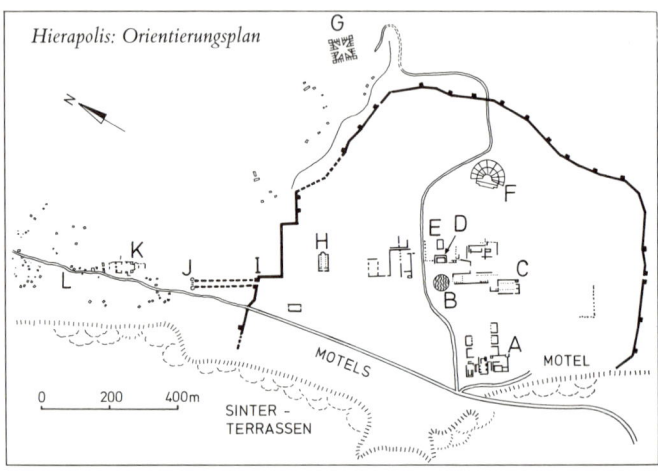

Hierapolis: Orientierungsplan

Die Straße von Denizli heraufkommend, erreicht man ein breites, dem Fuß des Gebirges vorgelagertes Plateau, dessen von den weißen halbrunden *Sinterterrassen* gebildete, etwa 100 m hohe Kante sich ganz allmählich in das Tal vorschiebt; auf dem Plateau liegen die antiken Reste und zugleich die größten Badehotels aufgereiht, deren Schwimmbecken direkt von den warmen, stark kalkhaltigen Quellen gespeist werden.
Als erstes sieht man die hohen Gewölberäume der *Therme* (A), von der im wesentlichen die früheren Warmbaderäume erhalten sind. Östlich schließt die zum selben Komplex gehörende *Palästra* (Sportplatz) an. Einer der Gewölberäume beherbergt das *Museum* mit römischer Marmorplastik aus den Thermen selbst und aus dem Theater,

Pamukkale: Sinterterrassen mit römischem Grabbau

vor allem ein Fries mit einem Festzug zu Ehren des Dionysos, zu dessen Kult ja das Theater gehörte.

Im Schwimmbecken eines Motels östlich der Thermen liegen Säulen und Basen eines alten *Nymphäums*, das möglicherweise die sog. *Heiligen Quellen* (B) bezeichnete. Südlich schließen sich Reste von Säulenhallen an, die die antike, nordsüdlich verlaufende Hauptstraße begleiteten. An dieser liegt die Ruine einer großen christlichen *Kirche* (C), die gegen 410 n. Chr., wohl durch Umwandlung eines Profanbaus, entstanden ist. An den beiden Langseiten des großen, einst überwölbten Hauptraums liegen je drei rechteckige Nischen mit dazwischengestellten Säulen.

Hinter dem genannten Motel erhebt sich der mächtige Quaderrohrbau eines *Brunnens* (D; 4. Jh. n. Chr.), dessen Becken an drei Seiten von hohen Säulenfassaden in der Art der römischen Theaterschaufronten (vgl. Gymnasium, Sardis; Nr. 15) umgeben war.

Weiter östlich, hinter dieser markanten Brunnenanlage, liegt das Podium des *Apollontempels* (E) mit breiter Freitreppe vor der ehemaligen Front von sechs unkannelierten korinthischen Säulen. Wegen des Querformates von Vor- und Hauptraum (Pronaos, Cella) ist der Tempel von ungewöhnlicher Kürze. Im Unterbau, vor allem an der linken (nördlichen) Seite bemerkt man 3 cm breite, absichtlich offengehaltene Schlitze, durch die ein heute noch strömendes, erstickendes Erdgas (im wesentlichen Kohlensäure) entweichen kann.

Schon vor der Errichtung des Apollontempels befand sich südlich (rechts) vom Podium ein *Heiligtum des Unterweltgottes Pluton*, dessen Nähe man offenbar durch dieses Gas zu spüren glaubte. Schon *Strabon* (64 v. – 23 n. Chr.) beschreibt die betäubende Wirkung des Gases und die damalige Anlage des Pluton-Heiligtums. Von einem späteren Umbau der Anlage im Zusammenhang mit dem Apollontempel sind heute lediglich ein rechteckiger Hof und eine unmittelbar an das Tempelpodium angebaute Kammer mit überwölbter Tür (verschlossen) erhalten, in der man einen unterirdischen Bach rauschen hört.

Ein Pfad, der von Marmorbauteilen gesäumt wird, führt nach Osten zum *Theater* (F), das man durch ein Pförtchen unter der Bühne hindurch betritt. Die Quaderkonstruktion zeigt im Bereich des Zuschauerraums (Sitzstufen) der Bühne und Reste des Marmorausbaues (2. Jh. n. Chr.), an der Bühnenrückwand vor allem die reliefierte Sockelzone, die entsprechend den einst darüber stehenden Säulenstellungen vor- und zurückspringt. Außerdem sind die Marmorrahmen der fünf hinteren und der beiden seitlichen Türen erhalten, an der Nordseite auch noch ein Teil der aufgehenden Pilastergliederung. Wie in Aphrodisias wurde die Bühne offenbar später über niedrigen Gewölben in den Orchestraraum hinein erweitert und zudem mit einer Reihe kleiner Absiden vorne abgeschlossen.

Architekturfragmente aus dem Theater

Bei näherer Betrachtung vor allem der außen vor dem Theater gelagerten Bauteile bemerkt man, daß die Ornamente an einigen von ihnen nicht fertig ausgearbeitet, sondern lediglich grob vorskizziert sind, während die Vertiefungen und Konturen mit Lochreihen angegeben sind, deren Abstand im Verlauf der Arbeit immer weiter verringert wurde, bis man schließlich nur noch die Reststege herausmeißeln mußte. Die Ränder der Bohrlöcher wurden dann restlos verschliffen oder blieben ihrerseits als dekoratives Motiv stehen (s. Aphrodisias, Museum; Nr. 28).

Am Theater vorbei führt ein Fahrweg den Berg hinauf zu dem etwa 500 m entfernten sog. *Martyrium des Apostels Philippus* (G; 5. Jh. n. Chr.), einer Gedächtniskirche, wie die Form des Zentralbaus vermuten läßt. Von seinem zentralen, wahrscheinlich in Holz gedeckten Oktogon, in dem die halbrunde Sitzbank für die Priester zu sehen ist, gehen gewölbte Kapellen ab, die gegen den Hauptraum durch je zwei Säulen abgegrenzt und untereinander durch Gänge verbunden sind. Diesen achteckigen Baukörper umschließen kleine viereckige und dreieckige Räume, deren Funktion noch nicht sicher gedeutet ist. Man denkt an Unterkünfte für Pilger oder aber an Grabkammern.

Römischer Grabbau

Diese Nebenräume ergänzen den Grundriß zu einem Quadrat von 60 m Seitenlänge. An einer oder zwei Außenseiten scheint der Bau außerdem Arkaden gehabt zu haben. Stufen einer Freitreppe deuten daraufhin, daß er auf einer erhöhten Terrasse stand.

Wieder im Gebiet der alten Stadt, folgt man der Asphaltstraße nach Norden bis zur *Stadtmauer*, die in der Nähe des relativ gut erhaltenen *byzantinischen Nordtores* (I) erreicht wird, eines Quaderbaus mit einem überwölbten Durchgang, dessen Niveau bereits über dem der römischen Straße liegt. Etwa 150 m südlich des byzantinischen Tores stehen die Ruinen der zweiten großen *Kirche* (H) von Hierapolis (6. Jh.), einer Säulenbasilika.

Vom byzantinischen Tor nach Norden erstrecken sich die Reste von *Säulenhallen*, hier aus der Zeit *Domitians* (81–96 n. Chr.), die die Hauptstraßenachse der Stadt begleiteten. Im Norden finden sie ihren städtebaulichen Abschluß in dem *Ehrenbogen für Domitian* (J) mit drei gewölbten Durchgängen zwischen mächtigen Rundtürmen.

Hier beginnt die *Hauptnekropole* (L) der Stadt, deren Dichte und Vielfalt der Grabformen sie zu einer der merkwürdigsten Westkleinasiens macht. Die wichtigsten kleinasiatischen Grabformen römischer Zeit sind hier vertreten: Die einfachste ist der bloße Sarkophag in mehr oder weniger reicher Ausführung und in verschiedenartiger Aufstellung: auf dem Boden, auf einem Sockel mit Bank davor oder auf einem blockförmigen, seinerseits als Grabkammer verwendeten Unterbau. Es folgt der *Grabnaiskos* (Grabtempelchen), ein einfacher Rechteckbau mit Eckpilastern, Satteldach, Giebel und Eingangstür an der Giebelseite. Reichlich vertreten ist schließlich die Urform des antiken Grabmonuments, der *Tumulus* (der Grabhügel) mit verschütteter, meist überwölbter Grabkammer und einer ringförmigen Stützmauer.

Inschriften an den Gräbern nennen nicht nur die Namen der Toten, sondern geben gelegentlich auch Auskunft über die Art der Grabstätte und über die mit einer Einzahlung bei der Gemeinde bezweckte Art der Grabpflege.

Die westlich, am Terrassenrand gelegenen Grabbauten sind teilweise schon meterhoch von den weißen Kalksinterablagerungen der warmen Quellen umgeben. – Mitten in der Nekropole ragen einige Bögen der weitgehend zerstörten *Nordthermen* (K) empor.

30 Magnesia am Mäander

Von Ortaklar (18 km südöstlich von Selçuk/Ephesos, an der Straße nach Aydin-Denizli; s. Nr. 24) oder von Kuşadası (Nr. 23) aus erreicht man *Söke* (22 bzw. 24 km), den Ausgangspunkt des Weges nach Priene, Milet und Didyma. Die Ruinen von Magnesia a. M. liegen 5 km südlich von Ortaklar an der Straße nach Söke.

Geschichte: Die Gründung *Magnesias* ist nicht genau festzulegen. Im 7. Jh. v. Chr. wurde die Stadt vom Lyderkönig *Gyges* (s. Sardis, Nr. 15) und 530 v. Chr. von den Persern eingenommen und blieb lange unter persischer Herrschaft. In Magnesia wurde 522 v. Chr. *Polykrates*, der Herrscher von Samos, heimtückisch ermordet (vgl. *F. Schiller*, ›Der Ring des Polykrates‹). – Um 460 v. Chr. gab *Artaxerxes* die Stadt zusammen mit Lampsakos (Lapseki; Nr. 3) und Myus bei Milet dem inzwischen verbannten Athener *Themistokles*, dem einstigen Gegner seines Vaters *Xerxes* in der Schlacht von Salamis (480 v. Chr.), zum Lehen. – Erst um 400 v. Chr. wurde am heutigen Platz, an dem sich bereits das *Artemisheiligtum* befand, die Stadt neu angelegt. Dieses Heiligtum gewann unter den Seleukiden, die Magnesia als freie Stadt behandelten, (Ende 3. Jh. v. Chr.) steigende Bedeutung und wurde im 2. Jh. prunkvoll ausgebaut. Magnesia gehörte 189–133 v. Chr. zu Pergamon, danach zur Provinz Asia. Sein tapferer Widerstand gegen *Mithradates* (87 v. Chr.) wurde von *Sulla* mit besonderen Privilegien belohnt. In byzantinischer Zeit war Magnesia *Bischofssitz*, schrumpfte jedoch bald nach der türkischen Eroberung zu einem Dorf zusammen, von dem jetzt nur noch die *Moschee* sichtbar ist.

Das Artemisheiligtum und der weitläufige Hallenplatz der Agora mit dem Zeustempel wurden 1890/93 ausgegraben, sind jedoch bis auf den Artemistempel gänzlich wieder zugeschwemmt. Funde aus Magnesia befinden sich in Istanbul und im Pergamon-Museum in Berlin.

Schon von der Straße aus fällt ein langer Mauerzug auf – Teil einer *Befestigung*, die in byzantinischer Zeit (7. Jh. n. Chr.) aus wiederver-

Magnesia am Mäander: Modell des Artemistempels

wendeten, in Mörtel verlegten antiken Quadern errichtet worden ist.

Gleich daneben liegt die meist von Dornen überwucherte Ruine des *Tempels der Artemis*, die hier den Beinamen ›Leukophryene‹ hat. Um 206 v. Chr. versuchten die Magnesier, ihrem Artemisheiligtum überregionale Bedeutung zu verschaffen, indem sie Kultspiele einrichteten und dazu Delegationen anderer Städte einluden. Der sich daraus ergebende ›Notenwechsel‹ ist inschriftlich erhalten. Etwa gleichzeitig begann man, anstelle eines kleinen archaischen Tempels einen Bau zu errichten, der in der Größe mit den Tempeln von Didyma (Nr. 33), Ephesos (Nr. 22) und Sardis (Nr. 15) konkurrieren sollte. Der Architekt *Hermogenes aus Alabanda* (Nr. 25) lieferte dazu den Entwurf in ionischer Ordnung, den er außerdem in einer Schrift niederlegte; noch *Vitruv* (1. Jh. v. Chr.) hat aus dieser Schrift zitiert und damit den Ruhm des *Hermogenes* bis heute gesichert (s. Abb. S. 223 und 224.7).

Das Besondere der 31 × 58 m großen Ringhalle des Tempels war der große Abstand der Säulenreihen vom Kernbau (Naos), der den Eindruck erweckte, als sei hier eine innere Säulenreihe, wie sie am Artemision von Ephesos und in Didyma ausgeführt worden ist, weggelassen worden (sog. Pseudoperipteros-Grundriß). Jedoch nicht das Vortäuschen eines Dipteros, sondern die weiträumige, 12 m hohe und 6 m breite, umlaufende Halle war das architektonische Ziel dieses Entwurfes, der über einem quadratischen Rasternetz mit dem Grundmaß des Säulenabstandes (3,94 m) aufgebaut ist, auf dessen Schnittpunkten die Säulenmittelpunkte liegen und die Wandachsen verlaufen. Lediglich durch die Mitte des Baus, erkennbar an den breiten Mitteljochen der Giebelseiten, zieht sich ein breiter Rasterstreifen (5,25 m). Der gegenwärtige Zustand der Ruine gibt nur noch einen Eindruck von der Ausdehnung des Tempels und von der Art

Ionisches Kapitell

und Größe seiner Bauglieder. Vor der Front, im Westen (der von der Straße abgewandten Seite), liegen, im Sumpf verborgen, die Fundamente des großen, ebenfalls einst architektonisch gestalteten Altars. – Über dem achtstufigen Unterbau des Tempels erhoben sich acht ionische Säulen von 12–13 m Höhe, die ein damals neuartiges Gebälk trugen: zunächst den üblichen ionischen Architrav, der in drei horizontale Streifen (Faszien) gegliedert ist und auf der Unterseite rechteckige, von Profilen gesäumte Vertiefungen (Soffiten) zeigt. Über dem Architrav zog sich ein figürlich dekorierter Fries hin (jetzt im Museum Istanbul und im Louvre in Paris), über dem ein zusätzlicher Zahnschnitt das Geison trug. Diese Form des ionischen Gebälks, die den Fries, der auf den griechischen Inseln entwickelt und in Athen zur Vollendung gebracht worden war, mit dem kleinasiatisch-ionischen Zahnschnitt kombinierte, kann man als die seit dem Hellenismus gültige Normalform des ionischen Gebälks bezeichnen; sie wurde später auch von den Römern übernommen und zählt seither zu den *Grundformen abendländischer Architektur* (s. Abb. S. 223).

In dem hohen Giebeldreieck (Tympanon) der Westseite öffneten sich drei Türen, wahrscheinlich um kultische ›Erscheinungen‹ zu ermöglichen. Den Dachrand bildete eine mit Ranken verzierte Rinne (Sima) aus Marmor. An den Gebäudeecken und über den Giebeln erhoben sich mächtige Rankengebilde aus Marmor (Akrotere).

Im Gelände südlich und südwestlich des Tempels sind einige gut erhaltene Kapitelle zu finden, deren Ornamente nicht ganz ausgearbeitet sind, sondern teilweise kantige Rohformen haben, die hier in Magnesia später anscheinend auch als beabsichtigte Formen vorkommen. Außerdem sind ein Architravbalken, eines der Akrotere und Bauteile des Giebeldreiecks zu sehen, die sogar den Anschnitt durch eines der Türgewände zeigen.

Auf der Ruine des Tempels selbst kann man sich mit etwas Geduld und Geschick den Grundriß klarmachen: die weit umlaufende Säulenhalle, den tiefen Pronaos, dessen Decke nur vier Säulen trugen, daran anschließend die gleichgroße Cella, in der sechs Säulen eine stärkere räumliche Dichte bewirkten, und schließlich den schmalen Opisthodom. Die Säulenbasen zeigen die ebenfalls seit dem Hellenismus allgemein verbreitete attische Form mit zwei schmalen, von einer Hohlkehle getrennten Wulsten. Ferner fallen einige Blöcke mit Akanthusranken, aus denen sich geflügelte Fabelwesen erheben, auf; sie stammen von einem *Fries*, der außen an der oberen Kante der Cellawand umlief. Etwa 130 v. Chr. wurde das *Kultbild* im neuen Tempel aufgestellt, die Bauarbeiten dürften allerdings auch danach weitergegangen sein.

Das Artemisheiligtum, das einen weiten, von Hallen gesäumten Platz bildete, lag schräg im Straßennetz der antiken Stadt, deren 100 × 190 m großen *Agora*, die ebenfalls von Hallen umgeben war, sich westlich des Tempels erstreckte, jedoch nach der Ausgrabung gänzlich wieder zugeschwemmt worden ist. Auf diesem Platz erhob sich ein kleiner *Zeustempel*, von dem Bauteile in Istanbul und in Berlin ausgestellt sind.
Geringe Reste des antiken *Theaters* liegen südlich der Tempelruine, in einer Mulde am Fuße des Hügels. – Östlich, jenseits von Straße und Bahnlinie, steht die große Ruine eines als *Kaserne* bezeichneten Baus aus römischer Zeit.

31 Priene

Das Landstädtchen *Söke* mit 35 000 Einwohnern ist heute der Hauptort der Ebene, die der *Mäander (Büyük Menderes)* in den letzten 2000 Jahren durch das Hinausschieben des Mündungsgebietes nach Westen gebildet hat. Man verläßt den Ort auf der Straße nach Bodrum und biegt nach 4 km rechts in eine Nebenstraße nach Priene (*Güllübahçe*, 10 km) und Milet (*Balat*, 35 km) ein, die zunächst am Fuße der hohen Samsun Dağları (dem Mykale-Gebirge) entlanggeht.
Bald schon hebt sich der charakteristische Felsklotz der Oberburg von Priene mit seiner Mauer vom Gebirge ab. Hinter dem modernen Dorf *Güllübahçe* biegt man nach rechts und gelangt zu einem alten Dorfplatz mit einer kräftigen Quelle, die früher die ganze Stadt Priene mit Wasser versorgt hat (Restaurant, Kaffeehaus). Am Rande des Örtchens steht das zweigeschossige, von *Theodor Wiegand* gebaute alte Grabungshaus (1895). Eine steile Stichstraße führt vorbei an einigen unscheinbaren Grabanlagen hinauf zu einem Parkplatz unterhalb des Osttores der antiken Stadt.

Geschichte: Priene war zwar nur eine kleinere Mitgliedstadt des seit dem 7. Jh. v. Chr. existierenden *ionischen Städtebundes,* doch lag dessen kultisches Zentrum, das *Panionion,* auf seinem Gebiet (auf der Nordseite der Mykale, Samos gegenüber; s. Nr. 23).
Das Gründungsdatum von Priene, ja sogar sein ursprünglicher Ort sind unbekannt; denn die ausgegrabenen Ruinen stammen von einer Mitte des 4. Jh. v. Chr. neugegründeten Siedlung. Immerhin ist eini-

Priene: Blick von der Agora über das Athenaheiligtum zum Burgberg 153

ges vom alten Priene historisch überliefert: 645–546 v. Chr. herrschten hier die Lyder (s. Sardis, Nr. 15), danach die Perser. – *Bias*, ein
Staatsmann, der im 6. Jh. v. Chr. in Priene lebte, wurde wegen seines
diplomatischen Geschicks und seiner abgewogenen Urteile später
mit *Thales, Solon* und vier anderen zu den *Sieben Weisen* gezählt. Zwei
seiner Aussprüche sind: ›Oἱ πλεῖστοι κακοί‹ (= ›Die Meisten sind
schlecht‹) und ›πείσας λαβέ, μη βιαζάμενος‹ (= ›Gewinne durch
Überzeugen, nicht mit Gewalt!‹).
494 v. Chr. wurde Priene wegen seiner Teilnahme am ionischen Aufstand (s. Milet, Nr. 32) von den Persern gebrandschatzt. Zur Kasse des
Delisch-Attischen Seebundes konnte Priene im 5. Jh. v. Chr. nur
einen kleinen Beitrag leisten. – Mitte des 4. Jh. v. Chr. wurde die
Stadt an ihrem jetzigen Ort neu angelegt, ohne daß man wüßte, aus
welchem Anlaß. Vermutlich war die alte Ortslage wegen der Ver-
sumpfung der Mäanderbucht unhaltbar geworden. Als erstes öffentliches Gebäude nach Festlegung des Straßennetzes wurde der *Athenatempel* (J) in Angriff genommen, später mit finanzieller Unterstützung *Alexanders d. Gr.* weitergebaut, aber erst im 2. Jh. v. Chr. vollendet.
Nach *Alexanders* Tod war Priene Objekt der Machtpolitik hellenistischer Herrscher: *Lysimachos* von Thrakien, die Seleukiden, die Ptolemäer von Ägypten und die Pergamener lösten einander in der Oberherrschaft ab, unter der sich jeweils ein reiches, durch Inschriften
dokumentiertes ›kommunalpolitisches‹ Leben abspielte. Immer wieder mußten die genannten Herrscher durch Schiedssprüche in den
lang andauernden Zwist zwischen Priene und Samos um die Ebene
beim Panionion eingreifen. Um 155 v. Chr. wurde Priene in den Krieg
um die Herrschaft in Kappadokien (Inneranatolien) zwischen *Ariarathes V.* und seinem Halbbruder *Orophernes* hineingezogen, dessen
Partei es ergriff: Man verwahrte einen großen Silberschatz des *Orophernes* im Athenatempel selbst und hatte unter der Übermacht der
auch mit *Attalos II.* von Pergamon verbündeten Gegner schwer zu
leiden. Immerhin scheint Priene aufgrund eines Schiedsspruches der
Römer und durch Spenden des *Orophernes* reichlich Schadenersatz
erhalten zu haben; denn gerade in die Folgezeit fällt eine beachtliche
Bautätigkeit der Stadt.
Ab 133 v. Chr. gehörte Priene zur Provinz Asia des römischen Imperiums. Die Bischofskirche beim Theater (6. Jh. n. Chr.) und die
Festungen auf dem Burgberg (R) bezeugen die Bedeutung Prienes in
byzantinischer Zeit, während das byzantinische Kastell auf der Agora
(F) bereits zu einer Rückzugslinie gegen die Seldschuken gehört.
Priene wurde schon 1673 wieder identifiziert, 1765 und 1868–1869 von
englischen Expeditionen und 1895–1899 von einem deutschen Team
unter *C. Humann*, dem Ausgräber von Pergamon, und *Theodor Wie-*

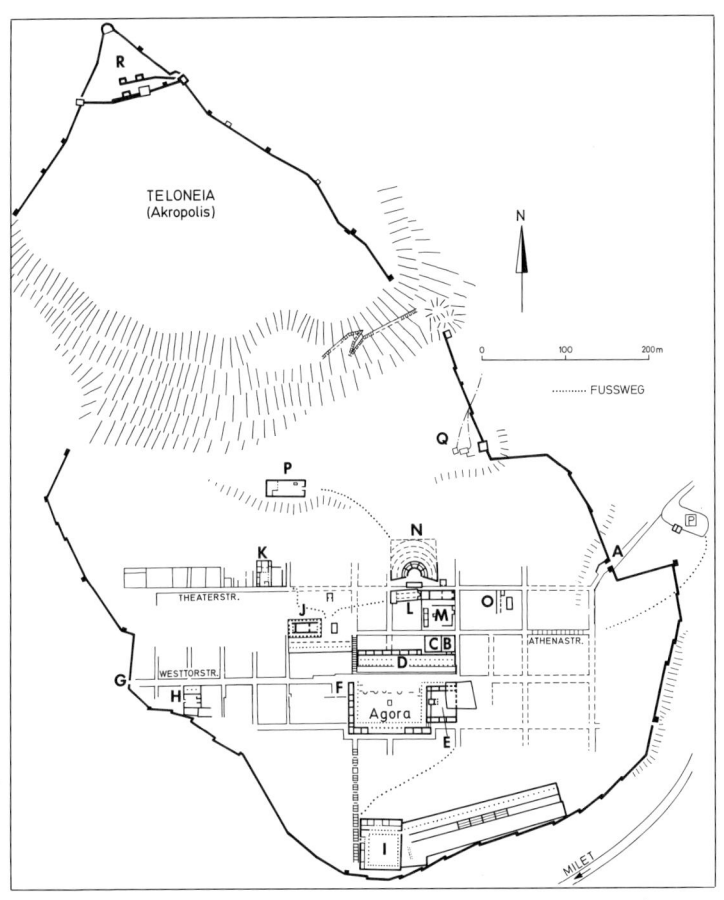

Priene: Orientierungsplan

A Osttor – B Prytaneion – C Buleuterion – D Nordhalle = Heilige Halle –
E Zeusheiligtum – F Lebensmittelmarkt – G Westtor – H Heiliges Haus –
I Unteres Gymnasium – J Athenaheiligtum – K Wohnhaus an der Theater-
straße – L Bischofskirche – M Oberes Gymnasium – N Theater – O Bezirk der
ägyptischen Götter – P Demeterheiligtum – Q Klärbecken – R Burgberg,
›Akropolis‹

gand ausgegraben. Eine seiner Bedeutung angemessene Erforschung
und Publikation sind jedoch bisher gescheitert. Bauteile und Skulpturen kamen in die Museen von Milet, Istanbul, London und Berlin.

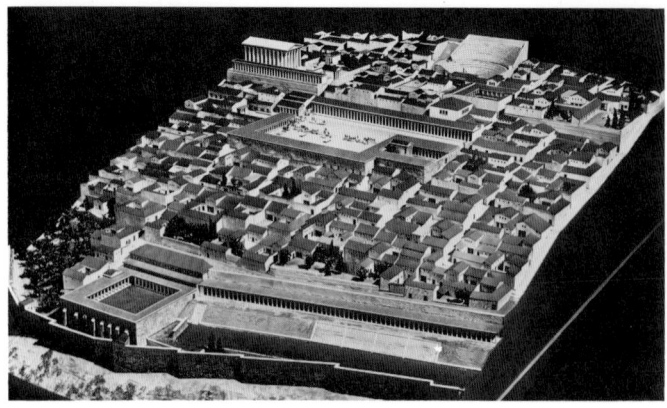

Priene: Modell

Der bei der Neuanlage von Priene im 4. Jh. v. Chr. gewählte Ort ließ sich zusammen mit dem darüberliegenden Berg gut befestigen und war durch eine Reihe kräftiger, oberhalb der Stadt am Hang gelegener Quellen reichlich mit vorzüglichem Wasser versorgt. Die Lage hoch über der damals wie heute streckenweise sumpfigen Mäanderebene ist außerdem luftig und mückenarm. Wie bei griechischen Stadtmauern üblich, folgt die Befestigung nach Möglichkeit einem Absatz im Gelände; sie ist hier mit ihrer Mauer aus Marmorquadern, den Türmen und zwei Toren noch gut erhalten und findet ihre Fortsetzung hoch oben auf dem Felsplateau des Burgbergs, der in der Antike *Teloneia* hieß. In diesem unregelmäßigen Mauerring und über das sehr bewegte Gelände wurde ein ziemlich regelmäßiges, rechtwinkeliges, nordsüdlich ausgerichtetes Netz von verschieden breiten Straßen und 47,20 × 35,40 m (160 × 120 Fuß) großen Häuserblocks angelegt. Jeder normale Häuserblock enthielt ursprünglich vier Häuser, die jedoch später teilweise zusammengelegt wurden. Die öffentlichen Anlagen wie Agora, Theater, Buleuterion und die Heiligtümer fügen sich einigermaßen in dieses Netz ein. Lediglich das Stadion mußte wegen seiner Länge dem Gelände angepaßt und schräg angelegt werden.

Eine antike, gepflasterte Rampe führt *hinter* dem Wächterhäuschen durch das antike *Osttor* (A) in die Stadt bis zu einer steil den Hang nach Westen ansteigenden Straße, der sog. *Athenastraße*, in der ein mit Platten bedeckter Abwasserkanal zu sehen ist und weiter oben die Reste von Tonrohren einer Frischwasserleitung.

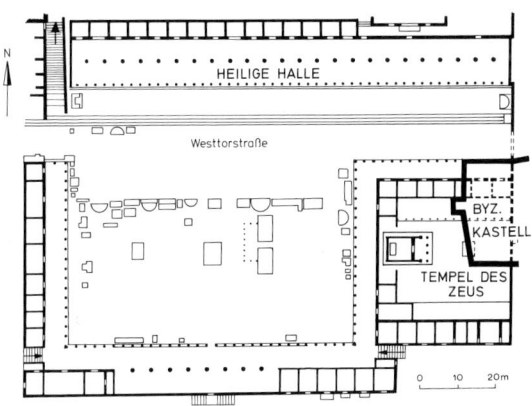

Plan der Agora mit Hl. Halle und Zeusheiligtum (nach Schrader)

Die Agora

An der ersten ganz freigelegten Kreuzung der Athenastraße beginnen links (im Süden) die öffentlichen Bauten des Agorabereichs,
rechts geht eine Nebenstraße am oberen Gymnasium vorbei zum
Theater. Unmittelbar an der Straßenecke liegt das in römischer Zeit
umgebaute *Prytaneion* (B), ein einfaches Bauwerk mit Kammern an
einem Peristyl (Säulenhof). Es beherbergte den geschäftsführenden
Ausschuß des Rates (der *Bulē*), der auch das heilige Herdfeuer zu
unterhalten hatte (Reste des Herdes im südöstlichen Eckraum).
Daneben liegt das *Buleuterion* (C), die Versammlungsstätte des Rates
mit etwa 640 Sitzen (ca. 10 % der Theaterplätze), die an drei Seiten von
einem kleinen Platz mit einem Altar aus ansteigen und durch Treppen in den Ecken zugänglich sind. Hinter den obersten Sitzen standen ursprünglich Pfeilerreihen, welche die Dachbinder trugen, die
immerhin 14,50 m überspannten. Später – wohl nach einem Brand –
wurden die Pfeiler weiter nach unten, mithin also um ca. 4 m näher
aneinander, aber störend zwischen die Sitze, gestellt, wo sie noch zu
sehen sind. Den Sitzreihen gegenüber liegt die Eingangswand mit
zwei Türöffnungen und einer etwa 4,50 m breiten Bank in der Mitte,
über die sich ein offener Bogen spannte. Rechts und links davon wurden später weitere Bänke aufgestellt. Von den oberen Sitzreihen des
Buleuterions ist die *Agora* von Priene gut zu übersehen: rechts der
eigentliche, an vier Seiten von Hallen gesäumte Platz, dessen lange
Nordhalle (D) sich noch bis unmittelbar vor das Buleuterion und das
Prytaneion erstreckt, gegenüber das *Zeusheiligtum* (E), das teilweise
vom *byzantinischen Kastell* überbaut ist, links die ehemals durch-

gehende gepflasterte Straße, die zum Theater hinaufführt und dahinter eine der hohen Schutthalden der Ausgrabung.

Die 116 m lange *Nordhalle (D)* wurde – wohl wegen einer Kammer für den Kult der *Dea Roma* (der vergöttlichten Stadt Rom) – in der Antike *Heilige Halle* genannt. Sie ist eine Stiftung der Könige *Ariarathes V.* (163–130 v. Chr.) und *Orophernes* (158–155 v. Chr.) von Kappadokien und wies an den Wänden zahlreiche Ehreninschriften auf, aber auch so wichtige historische Inschriften wie z. B. die über die Einführung des ›Julianischen Kalenders‹ in der Provinz Asia im Jahre 9. v. Chr.

Caesar hatte 46 v. Chr. diesen Kalender in Rom eingeführt (der Monat Juli trägt bis heute seinen Namen), und erst 1582 wurde der Kalender von Papst *Gregor XIII.* in die heutige Form des ›Gregorianischen Kalenders‹ gebracht.

Die *Heilige Halle (D)* ist zweischiffig mit dorischem Außengebälk und ionischen Innensäulen sowie einer Reihe von Kammern an der Hangseite. Vor der Halle liegt eine 6,50 m breite Terrasse, von der sechs Stufen zur Westtorstraße hinabführen, die hier an der Agora entlangführt. Im Osten gehen Halle und Terrassenanlage noch einen Häuserblock über die Agora hinaus bis zur nächsten Nordsüdstraße; dort spannte sich ein einfacher Bogen, von dem einige Keilsteine am Ort liegen, über den Zugang zur Agora.

Auf dem freien Platz der *Agora* selbst (75,60 × 46,35 m) sind zahlreiche Statuenbasen und halbkreisförmige Bänke *(Exedren)* jeweils so aufgestellt, daß die Statuen wie die Benutzer der Bänke von der Randbebauung weg auf das Treiben der Straße bzw. des Platzes blickten. An drei Seiten wird die Platzfläche von Marktbauten in dorischer Ordnung gerahmt, die so angeordnet sind, daß die Hallen genau die Richtung der anliegenden Straßen aufnehmen, während die Kammern, in denen sich Geschäfte befanden, außerhalb liegen, also schon in die benachbarten Häuserblocks einschneiden. Im südlichen Hallentrakt waren die Kammern auf 44 m Länge weggelassen, die Halle also zweischiffig ausgeführt; zum Platz hin waren die Säulenzwischenräume dieses Gebäudeteils vermauert, um den in bestimmten Jahreszeiten sehr störenden Wind von der Mykale abzuhalten. Teile der Mauer mit angearbeiteten Halbsäulen liegen im Gelände.

Östlich grenzt das kleine *Zeusheiligtum* (E) mit zwei parallelen Hallen und einem kleinen Tempel an die Agora. Von dem Tempel ist nur das Fundament erhalten: Er besaß eine Celle mit vier vorgestellten Säulen (Prostylosgrundriß). Einige Bauteile – vor allem des Zahnschnitts, der Rankensima und des Giebeldreiecks sind im Gelände verstreut. Der Gebälkaufbau entsprach dem des Athenatempels, jedoch in wesentlich kleinerem Format. Östlich vor dem Fundament des Tempels liegt das kleinere des Altares.

Den Ostteil des Zeusheiligtums bedecken die Ruinen des *byzantini-*

schen Kastells, das im 13. Jh. als Teil einer Verteidigungslinie gegen die Seldschuken aus Spolien der Marktbauten errichtet worden war. Westlich der Agora erweitert sich die sog. *Westtorstraße* noch einmal zum *Lebensmittelmarkt* (F) mit einfachen Verkaufsständen aus Steinplatten und geht· dann steil hinab zum *Westtor* (G). Rechts und Links liegen stark zerstörte und zugewachsene Ruinen von Wohnhäusern, von denen lediglich das *Heilige Haus* (H) hervorgehoben sei, in dem wahrscheinlich *Alexander d. Gr.* als Heros verehrt wurde: Von einer Nebenstraße aus gelangte man zuerst in einen Hof, an dessen Nordseite ein größerer Raum mit drei Mittelstützen hinter einer Vorhalle lag. An der Ostwand dieses Raumes befand sich ein Podium zur Aufstellung von Votiven. Am Ostende der Vorhalle liegt ein kleiner Raum ebenfalls mit einem Podium und mit einem frühen Kieselmosaik als Fußboden. Zwei weitere Zimmer grenzen an die Südseite des Hofes. Vor dem *Westtor* (G) ging die antike Straße hinab in die Ebene, von der aus man einen guten Überblick über die westliche Stadtmauer gewinnt.

Man geht zurück zur *Agora* und kann nun, einen Pfad vom *byzantinischen Kastell* (E) aus bergab verfolgend, zum *unteren Gymnasium* (I) gelangen, wenn man es nicht vorzieht, dasselbe auf der Weiterfahrt nach Milet von der Asphaltstraße aus aufsteigend zu besichtigen.

Das *untere Gymnasium* (I) von Priene zeigt noch den hellenistischen Bautyp: Durch einen Torbau *(Propylon)* im Westen betritt man einen ungefähr quadratischen, von vier dorischen Hallen gesäumten Hof, der an zwei Seiten zusätzlich Räume für den Unterricht aufweist: schmale Kammern im Westen, größere Räume im Norden unter dem Felsabhang. An dieser Seite ist die Halle zweischiffig mit ionischen Innensäulen; in der NW-Ecke liegt ein Waschraum mit Becken und Wasserrinne mit Löwenkopfspeiern. Der mittlere Raum, der sog. *Ephebensaal* war zur Halle hin nur durch zwei Säulen abgegrenzt und zeigt noch heute auf seinen Quadern zahlreiche eingeritzte Pennälerinschriften nach dem Schema ›ὁ τόπος Ἀπολλωνίου‹ (= ›der Platz des Apollonios‹).

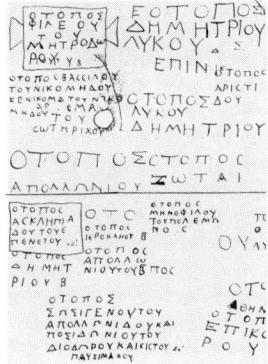

Östlich, auf tieferem Niveau, schließt das ca. 190 m lange Stadion an; es besteht aus der Laufbahn mit dem durch Pfeiler abgeteilten Startplätzen und der ansteigenden Zuschauertribüne auf der Hangseite, vor der nur das mittlere Drittel mit steinernen Sitzstufen versehen war.

Unteres Gymnasium: Schülerinschriften

Das Heiligtum der Athena Polias (J)

Von der Nordwestecke der Agora gelangt man über eine steile Treppe am Fuße einer mächtigen Quadermauer zum *Heiligtum der Athena Polias* (J), der Stadtgöttin von Priene, das eine Terrasse 16 m über der Agora einnimmt.

Vor dem antiken Torbau, dem *Propylon*, das den Abschluß der sog. *Athenastraße* bildet, steht ein beachtlicher Rest des Südpfeilers aufrecht. Urspünglich hatte das Propylon auf beiden Seiten der Begrenzungsmauer des Heiligtums eine viersäulige Front mit Giebel.

Im Heiligtum stößt man rechts zunächst auf die Fundamente des *Altars*, der östlich vor dem Hauptbau des Heiligtums, dem ostwestlich orientierten Tempel, stand; der Platz zwischen beiden war mit Marmor gepflastert. Nördlich des Altares unter Pinien liegt das Fundament eines kleinen *Antenbaus* aus Quadern, wahrscheinlich ebenfalls eines Tempels.

An der Südseite war das Heiligtum von der langen kahlen Rückwand einer dorischen Halle des 2. Jh. v. Chr. abgeschlossen, die sich nach Süden hin öffnete. Davor, über der Stützmauer, zieht sich eine schmale Terrasse hin, von der sich ein weiter Blick über die *Agora*, die *Mäanderebene* bis hin zum Meer und zum *Latmos-Gebirge (Beşparmak)* bietet.

Heiligtum der Athena Polias von Norden

Der heutige Eindruck einer landschaftsbezogenen Lage des Tempels entspricht also nicht dem antiken Plan: Damals war das Heiligtum selbst eine nach außen geschlossene Anlage, die keinen Ausblick hatte und der die hochgelegene Halle mit ihrer ›Terrasse‹ die Rückwand zukehrte. An dieser reihen sich Fundamente von Basen für Ehrenstatuen, von denen einige auf hohen Pfeilern mit eigentümlichen, reich verzierten Kapitellen standen, eines davon liegt am Ort. Der *Athenatempel* selbst hat durch den römischen Architekturschriftsteller *Vitruv* (1. Jh. v. Chr.) große Bedeutung in der Architekturtheorie erhalten, der seinem Einfluß auf die Architekturgeschichte allerdings nicht ganz entspricht. Sein Architekt, *Pytheos*, hatte vorher am Mausoleion von Halikarnass (Bodrum, Nr. 37) mitgewirkt; in Priene hat er einen Bau entworfen und anfänglich sicher auch beaufsichtigt, in dem er altionische Formen, die vorher schon in Halikarnass und Labraunda (Nr. 36) ›ausprobiert‹ worden waren, durch eine mathematisch bestimmte Proportionierung einerseits und durch ›irrationale‹ dorische Stilmittel (Kurvaturen) andererseits zu einem dichten Ganzen vereinte. Leider kann man die Wirkung dieser Architektur heute nur noch anhand der rekonstruierten Pläne und der Bauteile beschreiben, aber nicht mehr unmittelbar empfinden. Zu sehen ist der dreistufige Unterbau, der teils fundamentiert, teils auf den Fels gebaut ist. Die äußerst schwache Aufwölbung der Horizontalen (Kurvatur, 4 cm) ist an der Süd- und Westseite durch Visieren festzustellen. An den Stylobat (37,15 × 19,50 m) schließt das Plattenpflaster der umlaufenden Säulenhalle an (an der West- und Südseite erhalten), durch welches das quadratische Achsenraster zum Ausdruck kommt, auf dem der Grundriß im wesentlichen aufgebaut ist. Der Tempel hatte sechs Säulen an der Front, elf an den Langseiten, hinter denen nur ein schmaler Umgang von der Breite eines Joches liegt. Nach Osten, zum Altar öffnete sich hinter zwei eingestellten Säulen der große quadratische Pronaos, von dem noch die Raumform erkennbar ist, während der Fußboden jetzt durch das ehemalige Unterpflaster gebildet wird (Grundriß s. Abb. S. 223).

In die Cella führte eine hochsitzende, 4 m breite Tür, deren hohe Schwelle über drei vorgelegte Stufen erreichbar war. Die riesigen, etwa 8 m hohen Türflügel liefen auf halbkreisförmigen, in den Marmorboden der Cella eingelassenen Bronzeschienen. Am Ende der rechteckigen Cella stand auf einem ca. 1 m hohen profilierten Sockel ein *Kultbild der Athena*, eine Nachbildung der Athena Parthenos von der Akropolis in Athen, die der kappadokische König *Orophernes* etwa 156 v. Chr. gestiftet hatte. Die Rückseite der Cella bildete ein flacher Opisthodom, der später zugemauert und als Schatzkammer benutzt worden ist. Teile des Türeinbaus sind noch vorhanden.

Den Aufbau des Tempels muß man sich einstweilen durch Zusam-

Architekturteile: Ionisches Kyma (links), Traufsima (rechts)

mensuchen der Bauteile im Gelände klarmachen: Die ca. 12 m hohen Säulen hatten über einer quadratischen Platte (Plinthe) Basen der kleinasiatischen Form aus einer flachen, außen mit zwei Hohlkehlen profilierten Scheibe (Spira) und einem dicken, kannelierten Wulst (Torus) und trugen ionische Volutenkapitelle. Darüber lag der hohe dreifach unterteilte Architrav, von dem vor allem an der Ostseite interessante Fragmente mit einer Inschrift liegen, die den Kult des Kaisers *Augustus* (31 v. Chr. – 14 n. Chr.) neben den der Stadtgöttin *Athena Polias* für den Tempel belegten. Auf dem Architrav lag kein Fries, sondern nach altionischer Ordnung ein hohes, ionisches*Kyma* (Eierstab) und darüber ein sehr kräftig ausgebildeter Zahnschnitt, ebenfalls mit einem ionischen *Kyma* versehen (Ordnung s. Abb. S. 223). Hierüber kragt die Gesimsplatte *(Geison)* mit einer knappen Wassernase vor, auf der die Dachrinne *(Sima)* lag. Sie besteht aus Marmor und ist an der Langseite mit einem Akanthusrankenornament und am Giebel mit einer Palmetten-Lotosblütenreihe verziert (Museum Milet). An der Südostecke des Tempelfundaments liegt der Eckblock des Ostgiebels, der das Geison (Gesims), den Giebelanfang und beide Formen der Sima (Dachrinne) zeigt.

Der Umgang des Tempels zwischen Säulenreihe und Cella war wie in Belevi (Nr. 21) mit einer Reihe großer marmorner Kassetten gedeckt, deren jede ein ganzes Säulenjoch einnahm. Über kräftigen Querbalken in Architravform, von denen einige ganz erhalten und an den grob bearbeiteten Enden erkennbar sind, lagen zwei weitere profilierte Marmorrahmen, der erste aus vier auf Gehrung geschnittenen Teilen zusammengesetzt, der zweite aus einem Stück gefertigt (Frg. an der Westseite). In der Öffnung des obersten Rahmens (70 × 70 cm) saßen figürliche Reliefs (Museum Istanbul). Der aufmerksame Betrachter wird bemerken, daß die Ornamente an den im Westen des Tempels liegenden Bauteilen bei gleichen Formen flüchtiger ausgearbeitet sind als an den im Osten zwischen Tempel und Altar liegenden Stücken: Die Rundformen sind weniger plastisch und die Kerben teilweise nur V-förmig ausgearbeitet. Der Tempel

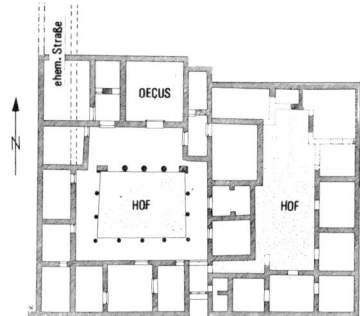

ehem. Straße

OECUS

HOF

HOF

N

Grundriß des Hauses an der Theater-
straße, späterer Zustand (nach
Schrader)

wurde nämlich in zwei etwa 180 Jahre auseinanderliegenden Bauphasen errichtet. Die erste im 4. Jh. v. Chr. ist datiert durch eine Bauinschrift *Alexanders d. Gr.*, die zweite wird anhand der Bauformen in
das 2. Jh. v. Chr. datiert.
Der eigentliche Opferaltar stand auf einer Terrasse mit Freitreppe
zum Tempelplatz und war an drei Seiten von einer durch Halbsäulen
mit Gebälk gegliederten Wand umgeben; zwischen den Halbsäulen,
auf einem durchgehenden Sockel standen Statuen von Priesterinnen.

Die Theaterstraße

In der Senke westlich des Tempels wurde eine *Wohnstraße* (sog. *Theaterstraße*) ausgegraben, an der ein im Grundriß noch gut erhaltenes
größeres *Wohnhaus* liegt (K). Wie im griechischen Privatbau üblich,
war es in Lehmziegeln über Steinsockeln errichtet. Zur Straße zeigt
der Sockel Rustikaquadern aus Marmor. Der seitlich an der Front
sitzende Eingang führt an einer Pförtnerkammer (rechts) vorbei in
den von Säulenhallen gesäumten Innenhof (Peristyl), zu dem sich
alle Räume öffnen; am stattlichsten ist die dem Eingang gegenüber-
liegende Halle mit drei dicken dorischen Säulen zwischen Pfeilern
und mit dorischem Gebälk; dahinter liegt rechts der größte Raum des
Hauses. An der linken (West-) Seite des Hofes sieht man, daß dieser
Hausteil nach Westen über eine Nebenstraße hinaus erweitert und
dabei die große Nordhalle um eine Säule verlängert wurde. Das
ältere Haus hatte also nur zwei Säulen zwischen Pfeilern vor dem
großen Raum und entsprach damit einem älteren griechischen Haustyp (5./4. Jh. v. Chr.), der allmählich (3./2. Jh. v. Chr.) vom *Peristylhaus*
abgelöst wurde, dem von da an in der antiken Welt gebräuchlichen
Haustyp. Am Eingang führt nach rechts ein Gang in einen weiteren,
von Räumen umgebenen Hof. Hier erkennt man an den Baufugen,
daß sich das Haus aus zwei älteren Anwesen zusammensetzt.
Vom Athenaheiligtum gelangt man auf einem Pfad nach Nordosten
in die *Bischofskirche* (L) aus dem 6 Jh. n. Chr. An diese schließt östlich

das *obere Gymnasium* (M), an , nördlich das *Theater* (N). Die *Bischofs-kirche* (L) war ursprünglich eine dreischiffige Basilika mit Holzdecke, einer Apsis im Osten und einer rechteckigen Vorhalle im Westen. Ihre 2×10 dorischen Säulen sind älteren griechischen Bauten entnommen. In einer zweiten Bauphase wurde die Kirche eingewölbt und die plumpen Pfeiler aus Spolien zwischen die Säulen gesetzt. – Im Mittelschiff stand ein *Ambo*, dessen marmorne Grundplatte und vierstufiger Aufgang mit Weinlaubdekor über einer Muschelnische noch vorhanden sind.

Die Bischofskirche ist westlich an den Gewölbetrakt des *römischen Thermengebäudes* angebaut, welches den Nordteil des *oberen Gymnasiums* (M) einnimmt. Dieses bestand ursprünglich, wie das untere Gymnasium (I), aus einem Peristylhof mit anliegenden Räumen, deren westliche und nördliche in römischer Zeit umgebaut wurden. Der ganze Hof wurde damals verkleinert und ein Altar, eine halb-runde Sitzbank (Exedra) und ein Wasserreservoir hineingebaut.

Von der Bischofskirche gelangt man durch den ›Bühneneingang‹ in das *Theater* (N) von Priene, das am besten von allen Theatern Klein-asiens die *hellenistische Form* bewahrt hat. Das deutlich über den Halb-kreis hinausgehende Rund des Zuschauerraumes, der etwa 6.500 Leuten Platz bot, ist noch auf die runde Orchestra als Bühne bezo-gen. Die Sitze waren aus Marmorplatten und Stützen aufgebaut, der Zuschauerraum durch vier Zugangstreppen und einen horizontalen

Theater und Bischofskirche von Priene (vgl. Abb. S. 224)

Zwischengang unterteilt. Unmittelbar an der Ochestra stehen fünf Ehrensessel aus Marmor mit inschriftlicher Bezeichnung des Berechtigten sowie in der Hauptachse der *Altar des Gottes Dionysos,* dessen Kult bekanntlich das Theaterspiel diente. – Dem Zuschauerraum gegenüber steht das noch heute komplette Erdgeschoß des hellenistischen Bühnengebäudes *(Skene)* aus Bossenquadern mit römischen Einbauten in Mörtelmauerwerk. Vor diesem Gebäude steht eine Vorhalle *(Proskenion)* aus einer Reihe niedriger Halbsäulenpfeiler mit einem kleinen dorischen Gebälk, das Reste der originalen Bemalung hat. Zwischen diese Pfeiler wurden Tafeln mit aufgemalten Hintergründen zu den in der Ochestra aufgeführten Szenen eingesetzt. Später wurde das Theaterspiel dann auf das Dach dieser Vorhalle verlegt, zu der von hinten Treppen hinaufführen, das damit zur Bühne in unserem Sinne wurde. Seitlich an den Enden dieses Proskenions (der Bühne) verschlossen einfache Tore die beiden Hauptzugänge zum Theater. Auf drei Rundbasen waren Ehrenstatuen aufgestellt. Eine der Basen enthält Einarbeitungen für den Einbau einer Wasseruhr. Dieses zur Begrenzung der Redezeit gebräuchliche Instrument weist auf die Benutzung des Theaters als Stätte der Volksversammlung hin. – Von einem römischen Umbau sind nur geringe Reste vorhanden.

Man verläßt das Theater nach Osten auf der *Theaterstraße,* an der gleich neben der Ecke des Zuschauerraumes (links) der Unterbau eines *römischen Grabmales* steht. Im zweiten Häuserblock auf der rechten Seite liegt der große, von Rustikamauern umgebene offene *Bezirk der ägyptischen Götter* (O; *Isis, Serapis* und *Anubis*) mit dem Fundament des Propylons und einer Halle an der Westseite sowie eines großen Altares in der Mitte des freien Platzes. Dieser Kult ägyptischer Götter wurde wohl während der Herrschaft der Ptolemäer (246–196 v. Chr.) über Priene eingerichtet und sollte nach Ausweis der Inschriften von einem Ägypter versehen werden.

Der Rückweg zum Osttor (A) führt am oberen Gymnasium vorbei nach Süden, dann über die Athenastraße. Sportlichen Reisenden seien noch folgende Stätten empfohlen:

Von den oberen Rängen des Theaters führt ein Pfad nach Nordwesten zu dem 40 m höher gelegenen, ganz im Pinienwald verborgenen *Heiligtum der Demeter* (P). Der langgestreckte 45 × 18 m große, ummauerte Bezirk wird von Westen durch ein einfaches Tor betreten und enthält am Ostende einen Kultbau von ungewöhnlichem Grundriß mit einer weiten dorischen Vorhalle und einem querliegenden Raum, an dessen Wand sich eine Marmorbank für Weihgeschenke (Statuen u. a.) entlangzieht. Von den hölzernen Türgewänden sind die Sockelsteine mit den Zapflöchern erhalten. – Südlich

Blick von der Akropolis nach Süden auf Priene und die Mäanderebene

neben der Vorhalle liegt eine aus Quadern gefügte und mit Steinbalken überdeckte Opfergrube.

Steigt man weiter den Hang hinauf nach Osten, so gelangt man wieder an die Stadtmauer und an ein doppeltes *Klärbecken* (Q) für die an dieser Stelle in die Stadt eintretende Wasserleitung Prienes.

Lohnend ist eine Wanderung über den *Burgberg* (R; ›Teloneia‹), zu der man einige Stunden Zeit braucht. *Nur* mit einem ortskundigen Führer findet man den Anfang der unscheinbaren *antiken Treppe* zur Akropolis in der äußersten nordöstlichen Ecke des Stadtgebietes, im Winkel zwischen dem Hauptkegel des Berges und zwei vorgelagerten Felsspitzen. Der Aufstieg durch die 90 m hohe Felswand ist dann für schwindelfreie nicht schwierig und wird bei klarem Wetter durch eine umfassende Aussicht belohnt. Kurz vor dem Treppenende weitet sich der Weg zu einem kleinen *Heiligtum* mit Felseinarbeitungen für Weihreliefs und Statuetten. – Auf der Akropolis selbst ist besonders die westliche und die nördliche Abschlußmauer mit Türmen und Wehrgangstreppen gut erhalten. Die Nordseite wurde in byzantinischer Zeit durch eine im Grundriß dreieckige Festung mit mächtigem Abschlußturm und vorgelagertem Graben ausgebaut (11.–13. Jh.). – Es empfiehlt sich, *nicht* wieder über die von oben schwer zu findende Treppe, sondern über den rückwärtigen Sattel und auf einem Pfad durch das östliche Tal abzusteigen, das von dem einst zur Wasserversorgung Prienes benutzten Bach durchflossen wird; dieser treibt noch heute zwei der ehemals zehn alten *Wassermühlen.*

Die Straße nach Milet führt an der Mykale entlang; wenige Kilometer hinter Priene sollte man noch einmal zurückschauen, um sich die Lage der Stadt, ihrer Mauer und der Akropolisfestung, die sich vor allem abends besonders gut abzeichnet, zu verdeutlichen.

Anfahrt bis Priene s. Nr. 31. – Die Straße von Priene geht weiter an der Mykale entlang; über dem nächsten Dorf (*Atburgaz*, 6 km) erhebt sich ein *byzantinisches Kastell* der Gruppe, zu der auch dasjenige von Priene gehört. Kurz darauf wird die *Mäanderebene* auf einer neuangelegten Straße durchquert. Vor Erreichen der gegenüberliegenden Hügelkette zeichnet sich rechts eine gesonderte Hügelgruppe mit dem Dorf *Batmas* ab; sie bildete in der Antike die Milet vorgelagerte *Insel Lade,* bei der die Ionier 494 v. Chr. in einer Seeschlacht von den Persern geschlagen wurden. Bald darauf zweigt links (gelber Wegweiser) der Weg zur mächtigen Ruine des Theaters von Milet ab (25 km von Priene).

Geschichte: Der Überlieferung nach wurde Milet auf karischem Gebiet zunächst von Kreta aus besiedelt; dem entsprechen Funde minoischer und mykenischer Keramik und Bauten (14.–12. Jh. v. Chr.). Im 11. Jh. soll es dann von Athen aus neugegründet worden sein. Wegen seiner günstigen Lage auf einer Halbinsel mit geschützten Buchten an dem damals tief eingeschnittenen Golf, der jetzigen Mäanderebene, wurde es einer der *wichtigsten Häfen der Westküste*. Die größte Bedeutung hatte Milet in archaischer Zeit (7.–6. Jh. v. Chr.). Damals erreichte die befestigte Stadt die weiteste Ausdehnung, von dem südwestlich des Theaters gelegenen Hügel Kalabaktepe (kenntlich an seiner abgeflachten Kuppe) bis hinunter zum Theater. Im späten 8. und 7. Jh. v. Chr. sandte Milet 80–90 Kolonien aus, vor allem ins Gebiet des Schwarzen Meeres, von denen u. a. *Sinope* (Sinop), *Amisos* (Samsun), *Trapezunt* (Trabzon) in der Türkei, *Feodosia* und *Kertsch* auf der Krim sowie *Constanza* in Rumänien heute noch existieren. *Abydos* an den Dardanellen (Nr. 2) und *Kyzikos* (Nr. 4) sowie *Prokonnesos* (Marmara, Nr. 4) waren Stützpunkte am Seeweg zum Schwarzen Meer. Doch auch in Ägypten gab es milesische Kolonien *(Naukratis)*.

Drei milesische Philosophen des 6. Jh. v. Chr., *Thales, Anaximenes* und *Anaximander*, gehören zu den Begründern von Philosophie und Naturwissenschaft überhaupt. *Thales,* einem der ›Sieben Weisen‹ (s. Priene; Nr. 31, *Bias*), gelang die Vorausberechnung der Sonnenfinsternis von 585 v. Chr.; er war der Auffassung, Wasser sei der Urstoff der Natur. Eine geometrische Figur, nämlich der ›Thaleskreis‹ über einer Strecke, auf dem die Scheitelpunkte aller rechtwinkligen Dreiecke über dieser Strecke als Hypotenuse liegen, wird bis heute mit seinem Namen bezeichnet. Er war aber auch politisch tätig und schlug einen engeren Zusammenschluß der im Ionischen Bund vereinten Städte vor (s. Nr. 23). – *Anaximenes* sah die Luft als den Urstoff der Welt an, *Anaximander* das Unendliche (ἄπειρον). Letzterer leistete theoretische Vorarbeiten zur ersten Weltkarte, die *Hekataios,* ebenfalls ein Milesier, durch eigene Anschauung und Berichte von Reisenden verbesserte.

Von Milet wurde im 6. Jh. einer der größten Tempel Kleinasiens, der ältere Apollontempel in *Didyma* (Nr. 33), errichtet, außerdem zahlreiche archaische Bauten in der Stadt selbst, die jedoch alle verschwunden sind. – Den lydischen Königen aus Sardis (s. Nr. 15) leistete Milet im 6. Jh. erfolgreichen Widerstand und schloß schließlich Verträge mit ihnen ab, ebenso wie später (ab 546 v. Chr.) mit den Persern, aufgrund derer es relative Freiheit genoß und uneingeschränkt Handel treiben konnte. Gegen Ende des Jahrhunderts schränkten jedoch die Eroberung Ägyptens durch die Perser (525 v. Chr.) und die Besetzung der Meerengen zum Schwarzen Meer (ca. 512 v. Chr.) diesen Handel ein, und die Herrschaft perserfreundlicher ›Tyrannen‹ in Milet selbst wurde als Last empfunden, deren man sich im *Ionischen Aufstand* um 500 v. Chr. entledigen wollte. Dieser wurde in der Seeschlacht bei der Milet vorgelagerten Insel Lade (494 v. Chr.) niedergeschlagen; Milet und Didyma wurden geplündert und niedergebrannt, ein Schlag, von dem Milet sich erst nach etwa 200 Jahren wieder erholt hatte. Der anschließende Versuch der Perser, in zwei Strafexpeditionen die Griechenstädte Athen und Eretria zu erobern, die den Ionern geholfen hatten, scheiterte bekanntlich an den Schlachten von *Marathon* (490 v. Chr.), *Salamis* (480 v. Chr.) und an der *Mykale*, Milet gegenüber (479 v. Chr.). Danach trat Milet in den Delisch-Attischen Seebund ein und blieb bis 411 mit Athen verbündet. Die Stadt wurde wiederaufgebaut, und zwar auf dem schon vorher existierenden rechteckigen Straßenraster, welches nun durch *Hippodamos von Milet* zu einer städtebaulichen Theorie erhoben und seither unter seinem Namen bekannt wurde. – 411 v. Chr. wurde Milet wieder persisch, u. a. von den Satrapen (Statthaltern) *Hekatomnos* (391–377/76 v. Chr.) und *Mausolos* von Mylasa (Milâs, Nr. 36) bzw. Halikarnass (Bodrum, Nr. 37) regiert, zwei bedeutenden Förderern der griechischen Kunst. 334 v. Chr. fiel Milet an *Alexander d. Gr.* und geriet nach dessen Tod (324) wie alle Städte Kleinasiens in die Wirren der Diadochenzeit, in der es nacheinander dem Makedonen *Antigonos*, dem Thraker *Lysimachos*, den *Seleukiden* von Syrien und den *Ptolemäern* von Ägypten untertan war; unter *Eumenes II.* von Pergamon, dessen Sohn sein Reich 133 v. Chr. den Römern vermachte, war Milet wieder selbständig und blieb auch danach eine ›freie Stadt‹ am Rande der Römischen Provinz Asia. In der römischen Kaiserzeit erfolgte ein neuer Aufschwung, von dem zahlreiche Bauten zeugen. 51 n. Chr. besuchte der *Ap. Paulus* Milet (Apg. 20,15 ff.); in byzantinischer Zeit war es Bischofssitz bis 1399. Unter *Justinian* (527–565 n. Chr.) wurde ein engerer Ausschnitt des antiken Milet noch einmal befestigt. Einer der beiden bedeutendsten Architekten jener Epoche stammt aus Milet: *Isidoros*, der zusammen mit *Anthemios* von Tralleis (Aydin, Nr. 24) die Kirche der Hagia Sophia in Konstantinopel errichtet hat.

Milet: Theater, im Hintergrund Faustinathermen und Ilyas Bey Camii 169

Im Mittelalter konzentrierte sich der Ort um den Theaterberg mit seinem im 12. Jh. ausgebauten Kastell und hieß spätestens seit dieser Zeit ›Palatia‹ (daher heute Balat). 1071–1097 beherrschen die Seldschuken auch diesen Teil Kleinasiens, der ihnen von den Byzantinern allerdings bald streitig gemacht wurde. 1389 eroberten die Osmanen Balat; 1402/3 überwinterte der gefürchtete ›Mongolenkhan‹ *Timur Lenk* hier, welcher die seldschukischen Emire der Mentesche von Milâs (s. Nr. 36) wieder einsetzte; diese herrschten bis 1424, seit 1415 als osmanische Vasallen, und benutzten den Hafen für ihre Handelsverbindungen, die von China bis nach Venedig reichten. Aus dieser Zeit stammt die prachtvolle Ilyas Bey Camii in Milet. Nach 1424, unter osmanischer Herrschaft, verlor der Hafen endgültig seine Bedeutung.

Schon 1446, als Balat (Milet) noch ein kleiner osmanischer Hafenort war, wurde es von dem Kaufmann *Cyriacus von Ancona* besucht, der vor allem Inschriften verzeichnet hat. Die Reisenden des 17.–19. Jh. fanden außer dem Theater in Milet nichts Bemerkenswertes mehr. Die wissenschaftliche Erforschung begann 1868 mit einer französischen Expedition und 1899 mit der deutschen Grabung unter *Th. Wiegand*; sie ist noch nicht abgeschlossen. Die Funde werden im örtlichen Museum und in Izmir, Istanbul und Berlin aufbewahrt. Wegen des hohen Grundwasserstandes und des dadurch hervorgerufenen dichten Bewuchses sowie der verstreuten Lage der Ruinen im teilweise noch bewirtschafteten Gebiet ist es nur anhand rekonstruierter Pläne möglich, eine Vorstellung von der Stadt als Anlage zu gewinnen. Lediglich die Gegend des Nordmarktes zeigt noch einen gewissen städtebaulichen Zusammenhang. Das durch einzelne Sondagen nachgewiesene Rasterschema der Straßenführung (System des Hippodamos s. o.) ist auf dem Übersichtsplan angedeutet.

Unmittelbar am Platz unter dem Theater liegt ein unscheinbarer, aus Spolien erbauter *Han* (A), eine Karavanserei aus dem 15. Jh.: Einige Kammern und zwei langgestreckte Stallgewölbe umschließen einen kleinen Innenhof.

Das Theater von Milet

Gegenüber erhebt sich die mächtige Ruine des *Theaters* (B), überragt von einem *byzantinischen Kastell* des 12. Jh. Die Fassade des Theaters erhebt sich über kräftigem Quadermauerwerk der hellenistischen Stadtmauer, unter der rechts sogar noch das flach geschichtete Mauerwerk eines archaischen Turmes zu sehen ist. In der Mitte legt sich ein von Pilastern gegliederter Unterbau für eine Säulenhalle aus römischer Zeit vor die Mauer, durch den ein überwölbter Zugang ins Theater selbst führte. Links daneben ist eine Reihe von Bogen über einem *Grottenheiligtum für die Nymphen* zu erkennen. Weiter links führt eine Freitreppe zur Terrasse vor dem Theater.
Das Theater selbst stammt in seiner heutigen Gestalt aus der Zeit *Trajans* (98–117 n. Chr.), ältere Reste sind stellenweise zu beobachten.

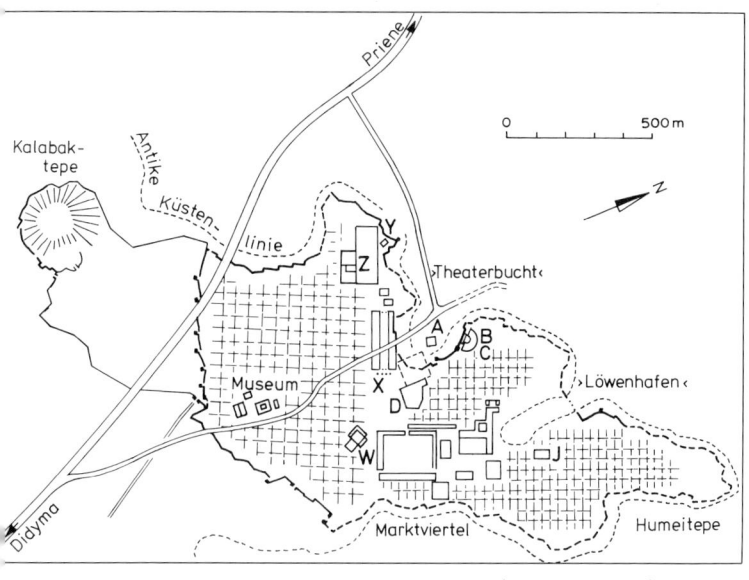

Milet: Orientierungsplan

A Han – B Theater – C Heroon – D Faustinathermen – W Ilyas Bey Camii –
X Stadiontor – Y Heroon – Z Athenatempel (s. Detailplan S. 179)

Nach Süden, vor den Seiten des Zuschauerraumes, zeigt es eine
mächtige Fassade aus Quadern mit Bogengliederung über glattem
Sockel. Der große Zuschauerraum, der ursprünglich wohl 15.000
Leute faßte, ist im unteren Teil in den Hang gegraben, im oberen Teil
aufgemauert. Er wird durch zwei horizontale Umgänge und radiale
Treppen in Ringsegmente unterteilt. Die Orchestra wurde in römischer Zeit durch eine Sockelmauer von der ersten Sitzreihe abgetrennt. Zwei Säulen in der Mitte dieser ersten Reihe sind die Reste
einer überdachten Ehrenloge.
Die Umgänge erreicht man über weitläufige, überwölbte Treppenhäuser, die in den aufgemauerten Seitenflügeln untergebracht sind.
Vom dritten, obersten Rang sind nur noch die Substruktionen
erhalten.
Dem Zuschauerraum gegenüber wird das Theater vom Bühnengebäude abgeschlossen, das mehrfach umgebaut worden ist. Das älteste,
kleine Bühnengebäude griechischer Zeit diente lediglich als Hintergrund der Orchestra und lehnte sich unmittelbar an die Rückseite
der Stadtmauer an. In römischer Zeit wurde es zu einem größeren
Bauwerk erweitert, dessen mehrgeschossige Prunkfassade mit übereinandergestellten Säulenordnungen und drei Durchgängen zwi-

schen Ädikulen (vgl. Celsusbibliothek in Ephesos; Nr. 22, H) sich hinter einer breiten, aus dem Proskenion entwickelten Bühne erhob. In der ersten römischen Bauphase unter *Nero* (54–68 n. Chr.) war diese Rückwand noch zweigeschossig, in der zweiten Phase (2. Jh. n. Chr.) dann dreigeschossig. Bauglieder dieser Zeit mit den grob gemeißelten Ornamenten liegen südlich des Theaters aufgereiht. An einigen von diesen sitzen außerdem große ionische Eierstäbe aus archaischer Zeit (6. Jh. v. Chr.) und zeigen, daß diese Stücke am Theater schon zum zweiten Mal verwendet wurden. Sie stammten von einem Tempel aus dem etwa 15 km östlich von Milet gelegenen antiken Städtchen Myus, das schon in römischer Zeit wegen Verlandung seines Hafens aufgegeben wurde.

Von einer Terrasse an der Rückseite der römischen Bühne stammen einige Blöcke mit naiven Jagdszenen, die sich teils noch am Ort, teils in den Museen von Milet, Izmir und Berlin befinden.

Vom Theaterberg aus kann man sich einen Überblick über das Gelände rundum verschaffen: Südwestlich zeichnet sich das ebene Gebiet der zugeschwemmten ehem. Theaterbucht ab, dahinter das leicht ansteigende, wellige Gelände der Stadt, die in archaischer Zeit bis zu dem ersten Hügel mit abgeflachtem Gipfel, dem Kalapaktepe reichte, auf dem noch Reste der archaischen Befestigung erkennbar sind. Weiter rechts (westlich) in der Ferne die Hügel der ehemaligen *Insel Lade.* – Südlich des Theaters im Vordergrund die *Faustinathermen* (D), dahinter die *Ilyas Bey Camii* (W). – Im Osten der verwirrende Ruinenkomplex von *Märkten* (L, M), *Thermen* (N, O) und *Kirchen* (F, R). Nach Nordosten zieht sich ein langer Hügelrücken, der ebenfalls besiedelt war, in die Ebene hinaus. Zwischen diesem und dem Theaterberg lag eine schmale Bucht, der sog. *Löwenhafen.* – Weiter nach Norden erstreckt sich die *Mäanderebene*, begrenzt von dem hohen *Mykalegebirge*, vor dessen Westspitze die griechische *Insel Samos* liegt. Der kantige Felsklotz von *Priene* hebt sich bei klarer Sicht genau nördlich von Milet vor der Bergkulisse ab (16 km Luftlinie).

Man verläßt das Theater durch das Gewölbe, das vom mittleren Umgang nach Süden ins Freie führt, und gelangt zu dem hellenistischen sog. *Heroon am Theaterberg* (C). Sein Zentrum ist ein in Quadern errichteter runder ›Grabhügel‹ über einer wiederhergestellten, überwölbten Kammer mit fünf Grabstätten in der Wand sowie einer abgedeckten Vertiefung im Boden. Dieser ›Grabhügel‹ befindet sich in einem kleinen Hof zwischen zwei Reihen von Kammern.

Die Faustinathermen (D)

Südlich am Fuße des Theaterhügels liegen die *Thermen der Faustina* (D). Dieser neben dem Theater heute eindrucksvollste antike Bau

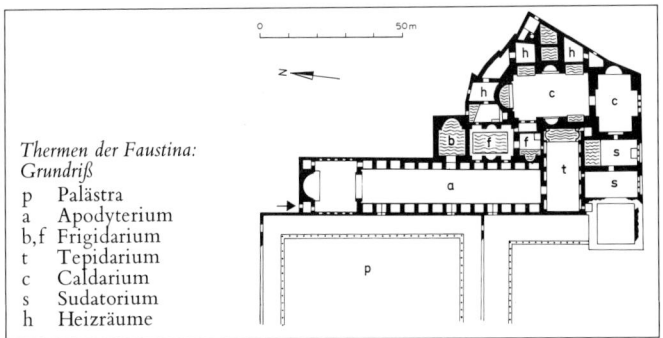

Thermen der Faustina:
Grundriß
p   Palästra
a   Apodyterium
b,f Frigidarium
t   Tepidarium
c   Caldarium
s   Sudatorium
h   Heizräume

Milets wurde wahrscheinlich von *Faustina d. J.*, der Gattin *Mark Aurels*, gestiftet, die 164 n. Chr. Ephesos besucht hatte. Das Gebäude weicht auffällig von der Ausrichtung der Bauten Milets ab. Das und der für eine Therme dieser Größe ungewöhnliche unregelmäßige Grundriß deuten daraufhin, daß hier eine Leerfläche zwischen älterer Bebauung, schrägen Wegen und dem Küstensaum der Theaterbucht bebaut wurde.

Über das Zugangstreppchen gelangt man in einen nördlichen Saal mit Apsis und zehn Nischen in den Wänden, in denen Statuen von Apollon und den neun Musen standen (Museum Istanbul). Ein großer Bogen öffnete sich zu einem fast 80 m langen Saal mit je 13 Kammern an den Langseiten, wahrscheinlich dem Ankleideraum (*Apodyterium*; a); rechts (westlich) davon erstreckte sich ein großer, nicht ausgegrabener Sportplatz (*Palästra*; p) mit umlaufenden Hallen. Links (östlich) liegt der eigentliche Badetrakt mit gewölbten Räumen unterschiedlicher Größe und Gestalt, mit Nischen und mit Becken an den Wänden, in zwei Räumen auch in der Mitte des Fußbodens. Die Badefolge vom kalten (*Frigidarium*; f) über das laue (*Tepidarium*; t) zum warmen Bad (*Caldarium*; c) und schließlich zu den Schwitzräumen (*Sudatorium*; s) ist an den jeweils zunehmenden Heizmöglichkeiten abzulesen. Die kleinen Heizräume (h) liegen im Osten und Norden; von dort wurde das Feuer unmittelbar unter den Becken im großen Saal (c) geschürt, von wo aus die heiße Luft dann unter den auf Säulchen liegenden Fußböden (*Hypokausten*) hindurch – und in Röhren (*Tubuli*) in den Wänden hinauf abzog. – Wieder sieht man nur die Rohbauten, erkennt aber an Dübellöchern und Resten, daß diese reich mit Marmor verkleidet waren. Von der Skulpturenausstattung ist nur der Flußgott Mäander und ein Löwe im Frigidarium am Ort geblieben.

Thermen der Faustina: Durchgang zwischen den Caldarien

Ein *römisches Heroon* (E; 2. Jh. n. Chr.) liegt nordöstlich der Faustinathermen. Es besteht aus einem rechteckigen Hof mit Säulenhallen, in
denen im Süden noch Kammern eingebaut waren. Über glatten Granitsäulen mit korinthischen Kapitellen lag ein ionisches Gebälk mit
einem einfachen Zungenornament (sog. Pfeifenornament) als Fries.
Im Hof steht – leicht seitlich versetzt – ein blockförmiger, einst überwölbter *Grabbau*, in dem ein Sarkophag auf einem unfertig gebliebe-
nen Marmorsockel ruhte.

Der Feldweg führt weiter nach Norden zwischen den Ruinen einer
einräumigen Moschee und einer kleinen dazugehörigen Badeanlage
(wahrscheinlich 14./15. Jh. n. Chr.) hindurch zum kürzlich ausgegrabenen Komplex der *Michaelskirche* mit anschließendem *Bischofspalast*
(F), von dem Teile wieder überdacht wurden, um als Ausstellungs-
räume für Mosaiken zu dienen. Die in ihrer gegenwärtigen Gestalt
aus dem 6. Jh. n. Chr. stammende Anlage hält sich immer noch an die
Richtung des antiken Straßenrasters. Die Kirche überbaut den hellenistischen *Dionysostempel*, von dem im Nordschiff in der Nähe der
Apsis noch ein Wandende (Ante) zu erkennen ist. Ferner liegt bei der
Apsis der Firstblock seines Giebelfeldes. Weitere Bauglieder
(Gebälkfragmente, Antenkapitell) liegen im Museum. Der einfache
Tempel bestand nur aus einer Cella mit Vorhalle, in der zwei Säulen
standen. Die *Michaelskirche*, eine kleine, dreischiffige Säulenbasilika
mit Emporen, wurde, wie aus Inschriften bekannt ist, um 600 n. Chr.
gestiftet. Ihr Mittelschiff war mit Marmor gepflastert, während in
den Seitenschiffen Mosaiken lagen. Zwar befand sich im Westen ein
Vorraum (Narthex) mit Treppen zu den Emporen, doch betrat man
die Kirche wegen der beengten Verhältnisse des Bauplatzes von
Osten über Nebenräume südlich der Apsis, zu denen auch ein kleiner
Taufraum gehört.

Nach Norden bildet ein kleiner *Peristylhof* den Übergang zu dem
reich mit Mosaiken und marmornen Wandverkleidungen ausgestatteten *Bischofspalast*, dessen mit einer Holzdecke frei überspannter,
einst mit Marmor ausgelegter *Hauptsaal* fast die Größe der ganzen
Kirche erreicht (21,45 × 11,70 m). An diesem Saal liegen im Süden fünf
Zimmer mit Mosaikböden, zwei davon waren zum Saal durch eine
Doppelarkade geöffnet. Im Norden wiederholt sich zwar des Wand-
schema, doch liegt dahinter ein *Korridor* als Verbindung zu den vier
verschieden großen Zimmern der Nordseite, die von einem älteren,
tiefer liegenden Bau stammen, der seinerseits eine früher hier verlaufende Straße überbaut hat. Die beiden größten dieser Räume hatten
Mosaikböden. Fast die ganze Westseite des Palastes nimmt ein *langgestreckter Saal* mit einer Apsis am Nordende ein, von dem Türen
zum Korridor, zum Hauptsaal und zu den Nebenräumen der
Kirche führen. Auch diese Halle war mit Mosaiken ausgelegt. Die

Fortsetzung des Palastes nach Westen ist noch nicht freigelegt. – Die Räume an der Nord- und Westseite wurden provisorisch zur Ausstellung von Mosaiken wiederhergestellt.

Der Löwenhafen (s. Plan S. 179)

Nördlich des Palastes schnitt der sog. *Löwenhafen* zwischen dem Theaterberg und dem nördlichen besiedelten Höhenrücken (Humeitepe) tief ins Stadtgebiet ein, heute ist er eine mit struppigen Tamarisken bewachsene, bis in den Juni hinein unter Wasser stehende Fläche mit einigen Hügeln aus Grabungsschutt.

Am Südrand des ehemaligen Hafens, etwa 80 m nördlich des Palastes, ist als markantes Monument der kreisförmige, vierstufige Unterbau des *großen Hafenmonumentes* (G) zu erkennen. Darüber stand ein dreiseitiger Sockel mit konkav eingezogenen Seiten, auf denen über Ruhebänken ein Tritonenfries, an den Spitzen des Dreiecks aber Schiffsschnäbel angebracht waren. Auf dem Sockel erhob sich ein monumentaler Dreifuß, der – auf ein Votiv an Apollon anspielend – an einen Seesieg, wahrscheinlich den des *Pompeius* über die Seeräuber, erinnerte (68/67 v. Chr.).

Westlich des großen Hafenmonumentes endet der nordsüdlich gerichtete Westflügel der hellenistischen dorische *Hafenhalle* (H) mit den Kammern der am Kai liegenden Geschäfte. Die Halle zog sich am Südufer des Hafens entlang und bildete den Abschluß eines kleinen Hallenplatzes (verschüttet) und des Nordmarktes. An einer Stelle ist die vom Fundament eines Turmes der Befestigungsmauer *Justinians* (527–565 n. Chr.) überbaut. Nördlich der Hafenhalle liegt der nur teilweise ausgegrabene und meist ganz zugewachsene Komplex der *Synagoge* (I; 4. Jh. n. Chr.), einer Hofanlage mit Kammern an der Nord- und Westseite und einem dreischiffigen Saalbau mit vorgelagertem Atrium an der Südseite. Hier wurde außerdem eine ältere dreiseitige Sitzbank, der Sockel des sog. *kleinen Hafenmonumentes*, freigelegt (1. Jh. n. Chr.).

Die beiden großen marmornen *Löwenfiguren* (3. Jh. v. Chr.), die dem Hafen seinen modernen Namen gaben, sind – mißmutig in sumpfigen Löchern liegend – an beiden Seiten der Hafeneinfahrt am Fuß der Stadthügel noch zu finden, der besser erhaltene östliche rund 260 m nördlich des großen Hafenmonumentes (G). Zwischen den beiden Figuren konnte der Hafen mit einer Kette abgesperrt werden.

An der Ostseite der Bucht am Fuß des Humeitepe liegt der lange, überwölbte Stall eines *islamischen Hans* (Karavanserei, 15. Jh. n. Chr.) und ein kleines *römisches Thermengebäude* (J), das gerade einen Häuserblock einnimmt. Es liegt an der Nordostecke einer größeren, nicht ausgegrabenen Palästra und hatte einen kleinen, im Grundriß noch erhaltenen Peristylhof, an dem im Süden Nebengebäude liegen, im

Westen und Osten Läden, die von außen zugänglich sind. Über einen Vorraum mit zwei eingestellten Säulen waren die symmetrisch angeordneten Baderäume zu betreten, zunächst außen (West und Ost) die Auskleideräume, denen jeweils ein Kaltwasserbecken zugeordnet ist, dann die lauwarmen Baderäume und schließlich das Warmbad im Zentrum des Baus. Die Heizräume sind an einem Korridor an der Rückseite (Nordseite) vereint.

Das Marktviertel

Am Nordrande des Marktviertels von Milet liegt das *Heiligtum des Apollon Delphinios* (K), die meiste Zeit des Jahres eine schlammige Fläche mit einigen Fundamenten, die die einstige Bedeutung dieses Ortes im religiösen Leben der Stadt nicht mehr ahnen lassen. Das Delphinion war das städtische Heiligtum des über das Meer gekommenen Gottes Apollon, von dem aus alljährlich die Prozession zum Hauptheiligtum Milets in das 15 km entfernte Didyma aufbrach und ihren Weg über die ›Heilige Straße‹ nahm.

Das Heiligtum, das sich im Laufe der Zeit (6.–3. Jh. v. Chr.) über zwei Häuserblocks entwickelte, besteht lediglich aus einem freien Platz, der von Hallen umgeben ist. Diese waren an drei Seiten zunächst zweischiffig, nur die jüngere Halle an der westlichen Eingangsseite war einschiffig. In den Hallen waren Steine mit Inschriften von allgemeiner Bedeutung (Verträge, Volksbeschlüsse, Ehrungen) aufgestellt. Die Fundamente auf der Platzfläche trugen Altäre, von denen einige runde, mit ionischen Eierstäben verzierte noch am Ort sind, und Exedren (halbrunde Sitzbänke). Das große Rundfundament aus römischer Zeit in der Mitte des Platzes trug einen offenen Pavillon (Monopteros) aus Säulen mit Gebälk und Kegeldach. In römischer Zeit wurden die Hallen zu einschiffigen umgebaut, mit korinthischen Kompositkapitellen und ionischem Gebälk versehen und mit den Inschriftensteinen gepflastert, die auf diese Weise erhalten blieben. Das Baumaterial ist durchwegs hellgrauer Marmor, der hier mit einer Schicht roter Algen überzogen ist.

Beim Delphinion beginnt eine nach Süden gehende, gepflasterte *Prachtstraße*, die von der äußeren Halle des Nordmarktes (L) und von einer ionischen Halle (M) gesäumt wird. Ihr nördlicher Abschluß war das schlichte aus zwei doppelten korinthischen Säulenreihen mit Gebälk bestehende sog. *Hafentor*.

Der meist von faserigen Algen bedeckte und von Tamarisken überwucherte *Nordmarkt* (L) ist ein nordsüdlich gestreckter Platz mit Hallen dorischer Ordnung aus dem 2. Jh. v. Chr. und bildet einen Teil des großen Baukomplexes aus Hallen und Plätzen, der sich seit dem 4. Jh. v. Chr. am Südende des Löwenhafens als Handelszentrum entwickelt hatte, zu dem auch die Hafenhalle (H) gehört. Auch der ältere Bau an

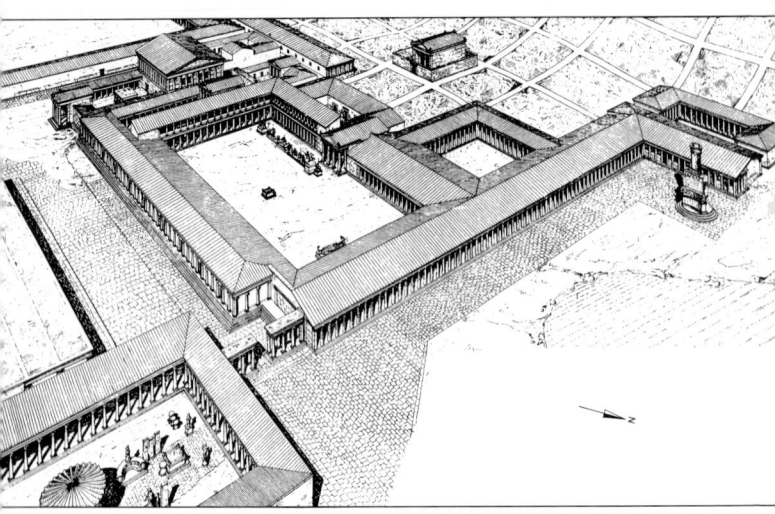

Nordmarkt: Rekonstruktion, Bild von Nordosten, 2. Jh. n. Chr.

der Südwestecke (5. Jh. v. Chr.), wahrscheinlich das *Prytaneion*, wurde später in den Komplex einbezogen. – Insgesamt sind in diesem Marktviertel bisher etwa 210 Handelslokale zu rekonstruieren.

Gegenüber der doppelseitig ausgebildeten Osthalle des Nordmarktes wurde an der Prachtstraße in drei Bauabschnitten (1. und 2. Jh. n. Chr.) eine auch mit Kammern versehene, 99 m lange *ionische Halle* (M) über hohem Stufenbau errichtet, die die dahinterliegenden Bauten der Capitothermen (O) und des hellenistischen Gymnasiums (P) verdeckte. Seit etwa 12 Jahren laufen Experimente zu ihrer teilweisen Wiederherstellung.

Das Nordende der ionischen Halle ist durch eine *Badeanlage* (N; sog. ›Seldschukisches Bad‹) aus dem 15. Jh. überbaut, die die Tradition der römischen Thermen in islamischer Zeit fortsetzte. Sie hat einen flachgedeckten großen Vorraum im Westen und einen Badeteil aus einer Gruppe kleiner Kuppelräume (∅ ca. 3.50 m), die sich um einen etwas größeren Kuppelraum (∅ 5.40 m) scharen. Wie bei den römischen Thermen sind die Fußböden beheizbar. Die eingestürzten Kuppeln lagen jeweils auf einem Ring mit stuckierten Faltwerk- oder Stalaktitenornamenten, die vom Quadrat der Wände zum Rund der Kuppeln überleiteten.

Westlich hinter dem kleinen ›Seldschukischen Bad‹ (N) liegt die Ruine der römischen *Capitothermen* (O), die von einem möglicherweise aus Milet stammenden Procurator Asiae (d. i. Leiter der Provinz-Steuerverwaltung) zur Zeit des Kaisers *Claudius* (41–54 n. Chr.)

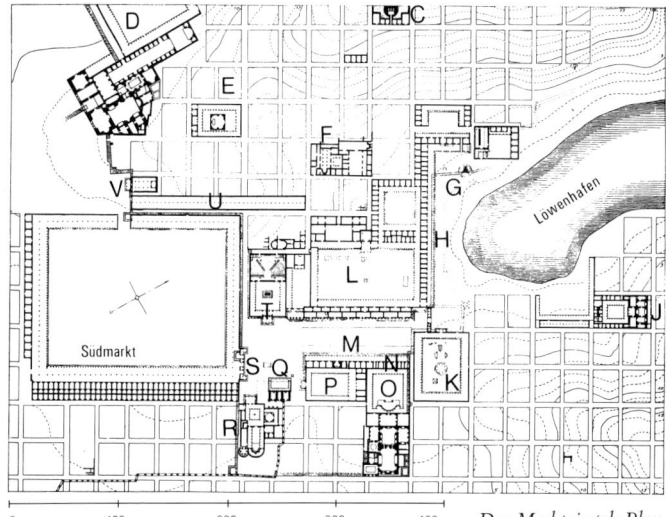

0   100   200   300   400 m

Das Marktviertel: Plan
C Heroon am Theaterberg – D Faustinathermen – E Römisches Heroon –
F Michaelskirche und Bischofspalast über dem Dionysostempel – G Hafen-
monument – H Hafenhalle – I Synagoge – J Thermen – K Delphinion –
L Nordmarkt – M Ionische Halle – N Seldschukisches Bad – O Capitother-
men – P Hellenistisches Gymnasium – Q Nymphäum – R Kirche – S Markttor
– T Buleuterion – U Speicherbau – V Serapeion

namens *Cn. Vergilius Capito* gestiftet worden waren. Auch hier ist den
Baderäumen eine von Hallen umgebene Palästra (Sportplatz) mit
einem großen Wasserbecken vorgelagert. Die Hallen waren zweigeschossig und folgten an der Ostseite dem gebogenen Grundriß des
Beckens. Die Baderäume gruppieren sich in etwa symmetrisch um
die drei in einer Achse liegenden Haupträume: zwei Tepidarien und
das Caldarium (vgl. D). Im Norden und Süden reihen sich je ein
Ankleideraum und ein kleiner Baderaum sowie Heizräume und Wasserreservoirs aneinander. Nur im Süden liegen zusätzlich ein über-
kuppelter Schwitzraum *(Laconicum)* und noch ein Heißwasser-
becken.
Südlich an die Palästra der Thermen schließt das *Hellenistische Gymnasium* (P; 2. Jh. v. Chr.) an. Es war von Süden durch ein Propylon
zugänglich (Fundamente erhalten). Der ca. 19 × 35 m große Hof war
an drei Seiten von einfachen dorischen Hallen umgeben; im Norden
öffnete sich das Hauptgebäude mit einer höheren, ionischen Halle,
an der die Lehrräume lagen, der mittlere wieder, wie in Priene
(Nr. 32, I), besonders betont, hier durch zwei korinthische Säulen.
Auf dem Platz südlich des Gymnasiums, an der Prachtstraße, wurde

in römischer Zeit ein *Nymphäum* errichtet (Q), eine prachtvolle Brunnenanlage als Ende eines Aquäduktes. Der Stifter war der Vater Kaiser *Trajans*, ein hoher Beamter (Legat) der Provinz Asia im Jahr 79/80 n. Chr. Das große Wasserbecken, vor dem ein schmales Schöpfbecken lag, war an drei Seiten von einer zunächst zweigeschossigen Prunkfassade aus übereinandergestellten Säulentabernakeln korinthischer Ordnung umgeben, wie sie ursprünglich als Theaterhintergrund entwickelt worden war (vgl. Gymnasium in Sardis, Nr. 15, und die Celsusbibliothek in Ephesos, Nr. 22, H). Später (3. Jh. n. Chr.) wurde ein weiteres Geschoß daraufgesetzt. In den Nischen der Hauptfassade waren insgesamt 27 Götter- und Heroenfiguren aufgestellt, deren untere Reihe als Wasserspeier dienten (z. T. im Museum Izmir). Hinter der Fassade verbarg sich eine Konstruktion aus drei parallelen Tonnengewölben, die die beiden Wasserreservoirs trugen und unten öffentliche Toiletten enthielten. Ein sinnreiches Röhrensystem regelte den Wasserfluß des Brunnens in Relation zur ankommenden Wassermenge.

Ein unkannelierter Säulenstumpf an der Nordwestecke des Schöpfbeckens trug ein Bronzedenkmal des mythischen Stadtgründers *Neleus* (Inschrift) aus dem Geschlechte *Nestors* von Pylos (auf der Peloponnes in Griechenland).

Südöstlich des Nymphäums, an der Ecke des Nordmarktes liegt eine *Kirche* (R; 6. Jh.) mit Atrium und Baptisterium. Vom Platz her betrat man die Anlage durch ein viersäuliges Propylon, dessen Mitteljoch überwölbt war (sog. ›syrischer Giebel‹) und dessen vorspringende Seitenwände in Pilastern mit Kompositkapitellen endeten, deren Akanthus als Wandfries weitergeführt wurde. Die asymmetrische Lage des Zuganges zum Atrium zeigt, daß das Propylon zu einem älteren Bau an dieser Stelle gehört hat (um 300 n. Chr.). Das Atrium selbst war mit Marmor gepflastert und von korinthischen Säulen auf Postamenten umgeben. Im Norden (links) schließt das große Baptisterium mit quadratischem Mittelraum und schmalen Umgängen an. Das große Becken, dessen Marmorausstattung nicht erhalten ist, war zum Durchschreiten bei der Taufe (Erwachsenentaufe) bestimmt.

Die Vorhalle der östlich gelegenen Kirche öffnet sich mit einer Säulenstellung und zwei Pforten zum Atrium und mit drei Portalen zu der dreischiffigen Emporenbasilika selbst. Deren Mittelschiff war mit Marmor, die durch Halbsäulenpfeiler abgetrennten Seitenschiffe wieder mit Mosaiken ausgelegt.

Südlich der Apsis ist der Grundriß einer kleinen runden Kapelle mit fünf Nischen, wahrscheinlich einer *Märtyrerkapelle*, zu erkennen.

Den südlichen Abschluß der Prachtstraße bildete das sog. *Markttor von Milet* (S; 2. Jh. n. Chr.), eine um des größeren optischen Effektes willen seitlich aus der Hauptachse des Straßenplatzes versetzte, zwei-

Das Markttor von Milet

geschossige Prunkfassade mit drei Bogentoren zwischen Tabernakeln. Deren Säulen stehen im Untergeschoß auf durchgehenden Postamenten und haben hier Kompositkapitelle, im Obergeschoß korinthische Kapitelle. Die seitlichen, um ein Joch vorgezogenen Flügel haben normale Giebel, die mittleren Tabernakel Halbgiebel, die erst durch ein zurückgesetztes Mittelstück zu einem sog. ›gesprengten Giebel‹ vereinigt werden. Von dem reichen Statuenschmuck sind nur drei Statuen erhalten. Die Teile der Fassade wurden 1905 ausgegraben, mit Erlaubnis der osmanischen Regierung ausgeführt und im Pergamonmuseum in Berlin wiederaufgebaut. Am Ort bezeichnen die drei Unterstufen und vier Sockel ihren einstigen Standort. Das Tor bildete den Zugang zum größten Platz der Stadt, dem nicht ausgegrabenen *Südmarkt* (127 × 161 m), der, wie der Nordmarkt und die Prachtstraße, ebenfalls von Hallen, teils mit, teils ohne Kammern umgeben war und in der Grundanlage auf das 3. Jh. v. Chr. zurückgeht. Seine größte Halle an der Ostseite war eine Stiftung, deren Mieteinnahmen zum Weiterbau des Apollontempels in Didyma (Nr. 33) bestimmt waren.

Gegenüber der Kirche und dem Nymphäum liegt die Ruine des *Buleuterions* (Rathaus) von Milet (T), in dem sich der Rat, neben der Volksversammlung das wichtigste Verfassungsorgan der Stadt, versammelte. Sein Bau wurde 175–163 v. Chr. zu Ehren des Seleukidenkönigs *Antiochos IV. Epiphanes* von zwei Brüdern, *Timarchos* und *Herakleides*, aus Milet errichtet, die hohe Stellungen (Finanzverwalter und Statthalter von Babylon) an dessen Hofe innehatten (Inschrift). – Der eigentliche Sitzungssaal für ca. 1200 Ratsmitglieder mit halbkreisförmig angeordneten, ansteigenden Sitzreihen liegt hinter einem rechteckigen Peristylhof. Diesen betrat man durch ein Propylon (Torbau), das zur Straße eine Giebelfront mit vier korinthischen Säulen vor leicht vorgezogenen Wandenden (Anten) zeigte, während zum Hof zwei Säulen zwischen Pfeilern standen, an denen einfache dorische Hallen anschlossen, welche den Hof an drei Seiten umgaben. Dem Eingang gegenüber lag der Sitzungssaal, dessen Außenwand über einer hohen, glatten Sockelzone mit einer dorischen Halbsäulenordnung und Fenstern versehen war, eine kleinasiatische Fassadenteilung, die ähnlich bei Mausoleen (Belevi, Nr. 21) und Markthallen (Aegae, Nr. 11; Alinda, Nr. 25) vorkommt. Die dorische Ordnung ist hier durch ionische Elemente, Ausbildung der Kapitelle als Eierstäbe und den Zahnschnitt über den Triglyphen, bereichert. – Von den Hallen und den Seiten des Hofes führten Türen in einen schmalen Flur vor den Sitzreihen, deren Enden später umgebaut wurden, wobei man den Flur außerdem mit einer Brüstung von der kreisförmigen Orchestra abtrennte und den Bau mit einer zusätzlichen Mitteltür versah. Die weitgespannten Holzkonstruktionen des Daches lagen auf den Außenwänden und auf zwei Längsbalken auf, die von vier ionischen Säulen unterstützt wurden. Die oberen Sitzreihen waren durch zwei zusätzliche kleine Treppen von hinten erreichbar.

In der Mitte des Peristylhofes erhob sich ein rechteckiges Denkmal, das über einem mit Girlandenreliefs und Stierschädeln (Bukranien) dekorierten Sockel Reliefs (Museum Istanbul) zeigte, die durch eine Ziersäulenordnung gegliedert wurden. Dieser Aufbau entspricht dem der kleinasiatischen Monumentalaltäre, und wahrscheinlich handelt es sich um die dreiseitige Wandung eines *Altares für den vergöttlichten Augustus*.

Die überwucherten Ruinen hinter dem Buleuterion (Westseite) bezeichnen eine Grabungsstelle, an der durch Schicht- und Mauerbefunde die Kontinuität des Stadtplanes von Milet seit dem 6. Jh. v. Chr. nachgewiesen werden konnte.

Weiter westlich beginnt der 13.40 m breite sog. *Speicherbau* (U), der sich 163 m nach Süden bis zum Serapeion (V) erstreckt und wohl zur Aufbewahrung von Getreide diente. Er war durch eine Stützenreihe in zwei Schiffe geteilt und hatte zumindest im Süden eine Außengliederung ähnlich der des Rathauses, was auf den offiziellen Charakter des Gebäudes hindeutet.

Das *Serapeion* (V; 3. Jh. n. Chr.) war ein dreischiffiger Saalbau aus Bruchsteinmauern mit einem Podium im Mittelschiff und unkannelierten ionischen Säulen. Vor die Südwand wurde nachträglich eine reich gegliederte, aber grob gearbeitete viersäulige Vorhalle mit Kompositkapitellen, durchbrochenem Rankenfries und einem Giebel mit einer Darstellung des *Serapis* im Strahlenkranz gesetzt. Die Kassettenfelder ihrer Decke waren mit Büsten anderer Götter verziert (jetzt im Museumsgarten).

Zwischen Serapeion und den nahegelegenen Faustinathermen (D) ist ein Stück der byzantinischen, aus Spolien errichteten Stadtmauer aus der Zeit Justinians (527–565 n. Chr.) zu sehen.

Die Ilyas Bey Camii (W)

Der Eingang zu einem islamischen Friedhof, der den Bezirk der *Ilyas Bey Camii* (W) umschließt, liegt etwa 100 m südlich der *Faustinathermen* (D). Die Moschee, der bedeutendste islamische Bau dieser Gegend, ist Teil einer 1404 errichteten Stiftung (Inschrift über dem Eingang) des seldschukischen Emirs *Ilyas* aus Milâs (Nr. 36); die übrigen Bauten der Stiftung, die eine *Medrese* (Koranschule) und eine *Bibliothek* enthielten, umschließen einen rechteckigen Hof vor der Moschee, in dem der Brunnen für die vor dem Gebet vorgeschriebenen Waschungen lag. Der massige quadratische Unterbau der Moschee ist ganz aus sorgfältigst umgearbeiteten Marmorbauteilen des antiken Milet errichtet. Den Fuß der Kuppel bildet ein achteckiger Aufbau aus Marmor und Ziegeln. Die Eingangsseite ist durch eine vorgesetzte Fassade mit Spitzbogen in einem von ›Stalaktiten‹-Ornamenten (Mukarnes) gerahmten Feld betont, unter dem sich eine dreibogige Zierwand über der Tür und den beiden Fenstern mit Gittern aus Marmor erhebt. Rechts oben, neben dem Eingangsbogen ist der Rest des *Minaretts* auf dem Unterbau zu erkennen. – Den quadratischen Innenraum überwölbt eine Kuppel, zu der Trompennischen in den Ecken überleiten. An drei Seiten öffnen sich je zwei mal zwei Fenster mit Segmentbögen und teilweise auch mit Marmorgit-

Ilyas Bey Camii   *Mihrab*

tern. Besonders reich mit ›Stalaktiten‹ (Mukarnes), geometrischem
Gitterwerk, Ranken und Koranzitaten in verschlungener arabischer
Schrift sind die nach Mekka gerichtete Gebetsnische *(Mihrab)* und
die Kanzel *(Minbar)* verziert.

Vom *islamischen Friedhof* führt ein gerader Feldweg nach Nordwesten
zur Asphaltstraße, an dem nach 180 m in einer unscheinbaren Grube
die Fundamente des *Stadiontorbaues* (X) aus dem 3. Jh. n. Chr. liegen.
Dieser war eine luftige Kolonnade aus zwei Reihen von acht Säulen
auf Postamenten. Die Säulen wurden durch kurze Architrave zu
Gruppen zusammengefaßt, über die sich eine Reihe von Archivolten
(Bögen mit Architravprofil) spannte. Das 200 m lange Stadion
erstreckte sich von hier nach Nordwesten, ist jedoch noch vollkommen verschüttet.

Auf der Asphaltstraße gelangt man nordwärts (rechts) wieder zum Theater,
südwärts (links) zum Museum.

Etwa 200 m westlich des Parkplatzes am Theater sieht man 40 m südlich der Asphaltstraße nach Priene einen turmartigen Bau mit Marmorsockel auf einer Anhöhe stehen, das *Heroon an der Theaterbucht*

(Y), das sich einst unmittelbar oberhalb der Stadtmauer am Wasser befand. Auf dem marmornen Unterbau aus hellenistischer Zeit erheben sich jetzt Reste eines seldschukischen Turmes aus Bruchstein. Der mehrfach umgebaute ehemalige Grabbau hatte in römischer Zeit die Form eines kleinen *Antentempels* mit Podium, d. h. einer Kammer mit zwei ionischen Säulen zwischen den vorgezogenen Längswänden. Von der südlichen Rückwand her führt eine Treppe in die gewölbte, noch aus hellenistischer Zeit stammende Grabkammer.

Im Süden des Heroons lag der *Westmarkt* von Milet – ein nicht näher untersuchter Hallenplatz, an dessen Südwestecke die heute noch eindrucksvollen 17×25m weiten Gneisfundamente des *Athenatempels* (Z) aus dem 5. Jh. v. Chr. aus einem sumpfigen Loch schauen, in dem die wichtigsten archäologischen Zeugnisse der Frühgeschichte Milets ergraben wurden.

Vom Oberbau des Tempels selbst ist außer einem Kapitell- und einem Profilfragment (Museum) nichts mehr erhalten, so daß er sich nur in den Grundzügen rekonstruieren läßt: Eine nach Süden gerichtete Cella (ungewöhnlich) mit Vorraum (Pronaos) war von einer weiten ionischen Säulenhalle umgeben, deren Frontreihe verdoppelt war. Unter dem Südteil der Tempelfundamente zieht sich das ost-westlich verlaufende 4 m dicke Fundament der *spätmykenischen Festung* (13. Jh. v. Chr.) hin. Westlich der Tempelfundamente liegen diejenigen eines *römischen Peristylhauses*.

Das Museum von Milet

An der Straße vom Theater nach Süden liegt das Museum mit Funden der Grabungen nach 1955 sowie Streufunden aus dem Gelände. Auf seiner Terrasse sind *hellenistische Gewandstatuen* (2. Jh. v. Chr.) und *Architekturteile* aufgestellt: archaische ionische Kymatien (Eierstäbe), ein archaischer Rundaltar, eine Altarvolute, der Antenblock und Gebälkfragmente des Dionysostempels (F), die besterhaltene Sima mit Akanthusranken und Löwenkopfwasserspeier vom Athenatempel in Priene (Nr. 32, J). – Der Vorraum enthält kleine Skulpturen, Votiv- und Grabreliefs aus archaischer bis römischer Zeit.

Der Hauptausstellungsraum gibt einen Überblick über die in Milet vertretene *Keramik* von mykenischer bis in römische Zeit (ca. 1600 v. Chr. bis 200 n. Chr.). Unter einem offenen Vordach südlich des Museums sind weitere *Architekturteile* von archaischer (6. Jh. v. Chr., aus Myus) bis in byzantinische Zeit in chronologischer Reihenfolge aufgestellt. – In der Halle nördlich des Museums stehen in Milet gefundene *Inschriftensteine*, im Garten seltene *islamische Grabsteine* aus Marmor.

Das Apollonheiligtum von Didyma liegt 20 km südlich von Milet in dem kleinen Ort *Didim* (früher Yenihisar bzw. Yeronda genannt). Die ursprüngliche Kultstätte an einer Quelle und der Name Didyma sind vorgriechisch. Von den ionischen Siedlern Milets wurde der Kult auf Apollon übertragen, und Didyma entwickelte sich zum Hauptheiligtum der Stadt Milet, mit der es durch eine Prozessionsstraße (›Heilige Straße‹) verbunden war. Schon am Ende des 7. Jh. war das Orakel dieses Heiligtums auch über das Gebiet der Ioner hinaus so berühmt, daß Pharao *Necho* (610–595 v. Chr.) von Ägypten eine Rüstung dorthin weihte. Eine Quelle und ein Lorbeerbaum blieben durch die ganze Antike die heiligen Kultmale des Gottes. Sie bezeichneten der Legende nach die Stätte, an der Zeus und Leto die göttlichen Zwillinge Apollon und Artemis zeugten. Daneben wurde schon bald ein kleiner Tempel zur Aufnahme des Kultbildes errichtet. In archaischer Zeit (6. Jh. v. Chr.), als Milet in höchster Blüte stand, entschloß man sich, diesem äußerlich unscheinbaren Heiligtum, dessen Priester, die *Branchiden*, das einflußreiche Orakel versahen, einen architektonischen Rahmen in der äußeren Form eines großen Tempels zu geben, der offenbar dem im Bau befindlichen Artemision von Ephesos (Nr. 22, II) nacheifern sollte. Wie an dem erhaltenen späteren ›Tempel‹ umschloß eine hohe Wand den ungedeckten Innenhof mit den heiligen Stätten einschließlich des Tempelchens mit dem Kultbild des Apollon. Diese Hofwand wurde nun als Cellawand eines riesigen Dipterostempels aufgefaßt und mit einer doppelten Säulenreihe umgeben. Die Säulen der Front und der Architrav waren mit Reliefs geschmückt (Museen Istanbul und Berlin). – Die Fundamente der Hofwand dieses älteren ›Tempels‹ sind im Innenhof des jetztigen Baus als pflasterartige Streifen vor dem Wandsockel zu erkennen. Der Bau wurde im Verlauf des ionischen Aufstandes (494 v. Chr.) von den Persern zerstört, das Kultbild entführt und erst unter *Seleukos I.* (312–281 v. Chr.) wieder zurückgebracht. Am Ende des 4. Jh. v. Chr. begann man den Neubau, der die Grundzüge der alten Anlage – kleiner Tempel in offenem Hof, umgeben von einer doppelten Säulenreihe – in größeren Dimensionen und differenzierterer räumlicher Abfolge wiederholt. Von diesem Bau hat sich nicht nur ein Teil der in Marmor geritzten Entwurfzeichnungen erhalten, sondern auch einige der als Inschriften auf Marmor niedergelegten Abrechnungen. Beispielsweise wurden für eine einzige der 19,7 m hohen Säulen 40.000 Drachmen Lohn bezahlt, d. h. ca. 26.000 der damals üblichen Tagelöhne von 1–2 Dr., was nach heutiger, natürlich ungenauer Schätzung (25 DM × 8 Std. pro Tag) ca. 5 Mill. DM entspräche; der Tempelplan wies zusammen 122 Säulen auf!

Aufbauperspektive des jüngeren Apollontempels von G. Niemann

Der Bau wurde aber niemals vollendet; in der ersten Bauphase wurde der etwa 50 × 110 m messende Stufenbau, der Kern mit dem ungedeckten ›Adyton‹ (Innenhof) und Pronaos und ein Teil der Außensäulen errichtet.

Unter den römischen Kaisern *Caligula* (37–41 n. Chr.), *Hadrian* (117–138 n. Chr.) und noch unter *Julian*, dem Abtrünnigen (361–363 n. Chr.), wurde weitergebaut. Im Jahre 262 n. Chr. wurde der Tempel jedoch schon in eine Festung gegen die plündernden Goten verwandelt, wovon Balkenlöcher und Brandspuren an den Tempelwänden zeugen. Im 5. Jh. n. Chr. wurde im Innern eine christliche Kirche eingebaut, aus der das vor dem großen Tempel ausgelegte Plattenpflaster des Altarplatzes stammt. Das Kastell wurde 988 noch einmal repariert; 1446 sah *Cyriacus von Ancona* den Tempel noch weitgehend aufrecht, erst 1493 fiel der Oberbau außer den drei noch stehenden Säulen bei einem Erdbeben in sich zusammen. An der Westseite ist ein eindrucksvolles Beispiel einer umgestürzten Säule zu sehen.

Die ersten Grabungen fanden 1872/73 und 1895/96 statt (Funde im Louvre in Paris). 1905–1913 und 1924/25 wurde der Tempel unter der Leitung von *Th. Wiegand* ganz freigelegt (Funde in Istanbul, Izmir und Berlin). Die neueren Grabungen konzentrieren sich auf die Siedlung an der heiligen Straße nach Milet.

Da der Apollontempel von Didyma als einziger der vier großen ioni-

Apollontempel von Osten

schen Dipteroi (Doppelhallentempel) noch übermannshoch erhaltene Räume aufweist, ist er am ehesten geeignet, einen gewissen Eindruck von der Größe und von der Wirkung dieses Tempeltyps zu vermitteln.

Die von ihrer hohen Verschüttung freigeräumte Tempelruine liegt in einer Senke, da der Bau an den Ort der heiligen Quelle gebunden war. Nur die erhaltenen, 19,7 m hohen Säulen ragen weithin sichtbar empor und geben eine Vorstellung von der einstigen Höhe des Tempels, dessen 51 × 109 m großer Stylobat die oberste der sieben hohen Stufen des Unterbaus bildet; eine breite Freitreppe mit niedrigeren Stufen an der Ostseite erleichtert den Zugang. Darüber erhoben sich die 10 Frontsäulen mit 2 m Durchmesser über besonders reich ausgebildeten Basen ephesischer Form, deren normale Ausbildung in der zweiten Reihe zu sehen ist: eine quadratische Grundplatte (Plinthe, L = 2,65 m), deren Kanten zugleich das Raster des Grundrisses veranschaulichen, darüber eine runde Scheibe mit zwei tiefen Hohlkehlen (Spira) und eine weitere Scheibe mit einem kannelierten Wulstprofil (Torus). Auf den kannelierten Schäften sitzen normale ionische Kapitelle.

Die erst in römischer Zeit errichteten Frontsäulen sind mit Relieffriesen an den Basen und normalen ionischen Kapitellen versehen, die Eckkapitelle waren allerdings in hybrider Weise mit Fabelwesen und großen Büsten verziert (ein Exemplar an der Zugangstreppe, Büsten im Museum Istanbul). Die Säule an der Südseite ist nicht fertiggestellt worden; sie zeigt noch Werkspuren und antike Durchmes-

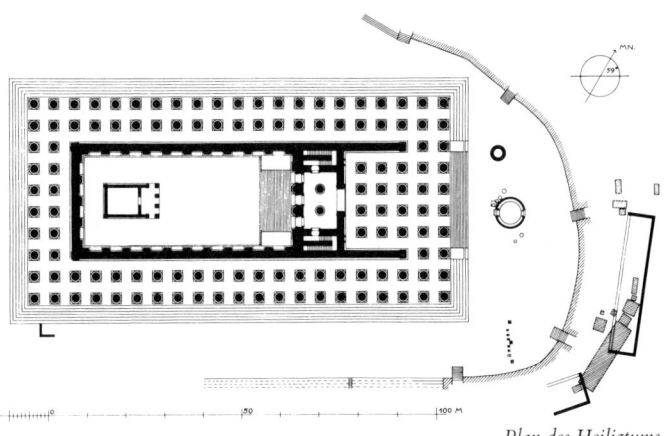

Plan des Heiligtums

ser- und Achsangaben auf jeder Trommel. Das Gebälk der Front zeigte über dem Architrav einen Fries mit Ranken und Gorgonenköpfen (zwei Beispiele unterhalb des Wächterhauses) und darüber einem hohen Zahnschnitt, an dem jeder einzelne ›Klotz‹ verziert war.

Auf einem Marmorpflaster durchschreitet man den Umgang und gelangt in den großen Pronaos (Vorraum), dessen Decke von zwölf Säulen zwischen den Enden der dicken Cellalängswände (Anten) getragen wurde. Dadurch vermittelt der Pronaos weniger den Eindruck eines Raumes, sondern den einer kompakten, begehbaren Skulptur, deren Dichte man noch heute empfindet, obwohl die Säulen nur noch zu ⅕ ihrer einstigen Höhe anstehen und der Raum in gleißender Helle daliegt, da der dämmrige Schatten des Daches fehlt.

Ins Innere öffnet sich eine riesige Tür (5,6 × 14 m) mit unübersteigbarer Schwelle, von der aus die Priester wohl die Orakel verkündeten. Die eigentlichen Zugänge führen durch zwei dunkle, absichtlich niedrig bemessene, seitliche Tunnel mit perfekt gefügten Gewölben; an den Wänden – wie allenthalben am Tempel – sind Buchstaben des Werkprozesses bzw. des Abrechnungswesens stehengeblieben.

Der 21,7 × 53,6 m große offene Hof (in der Antike Adyton genannt), der die Stelle der Cella normaler Tempelbauten einnimmt, ist von einer 5,5 m hohen, glatten Sockelmauer umgeben, über der sich noch über 20 m hoch die mit Pilastern gegliederte Wand erhob. Ihre eigentümlichen, am Fuß der Wand aufgestellten Pilasterkapitelle, deren

Pilasterkapitell des Adytons

sofaartiger Rahmen Ranken- und Greifenreliefs umschließt, trugen einen ionischen Wandarchitrav.

Am Westende dieses Hofes stand der relativ kleine, aber in höchster Qualität ausgeführte, feingliedrige Tempel (sog. *Naiskos*), der das Kultbild Apollons enthielt. Er bestand aus einer rechteckigen Cella mit vier vorgestellten ionischen Säulen (Prostylosgrundriß) und hatte ein äußerst sorgfältig ausgeführtes ionisches Gebälk mit Lotos-Palmetten-Fries und Zahnschnitt (Fundamente verschiedener Bauphasen am Ort und Bauteile im Hof und im Depotmuseum).

Dem Tempelchen gegenüber, auf der Ostseite führt eine breite Freitreppe zu einer Fassade mit zwei korinthischen Halbsäulen zwischen den Wandpilastern und drei Portalen, die in einen quergestellten, relativ weiten Saal mit zwei korinthischen Säulen führen.

Nach Osten öffnete sich das riesige Portal zum Pronaos; im Norden und Süden führen Türen zu zwei Treppenhäusern, die zum Dach des Tempels hinaufgingen. Im südlichen ist sogar noch die mit einem kräftigen Mäanderband verzierte Marmordecke des Vorraums erhalten (blaue und rote Farbreste!).

Neben dem großartigen Tempelgebäude nehmen sich die umliegenden Reste des Heiligtums bescheiden aus: eine archaische, einst von einem hohen, umgearbeiteten Blattstab gedeckte Stützmauer umgibt in unregelmäßig gebogener Linie den Vorplatz, auf dem das ringförmige Fundament einer Mauer zu sehen ist, die den Aschenkegel der antiken Opferfeuer umfaßte. Daneben liegt ein kreisförmiger Brunnenschacht aus archaischer Zeit, über den sich ursprünglich ein viersäuliger Baldachin erhob.

Das Adyton (Innenhof) des Tempels von Westen

191

Der Südseite des Tempels gegenüber sind einige geradlinige Sitzstufen zu erkennen, der Beginn eines kleinen Stadions für kultische Wettspiele. Auf den gegenüberliegenden Tempelstufen sind einige Zuschauerplätze mit Namen bezeichnet.

Die von Milet kommende *Heilige Straße* traf etwa an der Nordwestecke des Tempels auf das Heiligtum. Dieser Ecke gegenüber, in etwa 200 m Entfernung ist ein 85 m langes Stück ihrer 5–6 m breiten, mit großen Platten gepflasterten und von Bordsteinen gefaßten Bahn (ca. 100 n. Chr.), die von einer 70 m langen Halle mit Kammern begleitet wird, ausgegraben worden. Hier hatte sich im Laufe der Zeit eine eigene Siedlung mit Wohnhäusern, Läden, einem kleinen Heiligtum und einer eigenen Thermenanlage mit Mosaikböden entwickelt.

Basis einer der mittleren Frontsäulen (Sonderform)

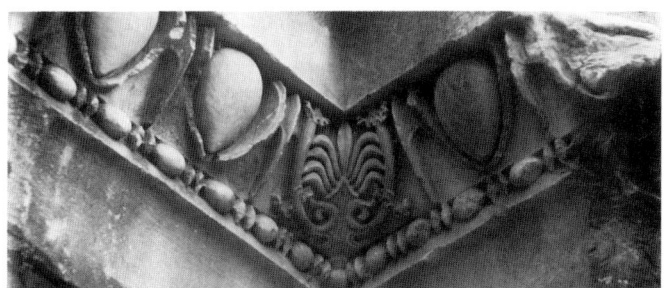

Abschlußkyma der Sockelwand des Adytons (Nordecke)

Eine kleine *Sammlung von Marmorfunden* wird am Deutschen Grabungshaus aufbewahrt, das südwestlich des Tempels, außerhalb des Ortes, in einem Garten mit hohem, altem Baumbestand liegt. Im Garten selbst sind u. a. archaische ionische Kymatien (Eierstäbe), ein ionischer Rundaltar, ein klassischer Löwe (Abguß im Heiligtum) ausgestellt: unter dem Vordach stehen u. a. drei archaische Sitzstatuen von Apollonpriestern, sog. Branchiden, sowie eine Bauinschrift aus dem Jahre 165 v. Chr., die sich auf das Versetzen der o. a. Pilasterkapitelle bezieht.

Ein sog. *Depotmuseum* (Zutritt mit besonderer Genehmigung während der Grabungszeiten) enthält bedeutende archaische Skulpturen und Bauornamentik des frühhellenistischen Apollonnaiskos (2. Hälfte 3. Jh. v. Chr.).

34 Herakleia am Latmos

Von Didyma fährt man zurück über Akköy (ca. 15 km) zur Straße (22 km) Söke-Milâs-Bodrum, die nun die Mäanderebene verläßt und bald darauf an Bafa Gölü, dem einstigen Meeresgolf von Herakleia, entlanggeht, der gegenüber von den ausgezackten, kahlen Granitbergen des Beşparmak (1.360 m), dem ›Fünf-Finger-Gebirge‹ (früher Latmos), überragt wird.

Beim Dorf Çamiçi (auch Bafa genannt, 24 km) geht man links eine mäßige Schotterstraße (gelber Wegweiser) nach Nordwesten ab, auf der man das Dorf Kapıkırı in den Ruinen des antiken *Herakleia* erreicht (9 km), einer wegen der urwüchsigen Klobigkeit von Landschaft und verwitterter Quaderarchitektur eindrucksvollen Ruinenstätte.

Eine ältere antike Siedlung des 6.–4. Jh. v. Chr. läßt sich an Haus- und Mauerresten auf einem Felsbuckel ca. 1 km östlich von Kapıkırı nachweisen; es dürfte der überlieferte Vorgängerort Latmos sein, während Herakleia wohl im 4. Jh. – vielleicht von Mausolos (377–353 v. Chr.) – an einer Stelle, die eine weiträumige Befestigung zuließ, neu gegründet wurde. In der weiteren Geschichte ist Herakleia nur einmal als Sitz des makedonischen Fürsten *Pleistarchos* (um 298 v. Chr.) hervorgetreten. Seine Erwerbszweige waren Handel und Landwirtschaft.

Die Hauptsehenswürdigkeit des Ortes ist die hellenistische *Stadtbe-festigung* (6,5 km Gesamtlänge), die sich, in mehrere Zwischenkastelle gegliedert, vom See bis in die teils zerklüfteten, teils zu rundlichen Wollsackformen ausgewitterten Gneisfelsen des Latmosgebirges verfolgen läßt, wo einer der besterhaltenen Türme liegt. – Die zwei-schalig aus großen Gneisquadern errichtete Mauer ist unmittelbar auf den Fels gegründet, der zu diesem Zweck stellenweise abgearbei-tet wurde. Die Mauer trägt in 2–6 m Höhe einen offenen, über Trep-pen zugänglichen Wehrgang, dessen geschlossene Brüstungswand zur Feldseite hin Fenster besaß. Ungefähr alle 50–100 m ist ein Turm vor die Mauer gesetzt, der auf Fußbodenniveau eine Kammer mit Schießscharten und in Wehrgangshöhe eine weitere Kammer mit Fenstern enthält. Die Zwischendecken bestanden aus Holzbalken, die Türme waren mit flach geneigten Satteldächern gedeckt.

Am Rand des kleinen Dorfes Kapıkırı ragt auf einem Felsen die kastenförmige Ruine des dorischen *Athenatempels* auf (A; 3. Jh. v. Chr.), dessen eingestürzte Marmorfront aus zwei Säulen zwischen den Wandenden (in antis) mit Gebälk und Giebel bestand.

Weiter östlich fällt ein größerer Platz mit der Dorfschule ins Auge, dessen talseitige Kante durch ein langgestrecktes, gekammertes Gebäude in Quadermauerwerk gestützt wird. Es ist die hellenistische *Agora* (B) von Herakleia, die auf der Talseite einen dreigeschossigen Hallenbau (vgl. Alinda, Nr. 25) besaß, von dem hier noch Teile der

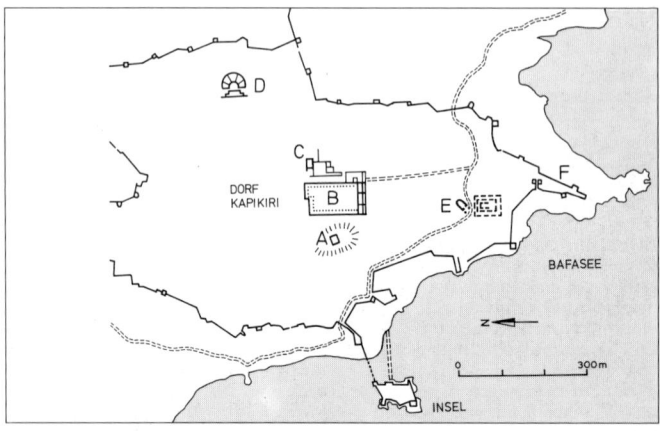

Herakleia am Latmos: Orientierungsplan
A Athenatempel – B Agora – C Buleuterion – D Theater – E Heiligtum des Endymion – F Festung

194

Untergeschosse mit Magazinräumen erhalten sind. Darüber lag eine zweischiffige, zum Platz hin offene Säulenhalle.

Nahe der Nordostecke der Agora sind für ein geübtes Auge Reste eines *Buleuterions* (Rathaus; C) mit kreisförmig angeordneten Sitzstufen zu erkennen.

Vom *Theater* (D) von Herakleia zeichnet sich nur noch der Geländeeinschnitt 250 m nordöstlich des Buleuterions ab.

Unterhalb des Dorfes, am Weg zum Strand, lag das *Heiligtum des Endymion* (E), des in ewigen Schlaf versunkenen jungen Liebhabers der Mondgöttin Selene: Der Kultraum ist ein zur Hälfte in den Fels geschnittener Apsidialbau mit vier Frontsäulen, deren unkannelierte, untere Trommeln vor den Wandenden (Anten) stehen.

Weiter südlich stößt die hellenistische, in byzantinischer Zeit (13. Jh.) neuerlich ausgebaute *Festung* auf einer Halbinsel in den See vor (s. Abb. S. 4). An dessen felsigem Ufer sind hier zahlreiche Grablegen eingehauen, deren schwere, steinerne Deckel stellenweise noch vorhanden sind.

Auf den Inseln im Bafasee liegen Ruinen byzantinischer Klöster, da diese abgeschiedene Landschaft im 8.–9. Jh. ein bevorzugtes Rückzugsgebiet für christliche Mönche war, deren befestigte Klöster in den Bergen des Latmos und auf den Inseln im Bafasee bis ins 14. Jh. bestanden. Von hier aus wurde 1088 das berühmte, heute noch existierende Johanneskloster auf Patmos gegründet.

Stadtmauer von Herakleia a. L.

Die Straße Söke – Milâs – Bodrum passiert 15 km nach dem Ort Çamiçi (Abzweigung nach Herakleia, s. o.) und 3 km südöstlich von Selimiye das ganz von Olivenhainen bedeckte Stadtgebiet von *Euromos*, von dem nördlich (links) der Straße ein paar Säulen der Agora aus den Feldern schauen (gelber Wegweiser zum Zeustempel). Nach weiteren 2 km, ca. 12 km vor Milâs (Nr. 36), geht rechts (nach Süden) eine passable Schotterstraße zu dem 14 km entfernten Iasos (Mandalyaşehir, Wegweiser zu verschiedenen Feriendörfern – ›Tatilköy‹).

Euromos wird in der antiken Literatur seit dem 5. Jh. v. Chr. genannt und war im Hellenismus zeitweilig mit Mylasa (Milâs) verbündet.

Am bedeutendsten ist die Ruine des südöstlich vor der Stadtmauer errichteten römischen *Tempels des Zeus Lepsynos* (2. Jh. n. Chr.), von dem noch 16 Säulen und Teile des Gebälkes seit der Antike aufrecht stehen, während im Cellabereich moderne Restaurierungsversuche im Gange sind. – Der Tempel hatte 6 × 11 von verschiedenen Personen gestiftete und auf Schildchen inschriftlich signierte korinthische Säulen, die teilweise noch nicht kanneliert sind. Darüber sind noch Teile des ionischen Faszienarchitravs und des glatten, gebauchten Frieses erhalten, der wohl noch als Rankenornament ausgearbeitet werden sollte. An einer Stelle liegt sogar noch ein Block des Gesimses (Geison) mit angearbeiteter Dachrinne (Sima) und Löwenkopfwasserspeier am Ort. – An der Ostseite, zum Altar hin, war die Säulenreihe des im übrigen normalen Ringhallentempels (Peripteros) verdoppelt. Dahinter liegen der nach ionischer Bauweise tiefe Pronaos (Vorraum) und die Cella, deren einer

Euromos: Zeustempel, Westseite

Türpfosten noch aufrecht steht. An die erhaltene Kultbildbasis schloß offenbar ein System von Schranken an. Östlich vor dem Tempel ist der Altar zu erkennen.

Ausgrabungen haben Reste des archaischen Vorgängerbaus, kleine Quadern und archaische Dachterrakotten mit figürlichen Friesen (Museum Bodrum) ans Licht gebracht.

Mit Zeit und Geduld entdeckt man auf den nahegelegenen Hügeln Reste der antiken Stadtmauer, in einer Mulde solche des Theaters und an der Straße weitere Säulen der Agorahallen.

Iasos Nr. 35

Nach antiker Überlieferung wurde Iasos an der Stelle eines älteren karischen Ortes im 9. Jh. v. Chr. von Argos und später von Milet aus besiedelt. Wie viele ionische Küstenstädte nimmt es eine Halbinsel inmitten einer weiten, geschützten Meeresbucht ein. Iasos galt seit alters als wohlhabend, war im 5. Jh. v. Chr. mit Athen verbündet und gehörte im 4. Jh. zur persischen Satrapie (Provinz) des *Mausolos* von Halikarnass (Bodrum; Nr. 37); im 3. Jh. ist Iasos mit Rhodos verbündet und ab 129 v. Chr. Teil der Provinz Asia als Sitz eines Steueramtes.

Die Straße nähert sich nach Überschreiten des Küstengebirges, auf dem die Reste einer Befestigung der Leleger, der Urbewohner dieser Landschaft (7./ 6. Jh. v. Chr.), liegen, dem türkischen Dorf *Kuren* und der Halbinsel Iasos von Norden. Von weitem überblickt man die Lage der Stadt auf der Halbinsel und die antike Landmauer auf dem Bergrücken westlich (rechts) davon.

Am Ufer des Festlandes steht die Ruine eines zweigeschossigen römischen *Grabbaues* (A) aus Ziegelmauerwerk. – Eine Reihe von Ziegelpfeilern stammt vom Aquädukt für die antike Stadt. – Im Dorf selbst liegt ein stattlicher römischer *Grabbau* (B) in Gestalt eines kleinen Podiumtempels innerhalb eines von Tonnengewölben über Arkaden umgebenen Hofes. Die Grabkammer mit zwei Stützen und rückwärtigem Eingang befindet sich im Sockel des ›Tempelchens‹. – Auf dem flachen Teil der Landzunge, die die – in der Antike ummauerte – Halbinsel mit dem Festland verbindet, liegt eine byzantinische *Festung* (C), die Teile der hellenistischen Stadtmauer verwendet. Südlich davon ist der weite, von Säulenhallen umgebene *Marktplatz* (Agora; D) der Stadt ausgegraben worden. Er liegt unmittelbar an der hellenistischen Stadtmauer, die an dieser Stelle ein Tor mit doppelter Durchfahrt (Dipylon) und vorgezogenem Zwinger besaß. Am Südrand der Agora erhebt sich ein kleiner theaterartiger Versammlungsbau, das Buleuterion (Rathaus), mit marmornen Sitzbänken. Die Säulenhallen, die den Platz umschließen, haben korinthische Säulen und einen besonders reich mit Rankenwerk und Putten verzierten Fries. Der von Aphrodisias (Nr. 28) her bekannte Stil dieser Ornamente und eine Architravinschrift verweisen auf die Erbauungszeit unter Kaiser *Hadrian* (117–138 n. Chr.). – In der Platzfläche sind ›geometrische‹ Gräber zutage gekommen (Funde im Museum Izmir).

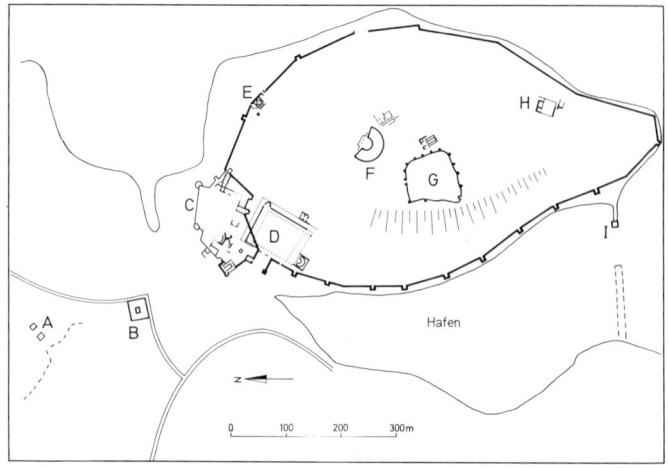

Iasos: Orientierungsplan
A. B. Römische Grabbauten – C Festung – D Agora – E Byzantinischer Zentralbau – F Theater – G Mittelalterliches Kastell – H Römisches Wohnhaus – I Hafenturm

Westlich der Agora, wieder an der Stadtmauer, liegt die Ruine eines zweigeschossigen, byzantinischen *Zentralbaus* (E). Daneben weist die Stadtmauer ein Tor mit einer deutlichen Inschrift auf, die sich auf ein nahegelegenes Zeusheiligtum bezieht.
Südlich dieses Tores, am oberen Hang des steilen Stadtberges schneidet der Zuschauerraum (Cavea) des hellenistischen *Theaters* (F) ein, dessen Seitenflügel von stattlichen Bossenmauern gestützt werden; das Bühnengebäude ist römisch. – An das Theater schließt im Süden das Ausgrabungsfeld eines Wohnviertels aus dem 5./4. Jh. mit einer gepflasterten Straße und kleinen Häusern an. – Den Gipfel des Stadtberges nimmt die Ruine eines mittelalterlichen *Kastells (G)* ein; südöstlich davon und ein wenig tiefer liegen Reste eines großen, mit Mosaikböden ausgestatteten römischen *Wohnhauses (H)*. – Die Bucht westlich der Halbinsel war als Hafen mit einer Mole und einem Turm, die die Einfahrt sicherten, ausgebildet (I).

Auf dem gegenüberliegenden Bergrücken des Festlandes, westlich oberhalb des Dorfes Kuren, verläuft etwa 1 km von der Küste entfernt eine 2,5 km lange antike Quadermauer mit Rundtürmen, einem Tor und zahlreichen Ausfallpforten. Da sie offenbar keine Siedlung schützte und in der bisher bekannten Überlieferung nirgends genannt wurde, scheint sie rein militärischen Zwecken im Verlauf eines längeren Krieges in hellenistischer Zeit gedient zu haben.

Kurz vor *Milâs*, dem antiken Mylasa, der Heimat so unterschiedlicher Kunst-mäzene wie der Hekatomniden (4. Jh. v. Chr.) und der seldschukischen Men-tesche (14./15. Jh. n. Chr.), zweigt nach links eine mäßige Schotterstraße (gel-ber Wegweiser) zu dem 14 km entfernten *Heiligtum des Zeus von Labraunda* ab. Sie führt (bei Abzweigungen Hauptrichtung folgen, im Zweifel die rechte Spur) an dem pittoresken Ort Kargecik vorüber in die mit lockeren Pinien-wäldern bestandenen Berge und bietet schöne Ausblicke auf die Ebene von Milâs. Von den über mehrere Terrassen verteilten Ruinen des Zeusheiligtums oberhalb der Straße ragt ein Bau noch hoch empor. – Die Straße läßt sich mit robustem PKW auch bis Alinda (Nr. 25; 21 km) weiterverfolgen (nach ca. 5 km Abzweigung mit Spitzkehre nach links).

Labraunda

Das *Heiligtum des Zeus Labrayndos* gehörte zu Milâs wie etwa Didyma zu Milet und war ebenfalls durch eine gepflasterte Heilige Straße mit der Stadt verbun-den. Die ältesten Funde im Heiligtum stammen aus der Zeit um 600 v. Chr., die meisten Bauten wurden jedoch erst unter *Mausolos* (377–353 v. Chr.) und seinem Bruder *Idrieus* (351–344 v. Chr.) errichtet, beides persische Satrapen, die sich mit besonderem Interesse der griechischen Kunst zugewendet hatten (s. u. Milâs; Bodrum; Nr. 37). In römischer Zeit wurden einige Gebäude hinzuge-fügt, einige ältere repariert.

Labraunda: Andron A

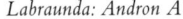

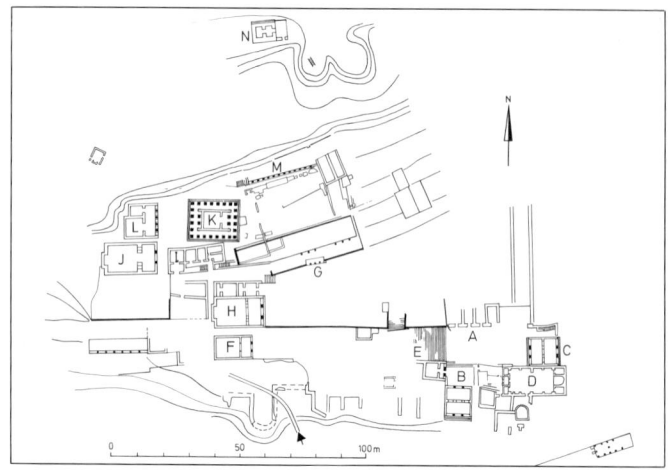

Labraunda: Orientierungsplan (nach Thieme)
A Vorhof – B Südpropylon – C Ostpropylon – D Kirche – E Freitreppe –
F Andron C – G Brunnen – H Andron B – I Kammern – J Andron A –
K Zeustempel – L ›Oikoi‹ – M Nordstoa – N Grabbau

Die Bauten des Heiligtums erstreckten sich über vier Terrassen, auf
deren dritter, an der Behausung des freundlichen Wächters der Pfad
von der Straße endet.

Auf die unterste Terrasse, dem *Vorhof* (A) des Heiligtums, führten
einst zwei *Torbauten* (Propyla), einer von Süden (B), einer von Osten
(C), von denen Fundamente und Teile der ionischen Architektur zu
sehen sind. Ihre Längswände begleiteten den mit drei Türen ver-
schließbaren Zugang; außen und innen zeigten sie eine Giebelfront
mit zwei Säulen zwischen den Wandenden (in antis). Südlich an das
Ostpropylon wurde eine kleine frühchristliche *Kirche* (D) angebaut.

Von dem 30 × 20 m großen Platz auf der untersten Terrasse führt seitlich eine 12 m breite *Freitreppe* (E) zur 4 m höher gelegenen zweiten,
schmalen Terrasse, an deren Westende Reste des spätesten der drei
›Männerhäuser‹ (F; *Andron C*, 1. Jh. v. Chr.) liegen. – Eine weitere, nur
noch 6 m breite Treppe führt 1 m hinauf zu der großen, dreieckigen
3. Terrasse des Heiligtums, in deren nördlicher Stützmauer in römischer Zeit ein *Brunnenbecken* (G) mit drei klobigen Säulen und Gebälk
eingefügt worden ist.

Das Westende der Terrasse nimmt die Ruine des *Andron B* (H) mit seinen nördlichen Anbauten ein. Diese inschriftlich als solche bezeich-

Andron B und C von Norden

neten ›Männerhäuser‹ sind eine Besonderheit von Labraunda. Andron B wurde von *Mausolos*, Andron A (J) von *Idrieus* gestiftet. Aus ihrer Bezeichnung und der Bauweise mit Fenstern, die am Andron A (J) noch erhalten sind, schließt man, daß sie – anders als die griechischen Tempel – kultischen Versammlungen dienten wie etwa Kirchen oder Moscheen. Der rechteckige Hauptraum hat an der Rückwand eine hochliegende Nische, an den Seitenwänden Fenster. Vorgelagert ist ein schmaler Vorraum (Pronaos) mit zwei Säulen zwischen den vorgezogenen Enden der Längswände (Anten). Die Bauten bestehen aus Gneis, nur die Fassaden sind in Marmor gearbeitet und weisen eine weitere Besonderheit auf: Über ionischen Säulen mit reich verzierten Kapitellen und über ionischen Antenkapitellen mit reicher Profilierung (am Ort gelagert) lag ein dorisches Gebälk mit glattem Architrav, der die königliche Weihinschrift trägt, dem Triglyphen-Metopen-Fries und dem dorischen Geison mit Tropfenplatten. Diese Vermischung der Ordnungen bei gleichzeitiger hoher Qualität der Ausführung ist im 4. Jh. v. Chr. bisher einmalig und läßt auf den ausdrücklichen Wunsch der Bauherrn schließen, die sich über die formalen Festlegungen der traditionellen griechischen Säulenordnungen hinwegsetzten. Die Ecken des Baues krönten fremdartige, bärtige Sphingen (Museum Bodrum). An die Nordwand des

Inschrift über eine Reparatur der Nordhalle (1. Jh. n. Chr.)

Andron B wurden nachträglich noch zwei Kammern angebaut. – Auf eine schmale, 3,5 m höher liegende Zwischenterrasse öffnen sich einige Kammern (I), die unter der wiederum 4,5 m höher liegenden 4. Terrasse mit dem *Andron A* (J) und dem *Zeustempel* (K) eingelassen sind; die 4. Terrasse war nur über zwei schmale Treppen zugänglich. – Der Rohbau aus Gneisquadern des Andron A ist noch hoch erhalten und zeigt die Fenster, die Nische an der Rückwand und die Tür; von der Marmorfassade sind Fragmente vorhanden, die für die theoretische Rekonstruktion ausreichen. – Nördlich des Andron lag ein kleiner *Bau* (L), der hinter einer dorischen Säulenfront zwei Zimmer verschiedener Größe hatte, deren linkes später einmal überwölbt worden ist (Pfeiler in den Ecken). Auch dieser Bau ist von *Idrieus* gestiftet worden und wird auf der Inschrift als *Oikoi* (Häuser) bezeichnet, diente also wahrscheinlich als Unterkunft der Priester.

Der Zeustempel (K)

Das 15,5 × 20,3 m große Fundament des ebenfalls von *Idrieus* geweihten *Zeustempels* (K) nimmt die Westseite der Terrasse ein. Über drei flachen Stufen erhob sich ein relativ kurzer ionischer Ringhallentempel (Peripteros) mit 6 × 8 dünnen, etwa 6,3 m hohen Säulen und einem rein ionischen Gebälk (s. Musteraufstellung) mit einem Faszienarchitrav und kleinem Kyma; darüber liegt kein Fries, sondern der Zahnschnitt und das einfache Geison mit lesbischem Kyma und glatter Rinne (Sima) mit Löwenkopfwasserspeiern. Von dem relativ breiten Umgang sind an der Nordseite drei Reihen von Steinen erhalten. Die Cella mit schmalem Vorraum (Pronaos) bestand im wesentlichen aus dem gänzlich übernommenen und eingebauten Vorgängerbau, an den man lediglich auf der Rückseite noch einen schmalen Opisthodom (›Rückraum‹) angesetzt hat. – Der Zeustempel von Labraunda ist, soweit bekannt, nach einer hundertjährigen Pause, die auf den älteren Athenatempel von Milet (Nr. 32, Z) folgte, der erste Tempel in

Kleinasien und weist einerseits einige stilistische Unstimmigkeiten wie die Proportionierung der ionischen Gebälkteile, die Kürze des Baues und den breiten Umgang, sowie fremde Elemente wie das Opisthodom auf, andererseits kann er gerade mit diesen Eigentümlichkeiten als Vorübung für den klassischen ionischen Tempel, den der Athena in Priene (Nr. 31; J), betrachtet werden.

Im Osten schließt an den Tempel an der Hangseite die *Nordstoa* (M) an, eine Stiftung des Mausolos, von deren Umbauten in römischer Zeit zwei Inschriften zeugen. Von der Halle sind Statuenbasen aufgereiht.

Am Steilhang, ca. 30 m über der Tempelterrasse, liegt noch ein bemerkenswerter, fast ganz erhaltener *Grabbau* (N) mit 1,7 m dicken Wänden aus mächtigen Quadern. An einem ungedeckten Vorplatz liegt die einst mit einem ca. 5 t schweren Stein verschlossene Tür zu den beiden hintereinander angeordneten Grabkammern, die mit kreisförmig ausgeschnittenem Kraggewölbe (horizontale Fugen!) gedeckt sind und fünf Sarkophage enthielten. Das Obergeschoß besteht nur aus einer 1 m hohen, mit langen Steinbalken gedeckten Kammer. Der Inhaber des Grabbaus ist unbekannt.

Milâs   Nr. 36

Geschichte: Die älteste Überlieferung von Milâs, *(Mylasa)*, dessen Ortsname wohl noch karischen Ursprungs ist, geht auf das 7. Jh. v. Chr. zurück; diese archaische Stadt dürfte auf dem benachbarten Burgberg, der Beçin (auch Peçin) Kalesi, gelegen haben. Mylasa beteiligte sich am Aufstand der ionischen Städte gegen Persien, wurde zerstört und verbündete sich im 5. Jh. mit Athen. Seit etwa 400 v. Chr. war Mylasa jedoch wieder persisch und ab 392 v. Chr. Sitz des Statthalters (Satrapen) von Karien, dem damals auch Milet unterstand. Das Amt wurde von der Dynastie des *Hekatomnos* (392–377 v. Chr.) und seiner fünf Kinder *Mausolos* (377–353), *Artemisia II.* (353–351), *Idrieus* (351–344), *Ada* (344–340 und ab 334) und *Pixodaros* (340–334), ausgeübt. Unter ihrer offenbar sehr selbständigen und dem Westen zugewandten Herrschaft, zu der ab 357 auch Rhodos und Kos gehörten, gelangte Karien zu großer Blüte, von der uns vor allem die Bauten in Labraunda sowie die literarischen Nachrichten und Überreste des prunkvollen Mausoleions von Halikarnass (Bodrum; Nr. 37) geblieben sind. – Zwar verlegte *Mausolos* die Residenz an die Küste nach Halikarnass, doch wurde Mylasa nicht vernachlässigt; wahrscheinlich wurde es in dieser Zeit vom Berggipfel der Beçin Kalesi herab in die Ebene verlegt und neu befestigt. – Auch unter *Alexander d. Gr.* herrschte eine Hekatomnidin, *Ada*, die zuvor eine Zeit im Exil in Alinda (Nr. 25) zugebracht hatte.

Im 3. Jh. v. Chr. lösten die Ptolemäer von Ägypten, die Seleukiden (ab 253 v. Chr.) und die Makedonen (ab 227 v. Chr.) einander in der Herrschaft ab. Im Jahre 188 v. Chr. kommt Karien auf Veranlassung der Römer an Rhodos. In der 129 v. Chr. eingerichteten römischen Provinz Asia war es Sitz eines Gerichtssprengels. Es blieb Münzstätte bis ins 3. Jh. n. Chr. (die Gestalt des archaischen Kultbildes des Zeus Labrayndos ist von den Münzen her bekannt). Mylasa war frühchristliche Bischofsstadt und wurde den Byzantinern, die die Römer beerbt hatten, zum ersten Mal im 11. Jh. von türkischen Seldschuken streitig gemacht. Im 13. Jh. wurde Milâs die Hauptstadt des lokal bedeutenden seldschukischen Emirats der *Mentesche*; diese herrschten mit einer Unterbrechung (1390–1402) bis 1424, ab 1415 aber schon als Vasallen der

Milâs: Römischer Grabbau (›Gümüşkesen‹)

Osmanen. – Heute ist Milâs eine lebendige ländliche Provinzhauptstadt mit lebhaftem Basar und Wochenmarkt und einem verwirrenden Stadtplan, der sich über drei an einem Bach gelegene Hügel erstreckt.

Gleich am Nordrand der Altstadt bemerkt man rechts der Hauptstraße die große *Firûz Bey Camii* aus Marmor in einem weiten, von den Bauten einer Koranschule (Medrese) umgebenen Hof. Die Moschee stammt von 1394, also aus der Zeit der ersten osmanischen Besetzung und zeigt als einzige dieses Reisegebietes den Typ der Moscheen von Bursa: Hinter einer breiten Vorhalle mit Tonnengewölbe liegen in der Längsachse ein Vorraum und der Hauptsaal mit Kuppel. Der Vorraum hat eine Deckenkonstruktion aus versetzten Balkenquadraten wie das römische Mausoleum von Milâs (s. u.) und wird rechts und links von zwei kleineren Kuppelräumen begleitet. Tor und Mihrab (Gebetsnische) sind mit reichen Ornamenten in Marmor gerahmt. Die Pfeiler der Vorhalle sind durch kunstvolle Steingitter verbunden.

Auf dem ersten Stadthügel liegt ein *Handelshaus* (Han) von etwa 1720 (Inschrift). Seine zweigeschossige, vierseitige Anlage umschließt einen Innenhof und ist von sehr schlichter Ausführung. – Am Nordrand des Hügels über dem Bachbett ragt eine einsame *korinthische Säule* (sütün) aus den alten Wohnhäusern empor. Sie steht auf einem 3,5 m hohen Podium und ist der einzige Rest eines der in der Antike zahlreichen Tempel der Stadt (1. Jh. n. Chr.). Gegen das Tal wird der Hang von einer hohen Quadermauer gefaßt, die einst die Tempelterrasse abstützte. – Näher an diesem Bach, etwa 100 m südöstlich, liegt die *Ulu Cami*, die 1378 durch *Ahmed Gazi* (s. u.) unter Verwendung zahlreicher, unverändert eingebauter antiker Bauteile (Spolien) und zweier schöner Inschriften errichtet wurde. – An einem größeren Platz, auf der anderen Bachseite, steht ein gut erhaltenes marmornes *Tor der Stadtbefestigung*, wegen der Darstellung des Zeussymbols, der Doppelaxt, *Baltalı kapı* (Tor mit der Axt) genannt (wohl 2. Jh. n. Chr. oder später): Über mit Akanthus verzierten Kämpfern spannt sich ein Bogen zwischen zwei Lisenen, deren ebenfalls akanthusverzierte Kapitelle ein verkröpftes, über dem Bogen durchgehendes Gebälk trugen.

In einem Tal, 600 m östlich des Stadtzentrums, erhebt sich das wichtigste römische Denkmal der Stadt, ein zweigeschossiger *Grabbau* des 2. Jh. n. Chr. (Gümüşkesen = Silberkästchen genannt) in einem kleinen Teegarten. Der Marmorbau, der wiederum in der späten Nachfolge des Mausoleions von Halikarnass (Bodrum; Nr. 37) zu sehen ist, besteht aus einem glatten Sockel, der lediglich Profile an Unter- und Oberkante trägt und der auf einer den ganzen Bau umziehenden Sitzbank ruht. Auf dem Sockel, der die Grabkammer birgt, erhebt sich ein Monopteros (Pavillon) korinthischer Ordnung

Steinbalkendecke des römischen Grabbaus (Stich von 1842)

aus vier Eckpfeilern, zwischen denen an jeder Seite je wei im Querschnitt längliche, formal aus Halbsäulen und einem Mittelstück zusammengesetzte Pfeiler stehen.

Die reich profilierte Decke aus Marmor, deren äußere Verkleidung mit Gebälk und einem Pyramidendach jetzt fehlt, ist aus vier jeweils übereck stehenden Balkenquadraten konstruiert.

Fünf km südlich der Stadt, auf einem Berg über der Straßengabelung nach Muğla bzw. Bodrum, liegt die Burg *Beçin Kalesi*, der Ort der ältesten Ansiedlung von Milâs und Festung in seldschukischer und osmanischer Zeit. – Eine die Ebene beherrschende Kuppe wird von den Außenmauern der alten türkischen Festung umfaßt, in der einige antike Spolien verbaut sind, vor allem die Quaderfundamente eines Tempels im Bereich des Zuganges. – In den Olivenhainen auf dem anschließenden Bergrücken liegen die Ruinen einiger Bauten aus seldschukischer Zeit: Die *Medrese des Ahmed Gazi* (des Erbauers der Ulu Cami in Milâs), eine rechteckige Anlage mit zehn Kammern um einen Innenhof, zu dem ein monumentales, spitzbogig überwölbtes Tor führt, ist am besten erhalten (14. Jh. n. Chr.). Eine Türbe (Grabbau) enthält die Gräber Ahmed Gazis und seiner Gattin (vgl. die ebenfalls dem Ahmed Gazi zugeschriebene Türbe in Eski Çine; Nr. 26). Nicht weit von dieser Medrese steht noch das marmorne Tor der zerstörten *Orhan Bey Camii* (1. Hälfte 14. Jh.).

Am Fuße des Burgberges der Beçin Kalesi, 3 km südlich von Milâs, gabelt sich der Weg. Die rechte, nach Westen gehende Straße führt auf einer kürzlich neu ausgebauten Trasse nach Bodrum (dem antiken Halikarnass, etwa 50 km), die linke führt nach Osten über Stratonikeia (Nr. 38; etwa 36 km), Yatağan (45 km) nach Muğla (69 km) und weiter in Richtung Marmaris (130 km) und Fethiye (227 km) in Lykien.

Geschichte: Der Sage nach wurde Bodrum (das antike Halikarnass) im 11. Jh. v. Chr. von Dorern gegründet; wie bei anderen griechischen Küstenstädten war die vorgelagerte Halbinsel, die heute das Kastell trägt, der Ort der ersten Ansiedlung. – Aus einem Bund von sechs dorischen Städten auf Rhodos und Kos wurde Halikarnass schon früh ausgeschlossen, und seine, neben den zahlenmäßig noch stark vertretenen Karern, griechischen Einwohner galten schon früh als Ioner. – Im 7. und 6. Jh. war Halikarnass lydisch und ab 546, nach dem Sieg des Perserkönigs *Kyros* über *Kroisos*, persisch unter einer karisch-griechischen Dynastie. Unter Führung der bedeutendsten Herrscherin dieser Dynastie, *Artemisia*, nahm Halikarnass am Feldzug des *Xerxes* gegen die Griechen des Mutterlandes teil (480 v. Chr.), wurde aber nach dessen Scheitern Mitglied des Delisch-Attischen Seebundes. *Herodot* (5. Jh. v. Chr.), der ›Vater der Geschichtsschreibung‹, dem wir die meiste Kenntnis der Perserkriege und viele Nachrichten über Länder und Völker seiner Zeit verdanken, stammte aus Halikarnass und war ein Enkel jener *Artemisia*.

Am Anfang des 4. Jh. v. Chr. machte ein Boxer aus Halikarnass von sich reden, der 392 einen olympischen Sieg errungen hatte, 388 aber wegen Bestechung der Schiedsrichter damit bestraft wurde, daß er eine bronzene Zeus-Statue in Olympia aufstellen mußte, deren Basis dort erhalten geblieben ist.

Bodrum: Kreuzritterburg

Halikarnass wurde im 4. Jh. von den Persern beherrscht und von den Hekatomniden aus Mylasa (Mîlâs) regiert, deren bekanntester Herrscher, *Mausolos* (377–353 v. Chr.), seine Residenz hierher an die See verlegte und die Stadt zugleich durch Zusammensiedelung mehrerer kleiner Orte der Halbinsel bedeutend vergrößerte, mit einer etwa 5,3 km langen Mauer befestigte und mit bedeutenden öffentlichen Bauten versah. Nach seinem Tod ließ seine Schwester *Artemisia* (d. J.) ihm ein Grabmal, das Mausoleion, errichten und von den bedeutendsten griechischen Künstlern der Zeit ausgestalten. Halikarnass war eine der wenigen Städte der kleinasiatischen Westküste, die 334 v. Chr. gegen *Alexander d. Gr.* Widerstand leisteten – wenn auch vergeblich. *Alexander* setzte hier die vertriebene jüngste Hekatomnidin, *Ada*, wieder ein, die eine zeitlang in Alinda gelebt hatte (s. Nr. 25).

Im 3. Jh. herrschten vorwiegend die Ptolemäer aus Ägypten über Halikarnass. Nach der Schlacht bei Magnesia (190 v. Chr.) fiel Halikarnass mit Karien und Lykien unter der Schirmherrschaft der Römer an die Rhodier und wurde erst etwa 58 v. Chr. der Provinz Asia angegliedert. Um 80 v. Chr. wurde auch Halikarnass ein Opfer der Raffgier des damaligen römischen Statthalters von Kilikien, *Verres*, dessen korrupte Bereicherung während seiner weiteren Ämterlaufbahn 10 Jahre später zu einem Prozeß in Rom geführt hat, bei dem *Cicero* eine Reihe berühmt gewordener Anklagereden gehalten hat.

Auf das Römische, später Byzantinische Reich folgte im 13. Jh. n. Chr. die Herrschaft der seldschukischen Emire von Mîlâs, der Mentesche. Die Johanniter setzten sich 1402 in Halikarnass fest, und 1415 wurde ihnen der Besitz als Kompensation für das verlorene Smyrna von dem osmanischen Sultan *Mehmed I.* bestätigt. Der Johanniterorden war im 11. Jh. in Jerusalem gegründet worden, um Pilger zu schützen und unterzubringen, um Kranke zu pflegen, aber auch um das Heilige Land zu verteidigen. Er war in drei Klassen (Ritter, Priester und dienende Brüder) und in sieben Nationalitäten gegliedert. Nach der fortschreitenden Rückeroberung Palästinas durch die Aijubiden- und Mamlukensultane im 13. Jh. zogen sich die Johanniter über Zypern nach Rhodos zurück (1309). Im 15. Jh. bauten sie das Kastell St. Peter im ehemaligen Halikarnass. Erst *Suleiman I.* vertrieb sie 1522 auch aus Rhodos und Halikarnass, von wo sie über Kreta nach Malta weiterzogen. Unter dem Namen Malteserritter existiert der Orden weiter und hat in Rom sogar noch einen Rest seiner aus dem Mittelalter überkommenen Souveränität bewahrt. – Ihre Burg in Bodrum wurde von den Türken übernommen und bis ins 20. Jh. – zuletzt als Gefängnis – genutzt. 1915 wurde sie zum letzten Mal bombardiert.

Bodrum, dessen Name sich vom mittelalterlichen ›Petronion‹ ableitet, ist heute eine Kleinstadt mit etwa 8 000 Einwohnern und ein wegen seiner schönen Lage und der weitverzweigten Meeresbuchten der Halbinsel national und international beliebter Ferienort mit Segelschule. Schon *Vitruv* (1. Jh. v. Chr.) vergleicht die Anlage der Stadt mit der eines römischen Theaters mit der Agora an dem runden Hafenbecken im Mittelpunkt (nicht erhalten). Auf einem Flügel liegt heute das Kastell der Kreuzfahrer, auf dem anderen eine kleine Moschee in einem türkischen Friedhof. Die antike Wohnbebauung zog sich allseits die Hänge hinauf; etwa in der Mitte ist das hellenistische Theater eingebettet, und am Fuße der Gipfelfelsen sind einige Grabkammern aus dem Stein gehauen.

Die Stätte, an der sich das in der Antike berühmteste Monument von
Halikarnass, das *Mausoleion*, erhob, liegt inmitten der Gärten des alten
türkischen Ortes, etwa 100 m landeinwärts von der am Hafen stehenden kleinen Tepecik Camii aus. Nur noch die unteren Fundament-
schichten aus grünem Sandstein und verstreute Marmorbauglieder
des Oberbaus befinden sich in dem Grabungsareal; das meiste wurde
im 15. Jh. in das Kastell verbaut. Ältere Kammern und Gänge, die nicht
zum Mausoleion gehören, zeigen, daß bereits früher an dieser Stelle
Gräber angelegt worden sind. Ein neues Museum enthält u. a. ein
Modell des Mausoleions und Abgüsse der Bildwerke, die im 19. Jh.
ins Britische Museum nach London gekommen sind.

Modell des Mausoleion   *Statue des Mausolos*

Das Mausoleion, das Grabmonument des Königs *Mausolos* (377–353 v. Chr.), wurde schon zu seinen Lebzeiten begonnen und von seiner Schwester und Gattin *Artemisia* d. J. weitergebaut. Der auf einem kleinasiatischen Grabtypus (vgl. das spätere Mausoleum von Belevi; Nr. 21) basierende Entwurf stammt von den griechischen Architekten Satyros und Pytheos (der später den Athenatempel von Priene entwarf; Nr. 31). Der Bau wurde von den in der Antike berühmten griechischen Bildhauern *Skopas, Leochares, Timotheos* und *Bryaxis* mit drei Friesen und Statuen ausgestattet. Die bis heute nicht in allen Details gelungene Rekonstruktion beruht im wesentlichen auf einer Beschreibung des römischen Naturwissenschaftlers *Plinius d. Ä.* (23 n. Chr. – 24. 8. 79 n. Chr., gest. bei dem Ausbruch des Vesuvs, der Pompeji verschüttete), die jedoch nicht in allen Zahlen exakt überliefert ist. Auf einem etwa 15 m hohen, von Relieffriesen umzogenen Sockel (etwa 33 × 39 m groß) stand eine ionische Peristasis von 9 × 11 Säulen um einen Kernbau (Cella), über deren Gebälk sich als Dach eine Stufenpyramide erhob. Auf deren oberster Plattform, in etwa 40 m Höhe, stand eine große Quadriga (Viergespann) mit Statuen des *Mausolos* und seiner Gattin *Artemisia*, Werke des *Pytheos*.

Das Grabmal war von einem weiten Platz (240 × 105 m) mit einer Umfassungsmauer aus Marmor umgeben.

Wohl wegen seiner Größe, aber auch der künstlerischen Qualität seiner Ausstattung galt das Mausoleion in der Antike als eines der Sieben Weltwunder neben den Hängenden Gärten der Semiramis in Babylon, dem Leuchtturm von Alexandria (Pharos), den Pyramiden, der Kolossalstatue des Helios über der Hafeneinfahrt von Rhodos, dem Artemistempel von Ephesos (Nr. 22) und der Zeusstatue in Olympia. Seine baugeschichtliche Bedeutung besteht in der Weiterentwicklung der alten ionischen Ordnung, die auch in Labraunda (Nr. 36) von demselben Bauherrn gefördert wurde und die dann am Athenatempel von Priene (Nr. 31) ihren Höhepunkt findet.

Die *Kreuzritterburg* der Johanniter am Hafen, heute das spektakulärste Monument am Ort, enthält das *Museum* von Bodrum. Die Burg besteht im wesentlichen aus einem hochgelegenen Kernbau, mit den beiden ältesten Türmen, dem ›französischen‹ und dem italienischen (1431), der ab 1440 von einer in unregelmäßigem Viereck geführten Mauer mit dem dicken runden ›Schlangenturm‹ sowie dem ›deutschen‹ und dem ›englischen‹ Turm umgeben wurde. Nur wenige Reliefs mit Wappen oder Heiligendarstellungen verzieren – meist über den Türen – das graue Gemäuer. Die kräftige nördliche Verstärkung mit abgerundeten Bastionen und die Hafenbatterie kamen 1501–1522 hinzu und sind bereits für Artillerie konzipiert. Die Kapelle in gotischen Formen wurde erst 1519–1520 errichtet.

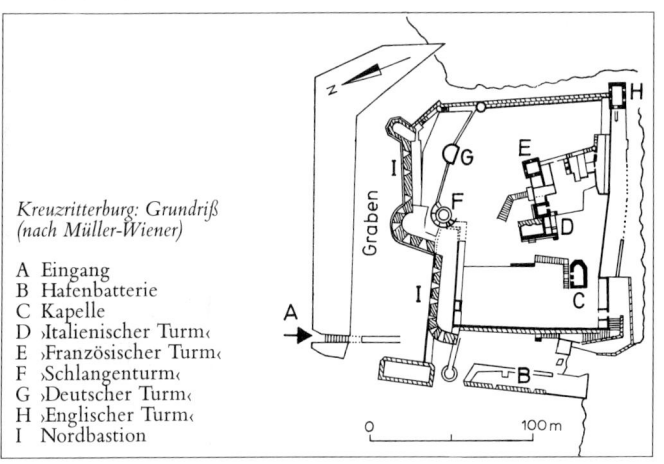

*Kreuzritterburg: Grundriß
(nach Müller-Wiener)*

A Eingang
B Hafenbatterie
C Kapelle
D ›Italienischer Turm‹
E ›Französischer Turm‹
F ›Schlangenturm‹
G ›Deutscher Turm‹
H ›Englischer Turm‹
I Nordbastion

Man betritt die Burg von dem an der Nordwestecke gelegenen klei-
nen Hafenplatz neben der Kızılhisarlı Mustafa Paşa Camii (1723). – Im
Graben zwischen der Hafenbatterie und der älteren Westmauer sind
größere Marmorfunde aus Halikarnass und Umgebung ausgestellt:
Große archaische Eierstäbe, hellenistische Rundaltäre, Grab- und
Votivreliefs, Bauteile sowie römische Marmorstatuen. – In der
Kapelle, im oberen Burghof, steht die einzige in Bodrum verbliebene
Friesplatte des Mausoleions mit der heftig bewegten Darstellung der
Endphase eines Zweikampfes zwischen einem mit einem Schild
bewaffneten Griechen und einer bereits am Boden liegenden Amazone. – Die Vitrinen enthalten mykenische (15.–12. Jh. v. Chr.) und
geometrische (9.–8. Jh. v. Chr.) Keramik aus Grabungen auf der Halbinsel von Halikarnass.
Auf der Terrasse über dieser Kapelle sind wieder Bauteile und Skulpturen im Freien aufgestellt, darunter einige Fragmente archaischer
ionischer Kuroi (6. Jh. v. Chr.). – Der nächste Museumsraum (auf der
Bergseite) ist Funden aus verschiedenen Orten Kariens gewidmet
und enthält u. a. Terrakotten und Keramik, Bronze- und Glasgegen-
stände aus prähistorischer bis byzantinischer Zeit sowie einige marmorne Porträtköpfe aus den Orten Bodrum, Iasos, Euromos, Stratonikeia, Marmaris und Knidos. Erwähnt seien verschiedene
archaische Terrakottasimen (Dachrinnen) aus Euromos mit der Darstellung von Steinhühnern, Reitern und Wagenrennen, außerdem
der Abguß einer Bronzestatue, die im Meer gefunden wurde (Original in Izmir).

Friesplatte des Mausoleion

Unter dem Vordach des nächsten Museumsraums steht eine bärtige Sphinxfigur, die vom Giebel des Andron B in Labraunda (s. Nr. 36, H) stammt. Der Raum selbst enthält Funde der in Bodrum sehr intensiv betriebenen Unterwasserarchäologie. In einer nahegelegenen Bucht haben offenbar einige Schiffe aus verschiedenen Zeiten ihren Untergang gefunden. Von ihrer Ladung und Ausrüstung stammen die an den Wurmgehäusen aus Kalk kenntlichen Funde: Keramik, vor allem Amphoren, in denen der Wein transportiert wurde, und Geschirr des täglichen Bedarfs, Anker verschiedener Formen, die Bronzestatue eines Negerknaben und eine Statuette der Isis, Gebrauchsgegenstände wie Wetzsteine, Webgewichte, Münzen und große Bronzebarren (17–45 kg), die mit ihren vier Griffen an den Ecken wie aufgespannte Häute aussehen.

Oberhalb der Mausoleiongrabung, im Berghang jenseits der modernen Umgehungsstraße liegt das *Theater* von Halikarnass (wohl 3. Jh. v. Chr.), auf dessen unteren Rängen die Marmorstufen teils erhalten, teils neuerdings restauriert sind. Der Dionysosaltar steht in der Mittelachse der Ochestra. Das Proskenion mit einer Halbsäulenfassade im Unter- und ionischen Säulen im Obergeschoß sowie drei Bühneneingängen liegt in Trümmern.
Oberhalb des Theaters ist eine steile Felswand eine Reihe von *Grabkammern* eingearbeitet, meist mit einer Haupt- und mehreren Nebenkammern. – Besonders schön ist die Aussicht von hier auf die Stadt und die Burg am Meer sowie auf die ferneren Inseln.
Weiter nach Westen gehend, stößt man auf die Reste der *Stadtmauer* von Halikarnass aus dem 4. Jh. v. Chr.; vor allem in der Ebene sind noch bedeutende Reste, so auch das westliche Tor der alten Straße nach Gümüşlük (Myndos), erhalten.

Eine Besonderheit der Halbinsel von Halikarnass sind die antiken Bergstädte, Fluchtburgen und Einzelgehöfte mit kreisförmigem Grundriß der Leleger, der Ureinwohner dieser Gegend. Sie stammen vermutlich noch aus archaischer Zeit, sind aus einfachen Trockenmauern in Bruchstein errichtet und auf entlegenen Höhen noch relativ gut erhalten (z. B. die Siedlung *Syangela*, türk. Alazeytin, westlich des Dorfes Çiftlik (ionische Pilasterkapitelle im Museum – und einige Gehöfte am Westhang des Kışla Dağ, östlich oberhalb von Bodrum).

Von Bodrum sind Ausflüge mit dem Motorboot auf die nahegelegenen Inseln, zu den Ruinen von Knidos (s. Nr. 40) und zur griechischen Insel Kos (türk.: Istanköy) möglich.

An der Straße Milâs – Muğla liegt, ca. 36 km von Milâs entfernt, das Dorf *Eski Hisar* (›alte Burg‹, das antike *Stratonikeia*) am Rande eines Braunkohletagebaus, der in wenigen Jahren diese Stätte verschluckt haben wird. – Es ist daher dringend zu wünschen, daß die kulturhistorisch bedeutenderen Ruinen dieses Platzes, die von der Universität Konya wissenschaftlich untersucht werden, sachgerecht an einen anderen Standort transferiert werden.

Die antike Stadt *Stratonikeia* wurde im 3. Jh. v. Chr. durch den Seleukiden *Antiochos I.* (281–261 v. Chr.) gegründet und nach seiner Stiefmutter und späteren Gattin *Stratonike* benannt. Die Stadt war im 2. Jh v. Chr. ein Zankapfel zwischen Rhodos, das von 189–167 herrschte, und den hellenistischen Königen, bis sie etwa 130 v. Chr. als Teil der Provinz Asia zum römischen Imperium kam.

Am Anfang des modernen, nach einem Erdbeben angelegten Dorfes Eski Hisar, links (nördlich) an der Landstraße befindet sich ein kleines *Museum* mit hellenistischen und römischen Skulptur- und Architekturteilen, Grab- und Votivreliefs.

Auf der Südseite der Landstraße, versteckt unter alten Bäumen zwischen den verfallenen Steinhäusern und Gartenmauern des älteren Dorfes liegen die Ruinen antiker Gebäude. – Etwa in der Mitte des Ortes stößt man auf die etwa in halber Höhe noch aufrecht stehenden Wände eines rechteckigen Baues aus großen Marmorquadern, der nach neuesten Grabungsergebnissen zweifelsfrei als *Buleuterion* zu bezeichnen ist. Wegen einiger Inschriften auf der Innenseite der Nordwand, die sich auf den Serapiskult beziehen, galt der Bau bisher auch als Serapeion, doch war auf der Außenseite der gleichen Wand das diokletianische Höchstpreisedikt (s. Einleitung) eingemeißelt. – Das monumentale Tor westlich davon gehört nicht zu diesem Komplex, sondern ist in späterer Zeit von anderswo hierher versetzt worden.

Südlich, unweit des Buleuterions wurde in letzter Zeit ein ungewöhnlicher rechteckiger Baukomplex, wahrscheinlich ein *Gymnasium*, von etwa 85 × 50 m Ausdehnung entdeckt (2. Jh. v. Chr., Umbau 1. Jh. n. Chr.). – An der Nordseite sind drei prunkvolle Räume freigelegt, von denen der mittlere, die sog. ›Exedra‹, mit halbkreisförmigem Grundriß der bedeutendste ist. Der südlich anschließende Gebäudeteil, möglicherweise ein weites Peristyl, ist noch nicht ausgegraben. Während die Wand des östlichen, rechteckigen Saales mit einer korinthischen Halbsäulenarchitektur auf einer hohen, von Postamenten gegliederten Sockelzone aus großen Quadern verziert ist, zeigt der mittlere Saal mit halbkreisförmigem Grundriß (›Exedra‹) eine frei vor die Wand gestellte korinthische Zierarchitektur. Die Räume werden als höchst wichtiges kunsthistorisches Bindeglied zwischen hellenistischer und römischer Raumdekoration angesehen.

Am Nordrand des Dorfes lag ein monumentales *Stadttor* aus zwei Torbögen, zwischen denen auf der Stadtseite ein nymphäumartiger

Stratonikeia: Rechteckiger Saal des ›Gymnasiums‹ (links). – Lagina: Tor des Propylons zum Hekateheiligtum (rechts).

Bau mit halbkreisförmigem Wasserbecken, Marmorplattenverkleidung und Mosaikboden angebaut worden ist. Reste eines gewölbten Durchganges und der prunkvollen Innenfassade stehen noch aufrecht. – Etwa 300 m weiter östlich, am Abhang zu einer Schlucht erhebt sich die Ruine einer zur Stadtbefestigung gehörigen *Burganlage* aus Quadern.

Das Stadtgebiet wird im Süden durch den Akropolishügel begrenzt, an dessen stadtseitigem Nordhang sich das nur teilweise ausgegrabene Theater als Mulde mit einigen Reihen sorgfältig profilierter Sitze des Zuschauerraumes und der Ruine des Bühnengebäudes abzeichnet.

Die Straße nach Muğla erreicht kurz nach Eski Hisar (Stratonikeia) das Braun-
kohlenrevier von Yatağan mit einem riesigen Kraftwerk. Nach etwa 3–5 km
(2 km vor Yatağan) zweigt links (nach Norden) eine Nebenstraße nach Turgut
(ca. 10 km) ab. Unterhalb eines gleich am Ortseingang gelegenen Dienstge-
bäudes, in den gut bewässerten, von dichten Hecken umschlossenen Feldern
liegen die Ruinen des *Hekatetempels von Lagina* (türk. Leyna; Führung durch
Einheimische zu empfehlen).

Das zu Stratonikeia gehörende, in der Antike berühmte *Heiligtum der Hekate*,
einer einheimischen Göttin der Unterwelt und der Fruchtbarkeit, bestand,
soweit bisher bekannt, aus einem von dorischen Säulenhallen umgebenen
Platz. Von seiner Toranlage (Propylon) ist das aus drei großen Monolithen
bestehende Portal erhalten, das nach einer Inschrift wahrscheinlich um
27. v. Chr. errichtet wurde. In der Mitte des Platzes, den jetzt ein Kornfeld einnimmt, liegt die überwachsene Ruine des schon im 2. Jh. v. Chr. errichteten
Tempels, dessen korinthische Kapitelle, Architrave mit Lotos-Palmettenfrie-
sen, verzierte Kassettenbalken und das Antenkapitell man am Ort verstreut
findet, während der in großen Partien erhaltene Figurenfries des Gebälks ins
Museum von Istanbul gelangte. – Auch vom Grundriß des 21 × 28 m großen
Tempels ist am Ort kaum eine Vorstellung zu gewinnen: Die relativ kleine,
nach Westen geöffnete Cella hatte eine Vorhalle (Pronaos) mit zwei eingestellten ionischen Säulen, aber keinen Opisthodom, und war von einer zwei
Joche breiten Säulenhalle mit korinthischen Säulen umgeben, hatte also die
sog. Pseudodipterosform, deren Erfindung *Hermogenes* zugeschrieben wird
(vgl. Artemistempel von Magnesia a. M.; Nr. 30).

Die Moscheen der Provinzhauptstadt *Muğla* (26 000 E.) stammen noch aus der
Zeit der seldschukischen Mentesche-Dynastie (vgl. Milâs; Nr. 36); die *Ulu
Camii* (1344) repräsentiert einen mehrschiffigen frühen Moscheetyp.

39 Marmaris

Der bei einheimischen wie auswärtigen Touristen beliebte Badeort Marmaris
(6 000 E) liegt 61 km südlich von Muğla an einer weiten Meeresbucht, die von
ausgedehnten Pinienwäldern umgeben ist, soweit diese nicht den modernen
Badehotels weichen mußten. Vom antiken *Physkos*, das zu Rhodos gehörte,
sind nur geringe Reste hellenistischer Stadtmauern auf dem nördlich der
Straße gelegenen Hügel *Asar Tepe* erhalten. Von 1284–1391 gehörte der Ort den
seldschukischen Emiren der Mentesche aus Milâs, danach zum Osmanischen
Reich. Die kleine Altstadt liegt auf einer in die Bucht vorspringenden Halbinsel, auf der sich weiß getünchte Fachwerkhäuschen um ein spätmittelalter-
liches, 1557 ausgebautes Kastell scharen. Die jetzigen Einwohner von Marmaris stammen z. T. von türkischen Aussiedlern aus Kreta ab. Die Ibrahim Ağa
Camii wurde im 18. Jh. errichtet. – Nach Rhodos und gelegentlich auch nach
Knidos bestehen Bootsverbindungen. Marmaris, das auch per Flugzeug zu
erreichen ist (Flugplatz Dalaman), ist der Ausgangspunkt zur Fahrt nach Knidos und zur Weiterreise nach Lykien mit seinen bedeutenden Ruinenstätten
Kaunos, Xanthos, Myra und Limyra.

Die Bucht von Marmaris

Kastabos

Von der Straße nach Datça und Knidos zweigt nach 20 km ein Weg nach Süden zu den Dörfern Hisarönü (etwa 3–4 km), Turgut (etwa 16 km) und Bozburun (34 km) ab. Südlich von Hisarönü, auf einem Pazarlik genannten Hügel, einem nördlichen Ausläufer des Eren Dağ, liegen inmitten von Ölbaumhainen auf einer Terrasse die geringen Reste eines ionischen Peripteros und anderer Bauten des *Heiligtums der Hemithea von Kastabos* (Bauteile in den Magazinen des Museums von Bodrum). Hemithea (wörtl. ›Halbgöttin‹) war eine von den dorischen Siedlern wohl von den Karern übernommene Heilgottheit, deren Kult sich an dieser Stelle seit dem frühen 6. Jh. v. Chr. nachweisen ließ. Im Fundament des Tempels zeichnen sich die rechteckige, ehem. mit einem Kieselboden belegte Cella und der tiefe Pronaos (Vorraum) ab, die von einer Ringhalle mit 6 × 12 ionischen Säulen umgeben waren. Dabei war die Säulenhalle an der Ostseite um ein Joch erweitert. Der Grundriß des kleinen (etwa 13 × 25 m) Baus ist – anders als bei den klassischen ionischen Tempeln – nicht auf einem Achsenraster entwickelt, sondern hat eine gewisse Ähnlichkeit mit dem dorischen Asklepiostempel (4. Jh.) in Epidauros (Griechenland).

Knidos: Blick über den Kriegshafen zum Festland

40 Knidos

Westlich von Marmaris streckt sich die 100 km lange, schmale und gebirgige Halbinsel von Knidos in die Ägäis. – Eine Asphaltstraße führt zu dem aufstrebenden Badeort Datça (80 km), von wo auf einer engen und schlechten Schotterstraße (oder per Boot) *Knidos* (115 km von Marmaris) zu erreichen ist. – Die einsame, fast inselartig abgeschlossene Lage des einst durch Seehandel reichen und durch sein Aphroditeheiligtum, aber vor allem durch seine Gelehrten berühmten Knidos ist eindrucksvoll, die Ruinen im einzelnen aber durch jahrhundertelangen Steinabbau sehr reduziert.

Geschichte: Knidos ist der Sage nach von den dorischen Städten Sparta und Argos aus gegründet worden und wird im 7. Jh. v. Chr. zum erstenmal in der Dichtung erwähnt. Auf seinem Gebiet lag das Apollonheiligtum, welches das Zentrum des dorischen Städtebundes (Hexapolis) war. – Von Knidos aus wurde eine Kolonie auf der Vulkaninsel Lipari, nördlich von Sizilien, gegründet, und knidische Kolonisten beteiligten sich an der Gründung einer Niederlassung und eines Heiligtums in der milesischen Kolonie Naukratis in Ägypten. Die Verbindungen zum griechischen Mutterland blieben eng, das delphische Orakel wurde häufig befragt und riet z. B. 546 v. Chr. ab, die Halbinsel von Knidos durch Anlage eines Kanals zur Insel zu machen. Für die offenbar reichlichen Weihgeschenke an den delphischen Apollon wurde von den Knidiern dort ein eigenes Schatzhaus errichtet – trotz ihrer dorischen Herkunft in ionischer Ordnung. – Die Hauptgottheit von Knidos, die ›Aphrodite Euploia‹, die Beschützerin der Seefahrt, hatte ihr Heiligtum in der Stadt selbst (s. u.).

In der Antike hatte Knidos den Ruf, eine Stätte der Wissenschaft zu sein: Der Mathematiker *Eudoxos* (391–338 v. Chr.), ein Schüler von *Platon*, erarbeitete wichtige Grundlagen der Kegelschnittgeometrie und der Ähnlichkeitslehre, die als Teile der Werke von *Euklid* und von *Apollonios* (Kegelschnitte) in die abendländische Mathematik eingegangen sind. *Eudoxos* kannte die Kugelform der Erde und entwickelte eine eigene Planetentheorie. – Der Arzt und Historiker *Ktesias* (4. Jh. v. Chr.) schrieb ein in der Antike viel benütztes Werk über die Geschichte Persiens. – Der Ingenieur *Sostratos* entwarf den Leuchtturm (Pharos) von Alexandria – eines der Sieben Weltwunder (s. S. 210). Erst im 4. Jh. v. Chr. wurde die Stadt offenbar an ihrem heutigen Ort neu gegründet und nach dem hippodamischen System mit einem rechtwinkeligen Straßennetz und gleichgroßen Grundstücken angelegt (vgl. die Neugründung von Priene; Nr. 31). Sie war mit *Mausolos* von Halikarnass und später mit Rhodos verbündet.

1812 und 1857/58 sowie seit 1967 wurden Ausgrabungen unternommen (einige Skulpturen befinden sich im Britischen Museum, London).

Die antike Stadt lag auf zwei einander zugewandten Berghängen, die über den beiden durch eine schmale Landenge getrennten Hafenbecken auf dem Festland einerseits und auf der vorgelagerten kleinen Halbinsel andererseits, aufsteigen. Der kleinere, nordwestliche Hafen ist ausdrücklich als Kriegshafen überliefert. Die Stadt wird von einer weiten, stellenweise noch deutlich erkennbaren Befestigung umzogen, die den nächsten Bergkamm und eine Gipfelfestung auf dem Festland mit einschließt.

Während der nach Nordosten fallende Hang auf der Halbinsel die unscheinbare, noch nicht ausgegrabene Wohnbebauung trug, lagen die öffentlichen Bauten wohl in der Hauptsache auf dem durch starke Stützmauern terrassierten Hang auf dem Festland.

Nahe am südlichen Hafen befindet sich das kleinere, besser erhaltene *Theater*, während ein größeres Theater hoch oben in den Hang gegraben war. Die Ruine eines *Odeions* liegt weiter östlich bei der unter Wasser noch erkennbaren Nordmole. Über dem kleinen Theater staffeln sich am Hang Terrassen mit den Fundamenten einer *dorischen Halle*, eines kleinen *Tempels korinthischer Ordnung* und darüber die Reste des *Aphroditeheiligtums*. Hier ist vor allem das Fundament eines *Rundbaus* auf einem Podium zu erwähnen, dessen runde Cella von 18 Säulen umgeben war. Der Bau dürfte aus der Kaiserzeit stammen und hat zu der Zeit wahrscheinlich die etwas überlebensgroße Statue der unbekleideten *Aphrodite des Praxiteles* (etwa 350 v. Chr.) enthalten – eines der berühmtesten Bildwerke der Antike. Sie war vermutlich nicht das eigentliche Kultbild, sondern eine Votivfigur, die so aufgestellt war, daß man sie von allen Seiten besichtigen konnte. Ihre Gestalt ist uns durch zahlreiche römische Kopien bekannt.

Auf gleicher Höhe, am Ostrand des Stadtgebietes lag das *Demeter-Heiligtum*, von dem lediglich die Stützmauer geblieben ist. – Unterhalb desselben ist ein hellenistisch-römischer Wohnkomplex freigelegt worden. – Eines der spätesten Denkmäler ist eine kleine, aus Spolien zusammengesetzte *byzantinische Kirche* in der Nähe des kleinen Hafens.

Westlich außerhalb der Stadtmauer, an der Nordseite der kleinen Halbinsel liegt die Ruine eines römischen Grabbaus mit Vorraum und Grabkammer mit Apsis und seitlichen Nischen.

Auf einem schwer zugänglichen, 3 km südöstlich von Knidos ins Meer ragenden Felsrücken (Aslancı Burnu) liegen die Trümmer eines *Mausoleums* aus dem 4. Jh. v. Chr., dessen massiver Unterbau mit dorischer Halbsäulenordnung eine Stufenpyramide mit einem liegenden Löwen (jetzt in London) auf der Spitze trug.

Das Theater von Knidos

C. ERLÄUTERUNG EINIGER FACHAUSDRÜCKE

Ädikula: Architektonische Rahmung einer Tür, eines Fensters oder einer Nische, gewöhnlich aus zwei Säulen mit Gebälk und Giebel.

Äoler: Griechischer Volksstamm. Siedlungsgebiet: Nordteil der kleinasiatischen Westküste (s. Historischer Überblick; Neandria, Nr. 6; Assos, Nr. 8; Larisa a. H., Nr.13).

Akanthus: Pflanze, mit deren zur Kunstform stilisierten Blättern und Stengeln korinthische Kapitelle, ionische Simen u. a. verziert wurden.

Ante: Ende der vorgezogenen Längswände eines Rechteckbaus. → Tempel.

Anthemion: Blütenornament, meist aus Lotusblüten und Palmetten.

Attika: (geogr.) Landschaft mit der Hauptstadt Athen. – (archit.) Geschoß über dem Hauptgebälk eines Gebäudes.

Bukranien: Darstellung von Rinderschädeln meist mit Girlanden.

Buleuterion: Rathaus mit theaterartigem Sitzungssaal.

Dorer: Griechischer Volksstamm, in Kleinasien nur an der Südwestküste angesiedelt (s. Historischer Überblick; Halikarnass, Nr. 37; Knidos, Nr. 40).

Gewölbe: Gekrümmte Deckenkonstruktion aus Stein. – a) Kraggewölbe oder unechtes Gewölbe entstehen durch Vorkragen der oberen gegenüber den unteren Schichten bei waagrechten Lagerfugen (s. Assos, Stadttore, Nr. 8). – b) Beim echten oder Keilsteingewölbe sind die Lagerfugen radial auf den Mittelpunkt ausgerichtet (z. B. Milet, Treppengewölbe des Theaters, Nr. 32 B, Faustinalthermen D, Abb. S. 174).

Ioner: Griechischer Volksstamm, der die kleinasiatische Küste etwa von Phokäa (Nr. 12) bis Milet (Nr. 32) besiedelt hatte.

Karer: ›Ureinwohner‹ an der Südwestküste Kleinasiens etwa von Milet (Nr. 32) bis Halikarnass (Nr. 37).

Kyma: Wellenförmiges Zierprofil. – a) Dorisches Kyma mit falkenschnabelartigem Querschnitt und Verzierung aus überfallenden Blättern. – b) Ionisches Kyma mit ellipsoidem Querschnitt und Verzierung aus eiförmigen ›Blättern‹ (daher auch ›Eierstab‹ genannt) und Zwischenspitzen (s. Abb. S. 162). – c) Lesbisches Kyma mit S-förmigem Querschnitt und herzförmigen Blättern und Zwischenspitzen (s. Abb. S. 97).

Lehmziegel: Lediglich an der Luft getrocknete, ungebrannte Ziegel.

Mäander: a) Stilisiertes Wellenornament aus kurzen, rechtwinklig abknickenden geraden Linien (Abb. S. 87). – b) Fluß in Ionien (s. Nr. 30–32).

Mausoleum: Prächtiger Grabbau. – Die Bezeichnung leitet sich von dem Grabmonument des Mausolos von Halikarnass (Nr. 37), dem Mausoleion, her.

Megaron: Urtyp der griechischen Baukunst: ein rechteckiger Saal mit vorgezogenen Längswänden (s. Troja, Nr. 5). → Tempel.

Mukarnes → Stalaktitenornament.

Odeion: Geschlossenes Gebäude mit theaterartig angeordneten, konzentrischen, ansteigenden Sitzreihen.

Orakel: Durch Priester eines Heiligtums vermittelte göttliche Weissagung in sakralen, aber auch profanen politischen und privaten Angelegenheiten (z. B. in Klaros, Nr. 20; Didyma, Nr. 33; Delphi).

Opisthodom → Tempel

Ordnung → Säulenordnungen

Propylon: Torbau

Prostylos → Tempel

Prytaneion: Amtsgebäude des geschäftsführenden Ausschusses des Rates.

Säulenordnungen: Durch Tradition festgelegter Aufbau des Äußeren der griechischen und später römischen Tempel.

a) *Dorische Ordnung:* s. Abb. der üblichen Form und (rechts) der Ordnung des Athenatempels von Assos mit figürlichem Fries auf dem Architrav (6. Jh. v. Chr.).

Dorische Ordnung

Akroter
Sima
Schräg-Geison
Tympanon
Geison
Metope + Triglyphe
Taenia Regula Guttae
Architrav
Abakus } Kapitell
Echinus }
Joch (= Säulenabstand von Achse zu Achse)
Interkolumnium (= Zwischen- raum zwischen zwei Säulen über dem Stylobat)
Stylobat Krepis (= Stufenbau)

Athenatempel, Assos (Nr. 8)

b) *Ionische Ordnung:* s. Abb. – Die ältere, kleinasiatische Ordnung bewahrten z. B. die Tempel in Ephesos (Nr. 22), Priene (Nr. 31, s. Abb.; 4. Jh. v. Chr.) und Didyma (Nr. 33). – Daneben die der seit dem 3. Jh. v. Chr. allgemein verbreiteten attisch-ionischen Ordnung mit anderer Basisform, hier mit zusätzlichem Zahnschnitt (Artemistempel von Magnesia a. M., Nr. 30).

c) Bei der *Korinthischen Ordnung* wird das Volutenkapitell der ionischen Ordnung durch ein im 5. Jh. v. Chr. entstandenes Akanthuskapitell ersetzt (Zeustempel in Euromos, Abb. S. 196; Gymnasium in Stratonikeia, Abb. S. 215).

d) Das römische *Kompositkapitell* vereint Voluten und Akanthus (Markttor von Milet, Abb. S. 181, untere Säulen).

Sima
Zahnschnitt
Kyma (Eierstab)
Architrav
Kapitell:
Abakus
Voluten/Kyma
Säulenschaft mit 24 Kanneluren (Kehlen)
Basis:
Torus
Spira
Plinthe

Sima
Geison
Zahnschnitt
Fries
Kyma } Architrav
Faszien }
Abakus
Echinuskyma } Kapitell
Voluten }
Volute/Abakus in Untersicht
Links: Att. Basis
Plinthe

Ionische Ordnung (Links: Athenat., Priene, Rechts: Artemist., Magnesia a. M.)

223

Stadion: a) Griechisches Längenmaß (ca. 190 m). – b) Bezeichnung der Sportstätte für den Stadionlauf (s. Priene, S. 159; Aphrodisias, S. 135 f.).

Stalaktitenornament *(Mukarnes):* Aus kleinen Nischen zusammengesetztes Ziermotiv der türkischen Architektur, vor allem zur Überleitung von geraden auf gebogene Formen (Gewölbeansätze, Nischen etc.; z. B. Ilyas Bey Cami in Milet, Nr. 32, Abb. S. 184).

Stoa, Säulenhalle: Profanbau mit glatten Rück- und Seitenwänden und einer Säulenordnung an der Vorderseite (s. Marktplätze und Prachtstraßen von Pergamon, Nr. 9; Ephesos, Nr. 22).

Tempel: Die aus dem → Megaronbau entwickelten Grundformen des griechischen Tempels mit ihren durch Vitruv überlieferten Bezeichnungen sind folgende (s. Abb.):

1. *Antentempel* (Cella mit 2 Säulen zwischen den → Anten, Pronaos).
2. *Doppelantentempel* (dasselbe mit 2 Säulen auch zwischen den Anten an der Rückseite, dem Opisthodom). –
3. *Prostylos* (Antentempel mit einer zusätzlichen Säulenreihe an der Front).
4. *Amphiprostylos.*
5. *Peripteros* (hier der Athenatempel von Priene, Nr. 31).
6. *Dipteros* (s. Apollontempel von Didyma, Nr. 33. S. 189).
7. *Pseudodipteros* (hier der Artemistempel von Magnesia a. M., Nr. 30).

Tempelformen:

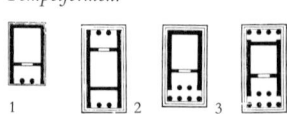

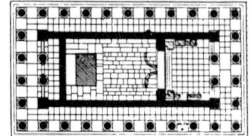

5 Athenatempel in Priene

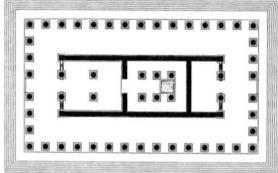

7 Artemistempel in Magnesia a. M.

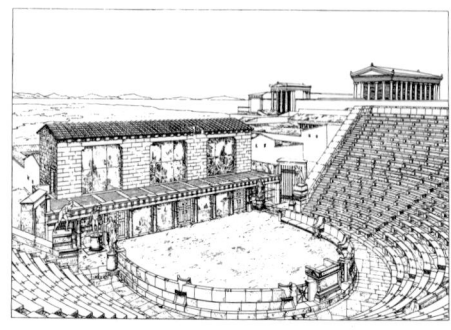

Theater von Priene
(s. S. 164)

Theater: Versammlungsbau mit halbkreisförmigen, ansteigenden Sitzstufen um die runde Fläche der Orchestra, hinter der sich das Bühnengelände erhob. s. Abb. des Theaters von Priene, Bauphase des 2. Jh. v. Chr. – Das Theaterspielen war Teil des Dionysos-Kultes.

Thermen: Badeanlagen (z. B. Ephesos, Nr. 22 A; Milet, Nr. 32 D).

D. INFORMATIONSTEIL

Das türkische Alphabet

Erläuterungen zur Aussprache

a   kurzes *a* wie in Ball, z. B. oda (oda') Zimmer; ada (ada') Insel
â   langes *a* wie in Wahl, z. B. plâj (plash) Badestrand; Milâs
c   wie *dsch* in Dschunke, z. B. cami (dschami') Moschee; cep (dschep) Tasche; Eceabat
ç   wie *tsch* in Tscheche, z. B. çay (tschaj) Tee; açık (atsche'k) geöffnet; Çeşme
ğ   ein abgeschwächtes g
   (1) am Wortende und nach a, ı, o, u wird ğ nicht gesprochen, z. B. ağa (a–a') Herr; Boğazici (bo-a'sitschı) Bosporus, dağ (da') Berg; Muğla
   (2) zwischen und nach e, i, ö, ü wird ğ wie ein schwaches j gesprochen, z. B. düğme (düjme') Knopf; öğle yemeği (öjle'jemeji') Mittagessen
h   immer deutlich hörbar wie *h* in Habe, z. B. havlu (hawlu') Handtuch
i   kurzes, helles *i* wie in Gift, z. B liman (lima'n) Hafen; İzmir
ı   ein i ohne Punkt klingt wie das deutsche Endungs-e in Hütte (dumpf und kurz), z. B. kapı (kape') Tor; danışma (danesch'ma) Auskunftsbüro
j   wie *j* in Journalismus (Lautschrift sh), z. B. jambon (shambo'n) Schinken
l   wie *l* in english well, z. B. pul (pul) Briefmarke; bal (bal) Honig
r   Zungenspitzen *r* wie z. B. durak (dura'k) Haltestelle; para (para') Geld
s   scharfes *ß* wie in heiß, z. B. su (ßu) Wasser; sabun (ßabu'n) Seife
ş   wie *sch* in Schuld, z. B. şarap (schara'p) Wein; şeker (scheke'r) Zucker; Çeşme
v   wie *w* in warm, z. B. vapur (wapu'r) Dampfer; evet (e'wet) ja
y   wie *j* in Jod, z. B. saray (ßara'j) Schloß; köy (köj) Dorf
z   weiches *s* wie in böse, z. B. müze (müse') Museum; tuz (tus) Salz; İzmir

Wie im Deutschen werden gesprochen:
b, d, e, f, g, k, m, n, o, ö, p, t, u, ü. – Die Buchstaben ä, q, w, x kommen im türkischen Alphabet nicht vor.

Sprachliche Besonderheiten
Die Betonung ruht fast immer auf der letzten Silbe ('Betonungszeichen). Großbuchstaben am Wortanfang kennt das Türkische nur bei Eigennamen und am Satzanfang; alle übrigen Wörter beginnen mit Kleinbuchstaben.
Wichtig: In der türkischen Sprache gibt es kein grammatisches Geschlecht und auch keinen bestimmten Artikel. Man kennt nur den unbestimmten Artikel *ein* bzw. *eine,* türkisch *bir.*
Zur Sprache: Das Türkische gehört zur altaischen Sprachengruppe, deren Dialekte in der Türkei, in Südrußland und Innerasien bis nach China von ca. 75 Mill. Menschen gesprochen werden. Die Türken nahmen früh die persisch-arabische Schrift an (33 Zeichen), bis 1928 unter Atatürk ein lateinisches Alphabet von 29 Buchstaben eingeführt wurde. Im Gegensatz etwa zum Seldschuki-schen (eine erloschene Sprache) hat sich das Türkische zur Literatursprache entwickelt.

Land und Leute

Das Staatsgebiet der türkischen Republik *(Türkiye Cumhuriyeti)* umfaßt eine Gesamtfläche von 780.000 qkm. Die Türkei ist damit dreimal so groß wie die Bundesrepublik Deutschland. 97 % des Landes gehören zu Asien, 3 % zu Europa. – Die Türkei ist Mitglied der NATO, deren Kommando für Südosteuropa sich in Izmir befindet. Sie ist ferner Mitglied der OECD (Organisation für wirtschaftliche Zusammenarbeit und Entwicklung) sowie assoziiertes Mitglied der EG. – Die Exekutive liegt in den Händen des Staatspräsidenten sowie des Ministerrates bzw. des Nationalen Sicherheitsrates. – Das Land ist in 67 Provinzen *(Vilâyet)* eingeteilt, die jeweils von einem Gouverneur *(Vali)* verwaltet werden.

Bevölkerung: Die Bevölkerung der Türkei wird mit rund 45 Mill. angegeben, bei einer Zuwachsrate von 2,4 % pro Jahr. Türken islamischen Glaubens dominieren (98 %); Minoritäten sind Kurden, Armenier, Griechen, Juden. 55 % der Bevölkerung leben auf dem Lande; auf 1 qkm kommen durchschnittlich 58 Menschen (vgl. BRD: ca. 245 E. pro qkm).

Nationale Feiertage: *Neujahr, Tag der nationalen Unabhängigkeit und Tag der Kinder* (23. April; 1920: Eröffnung der ersten Nationalversammlung in Ankara), *Frühlingsfest* (1. Mai), *Sport- und Jugendtag* (19. Mai), *Tag der Verfassung* (27. Mai; 1960: Sturz der Regierung Menderes durch die Armee), *Tag des Sieges* (30. Aug.; 1922: Entscheidender Sieg gegen die Griechen im Unabhängigkeitskrieg), *Tag der Republik* (29. Okt.; 1923: Proklamation der Republik mit Ankara als Hauptstadt).

Religiöse Feste: Die Türken feiern vornehmlich zwei bedeutende religiöse Feste, deren Datum sich nach dem muslimischen (Mond-) Kalender richtet und sich daher gegenüber dem bürgerlichen Kalender jedes Jahr um 10 Tage verschiebt: *Şeker Bayramı* (›Zuckerfest‹): Man feiert das Ende des Fastenmonats Ramazan. Es ist zugleich ein Fest der Süßigkeiten; daher sein Name. *Kurban Bayramı* (›Opferfest‹): Es dauert 4 Tage, zur Zeit der Pilgerfahrt nach Mekka. Man schlachtet Opfertiere (Schafe, Ziegen, Rinder oder Kamele). Das Opferfleisch wird zu einem Drittel an die Armen und zu einem Drittel an Nachbarn und Freunde verteilt, während das letzte Drittel für die Kinder bestimmt ist. Das Fell soll ebenfalls an die Armen gegeben werden.

Wirtschaft: Izmir mit dem zweitgrößten Hafen des Landes ist neben Istanbul ein Hauptzentrum des Exports und Imports. Handel und Industrie der Türkei haben sich in den beiden letzten Jahrzehnten gut entwickelt. Schwerpunkte sind die Verarbeitung landwirtschaftlicher Produkte, der Bergbau und die Herstellung von Textilien, zunehmend auch der Bau von Kraftfahrzeugen in Lizenz (1980: 65.000 Einheiten) und landwirtschaftlicher Maschinen. Abgebaut werden u. a. Kohle (z. B. bei Stratonikeia, Nr. 38), Mangan-, Eisen-, Kupfererz, Schwefel und – als wichtiger Exportartikel – Chrom. – Ein Hauptwirtschaftszweig ist noch immer die Landwirtschaft. An erster Stelle stehen Weizen, Baumwolle, Tabak und Obst. Exportgüter sind hiervon vor allem Kirschen, Feigen, Südfrüchte, Weintrauben, Oliven und Tabak. Mit 36 Mill. Schafen ist die Türkei außerdem ein wichtiger europäischer Wollerzeuger. – Der Fremdenverkehr ist noch im Aufbau (1980: 1,5 Mill. Touristen).

Allgemeine Reisehinweise

Klima: Das Klima der Türkei weist erhebliche Unterschiede auf. Typisches Mittelmeerklima mit heißen Sommern und milden Wintern herrscht am Marmarameer, an der Ägäis und entlang der Südküste, in Zentral- und Ostanatolien dagegen ein ausgeprägtes Steppenklima mit kalten, schneereichen Wintern (bis −20° C) und heißen, trockenen Sommern (bis +45° C). Die durchschnittlichen Tagestemperaturen betragen in Izmir im Januar 9°, im April 16°, im Juli 26° und im Oktober 18° C.

Uhrzeit: *Osteuropäische Zeit (OEZ).* Die Uhr ist gegenüber der Mitteleuropäischen Zeit (MEZ) um zwei Stunden vorzustellen. Hinzu kommt noch eine weitere Stunde für die Sommerzeit (etwa April bis Okt.).

Informationsmöglichkeit vor Antritt der Reise: *Türkisches Fremdenverkehrs- und Informationsbüro: Bundesrepublik Deutschland:* Baseler Straße 37, 6000 Frankfurt/M.1; Karlsplatz 3, 8000 München 2. – *Österreich:* Mahlerstraße 3, 1010 Wien. – *Schweiz:* Talstraße 74, 8001 Zürich. – Auskünfte erteilen auch die Automobilclubs der betreffenden Länder.

Informationen über Routen und Straßenzustände: *Türkischer Touring- und Automobilclub/Türkiye Turing ve Otomobil Kurumu* (T. T. O. K.): Istanbul: Şişli Meydanı 364. – Izmir: Atatürk Cad. 370. – ADAC, Sendlinger Torplatz 9, 8000 München 2.

Straßenkarten: *RV-Karte ›Türkei‹* (1 : 800.000, hg. in Zusammenarbeit mit dem Türk. Automobil Club). – *Türkiye Karayolları haritası* (1 : 850.000, jährl. neu herausgegebene Karte der Türk. Straßenverwaltung; erhältlich bei den türk. Fremdenverkehrsbüros).

Impfungen: Schutz gegen Malaria durch vorbeugende Tabletten ist bei längerem Aufenthalt (mehrere Wochen) in bestimmten Gebieten (z. B. Ephesos, Mäanderebene) zu empfehlen. – Da mit der vorbeugenden Behandlung frühzeitig begonnen werden muß, ist mindestens 4 Wochen vor der Reise ein Arzt aufzusuchen. – Impfungen sind derzeit nicht vorgeschrieben.

Anreisemöglichkeiten: Unsere Beschreibung der Westküste der Türkei beginnt in Gelibolu (Nr. 1) noch auf der europäischen Seite der Dardanellen. – Nach Gelibolu gelangt man von Norden auf einer Asphaltstraße, die bei Keşan von der Straße Istanbul-Ipsala-Thessaloniki, der antiken Via Egnatia, abzweigt (77 km). – Von Bulgarien und Edirne erreicht man Keşan auf einer Nebenstraße über Havsa und Uzunköprü (112 km). – Ein anderer Ausgangspunkt dieser Reiseroute kann Bandırma bei Kyzikos (Nr. 4) sein, das von Istanbul sowohl per Autofähre (Abfahrt aus Istanbul früh morgens gegenüber dem Bahnhof Sirkeci, Ankunft in Bandırma mittags) als auch auf dem beschwerlicheren Landweg (340 km) über Bursa zu erreichen ist (für Istanbul, Edirne, Bursa: s. Artemis-Cicerone ›Istanbul‹). Izmir (Nr. 17) wird im Sommer von *Fährbooten* aus Italien und von Istanbul aus angelaufen. Türkische Schiffahrtslinie: s. Wichtige Anschriften (S. 228).

Lokale *Bootsverbindungen,* z. T. mit Autobeförderung, bestehen während des Sommers zwischen folgenden Orten unserer Route und griechischen Inseln: Dikili bei Pergamon (Nr. 9) – Lesbos; Çeşme (Nr. 18) – Chios; Kuşadası (Nr. 23) – Samos; Bodrum (Nr. 37) – Kos; Marmaris (Nr. 39) – Rhodos. Im Reisegebiet liegen zwei *Flughäfen:* Izmir (Nr. 17) und der neu eingerichtete Flugplatz von Dalaman bei Marmaris (Nr. 39).

Amtliche Bestimmungen und praktische Hinweise

Personaldokumente: Bei Aufenthalt bis zu 3 Monaten wird ein *Reisepaß* verlangt. Für Kinder unter 16 Jahren ist ein *Kinderausweis* vorzulegen oder die Eintragung im *Familienpaß* nachzuweisen.

Kraftfahrzeuge: Erforderlich sind *Führerschein, Fahrzeugschein* und die *Internationale Grüne Versicherungskarte,* die für die Türkei gültig sein muß. Es wird aber nur die türkische Mindestdeckungssumme (Gegenwert z. Zt. ca. DM 200,–) gewährt. Eine höhere Mindestdeckungssumme muß mit der Versicherung schriftlich vereinbart werden. Daher ist eine Kurzkaskoversicherung für die Zeit des Aufenthaltes in der Türkei unbedingt anzuraten (s. S. 230 f.).

Mitführen von Tieren *(Hund, Katze):* Erforderlich ist ein amtliches tierärztliches *Gesundheitszeugnis* mit einer Bestätigung der erfolgten Tollwutimpfung, die nicht länger als 3 Monate zurückliegen darf.

Zollbestimmungen: Auskünfte über die jeweils gültigen Zollbestimmungen für Ein- und Ausreise geben die Automobilclubs (ADAC) auf besonderen Merkblättern, ebenso der Türkische Touring- und Automobilclub (s. S. 229 und Hinweise für Autofahrer, S. 230 f.).

Devisen: Auskünfte über die jeweils gültigen Bestimmungen erteilen die Banken, die Automobilclubs sowie das Türkische Fremdenverkehrs- und Informationsbüro. **Währung:** Währungseinheit ist die *Türkische Lira* (TL, Türkisches Pfund). Folgende *Münzen* sind im Umlauf: 5, 10, 50 TL sowie *Banknoten* zu 10, 20, 50, 100, 500, 1000, 5.000 und 10.000 TL. **Geldwechsel:** Öffnungszeiten der Banken: Mo–Fr 8.30–12.15 Uhr, 13.30–17.00 Uhr. Einlösung von Euroschecks nur in größeren Banken; praktischer sind Travellerschecks; jeweils Paß erforderlich. Die Kurse für den Einkauf von Türkischen Lira sind in der Türkei selbst am günstigsten. ›Schwarz‹ wechseln ist nicht lohnend und gefährlich.

Telefonieren: In Großstädten und Touristenzentren kann man von den Postämtern und Internationalen Münzfernsprechern im Selbstwählverkehr telefonieren: Deutschland hat die Vorwahl 99 49, dann die deutsche Ortskennzahl ohne die vorangesetzte Null. – Für die öffentlichen Fernsprecher benötigt man Jetons, die bei der Post oder in Geschäften mit einem Fernsprecher zu kaufen sind.

Zeitungen: Cumhuriyet (›Republik‹), Günaydın (›Guten Morgen‹), Hürriyet (›Freiheit‹), Milliyet (›National‹), Tercüman (›Dolmetscher‹), ›Daily News‹ (in englischer Sprache). – *Ausländische Zeitungen* erhält man in Izmir in der Umgebung des Büyük Efes Oteli und an einigen Fremdenverkehrsorten (z. B. Didyma, Bodrum, Marmaris).

Tauchen mit Preßluftgeräten und die Unterwasserjagd ist in türkischen Gewässern nicht gestattet.

Antiquitäten: Die Ausfuhr von Antiquitäten (und Waffen) jeglicher Art ist nicht gestattet.

Fotografieren: Für alle militärischen Objekte (Kasernen u. ä.) herrscht absolutes Fotografierverbot. Doch auch auf Brücken, besonders im Grenzbereich, ist Vorsicht geboten.

Wichtige Anschriften

Allgemeine touristische Informationen: *Tourismus- und Informationsministerium, Bezirksdirektion Izmir* (Turizm ve Tanıtma Bakanlığı Izmir Bölge Müdürlüğü): Akdeniz Cad. 1352 Sokak 6/2 (am Büyük Efes Oteli) und am Postamt, Cumhuriyet Meydanı (Auskünfte, Hotelführer, Hotelreservierungen, Prospekte, Stadtpläne, Veranstaltungsprogramme usw.).

Türkischer Touring- und Automobilclub (Türkiye Turing ve Otomobil Kurumu, T. T. O. K.): Atatürk Cad. 370, Alsancak: tgl. 8.30–20.00 Uhr (Informationen, Hotelreservierungen, etc.).

Agenturen der Türkischen Schiffahrtslinie *(Denizcilik Bankası T. A. O. Denizyolları): Istanbul:* Rıthım Cad., Karaköy (Tel. 44 02 07). – *Izmir:* Yeni liman, Alsancak (Tel. 13 74 81). – Generalagentur für Deutschland: *MTA – Mittelmeer Touristik Agentur,* Eisenmannstraße 4, 8000 München 2 (Tel. 0 89/24 02 04–26 40 51–26 50 31).

Fluggesellschaften: *THY – Türkish Airlines:* Izmir, Büyük Efes Oteli altı, Tel. 14 12 26. – *AUA – Austrian Airlines:* Izmir: Yaşar Holding, Şehit Fethi Bey Cad. 120, Tel. 14 17 88, 14 96 22. – *Lufthansa:* Izmir, Kızılay Cad. 1/A, Tel. 21 87 36. – *Swissair:* Izmir, Dutil-Tours, Cumhuriyet Meydani 11/2., P. O. B. 25 g, Tel. 21 47 57, 21 78 78.

Flughäfen: *Izmir:* Çiğli, 24 km Richtung Pergamon. – *Dalaman* bei Marmaris.

Konsulate: *Generalkonsulat der Bundesrepublik Deutschland:* Izmir, Atatürk Cad. 260, Tel. 21 69 95, 21 69 96. – *Österreichisches Konsulat:* Izmir, Atatürk Cad. 290/14, Tel. 21 47 66. – *Schweizer Generalkonsulat:* Istanbul (Isviçre Başkonsolosluğu), Hüsrev Gerede Cad. 75/3, Teşvikiye, Tel. 48 50 70/71, und die jeweilige Botschaft (Büyük elçilik) in Ankara.

Deutschsprechende Ärzte in Izmir: Prof. Dr. Nail Tartaroğlu, Cumhuriyet Bulv. 217/1, Alsancak, Tel. 21 25 61, Labor: 22 10 80 (Internist). – Dr. Nihat Babaoğlu, Ziya Gökalp Bulv., Saglik Hastanesi Girişi, 1399 Sok. No. 1/1, Alsancak, Tel. 21 24 75 (Internist). – Dr. Rezzan Özer, 1379 Sokak No. 15/2, Alsancak, Tel. 21 06 92 (Gynäkologin). – Dr. Sadi Tunçer, Atatürk Cad. 192/2, Alsancak, Tel. 21 96 00 (Gynäkologe). – Dr. Müfit Turman, 846 Sokak No. 45–105, Ikinci beyler, Tel. 25 49 41/21 52 48 (Kinderarzt).

Deutschsprechende Zahnärzte in Izmir: Dr. Erdoğan Sorguç, Cumhuriyet Bulv. 192/2, Alsancak, Tel. 21 75 07. – Dr. Tuncer Özalp, Plevne Bulv. 12/2, Alsancak, Tel. 21 36 09.

Kirchen: *Katholische Gottesdienste* (So): *Izmir:* Dom Kilisesi/Cathedral St. John, Şehit Nevres Bulv. 29, Tel. 14 53 60: 9.30 (Mai–Aug. 9.00 Uhr), 11.00, 19.00, Sa. 18.00 Uhr (engl.). – Domeniken Kilisesi/Holy Rosary (ital.), Alsancak, 1481 Sok. 8, Tel. 21 66 66: 7.30, 10.00, 11.30 (frz.), 19.00, Sa. 18.00 Uhr (Okt.–Mai 16.30 Uhr; türk.). – Sen Polikarp/St. Polycarp French Parish, Pasaport, 1354 Sok. 41, Tel. 14 84 36: 11.00 Uhr (frz.). – *Ephesos:* Meryemana Evi (Marienhaus), Meryemana, Tel. (03) 48: 10.30 Uhr (frz.). – *Protestantische Gottesdienste:* Auskünfte unter Tel. Nr. 14 53 60/34 01 (engl.).

Verkehrsmittel

Leihwagen: Izmir: Zana Seyahat Acentası, 1376 Sokak 10, Tel. 12 54 50, 12 57 88.
– Genco Seyahat Acentası, Atatürk Cad. 328, Tel. 13 77 71, 13 15 36, oder über die
deutschen Vertretungen internationaler Agenturen. – Wegen des erhöhten
Risikos bei Selbstfahrern sind auch für größere Strecken Taxis den Leihwagen
vorzuziehen (Preise im voraus vereinbaren). Die Kosten unterscheiden sich
nur geringfügig. – Bei einigen deutschen Versicherungsgesellschaften (z. B.
Concordia, Allianz) können ›Versicherungen für den Gebrauch fremder ver-
sicherungspflichtiger Fahrzeuge‹, also z. B. auch Leihwagen abgeschlossen
werden.

Taxi (gelb-schwarz karierter Streifen): Der Fahrpreis schwankt je nach Ver-
kehrsdichte, Wetter und Tageszeit. Die Taxameter sind oft nicht in Gebrauch. Der Fahrpreis sollte unbedingt vor Antritt der Fahrt ausgehandelt
werden; als Richtschnur mag etwa zwei Drittel des Geforderten gelten.

Dolmuş (Sammeltaxi): Eine seit dem 2. Weltkrieg bestehende Einrich-
tung. Die Sammeltaxis bzw. Kleinbusse befahren festgelegte Routen. Jeder
Fahrgast zahlt je nach Entfernung einen bestimmten Anteil am Fahrpreis, der
somit erheblich niedriger liegt als bei Taxifahrten.

Busse: Die zwischen allen größeren Orten häufig verkehrenden Busse sind
billige und bequeme Verkehrsmittel. Sie starten meist am sog. Otogar, dem
zentralen Busbahnhof.

Hinweise für Autofahrer

Türkischer Touring- und Automobilclub *(Türkiye Turing ve Otomobil
Kurumu,* T. T. O. K.): İzmir, Atatürk Cad. 370, Alsancak, Tel. 21 71 49.

Versicherung: s. Kraftfahrzeuge S. 227.

Unfall- und Pannenhilfe sowie Abschleppdienst durch Straßenfahrzeuge
des Türkischen Touring- und Automobilclubs auf den Strecken *Edirne–Istanbul, Istanbul–Izmir* und *Istanbul–Ankara:* a) Hauptbüro Istanbul, Tel. 46 70 90–92.
– b) Kapıkule/Edirne (Grenzbüro), Tel. 03–Kapıkule/34. – c) Ankara, Tel.
18 65 78. – d) Izmir, Tel. 12 20 92.

Bei Unfall mit Verletzten darf ein Ausländer bis zur Klärung der Schuld-
frage die Türkei nicht verlassen. Die Unfallbeteiligten sind verpflichtet, auf
das Eintreffen der Polizei zu warten. Als Deutschsprechender wende man sich
sofort an das Generalkonsulat seines Heimatlandes oder an den Türkischen
Touring- und Automobilclub und mache Aussagen vor der Polizei nur im Bei-
sein eines deutschsprechenden Rechtsanwaltes.

Besondere Verkehrsbestimmungen: Höchstgeschwindigkeit 90 km/h,
mit Anhänger 80 km/h, Motorräder 70 km/h. Innerhalb von Ortschaften
50 km/h. Es müssen 2 Warndreiecke mitgeführt werden, die bei Gebrauch vor
und hinter dem Fahrzeug aufzustellen sind. Absolutes Alkoholverbot.

Fahrweise: Schmale und unübersichtliche Landstraßen und das furchtlose
Verhalten der einheimischen Verkehrsteilnehmer nötigen zu extrem vorsich-
tiger, defensiver Fahrweise. Besondere Aufmerksamkeit ist bei Ortsdurch-
fahrten geboten. – Nachtfahrten sind zu vermeiden.

Besondere Zollvorschriften für Kfz: Muß das Fahrzeug – z. B. wegen Totalschadens – in der Türkei bleiben, so ist es zum nächsten Zollamt (Gümrük Müdürlüğü) zu bringen und die Eintragung des Fahrzeugs im Reisepaß durch das Zollamt entsprechend zu ändern. – Bei Diebstahl des Fahrzeuges ist vom Vali (Regierungspräsident) eine Bescheinigung einzuholen, damit die Eintragung des Fahrzeugs bei der Ausreise gelöscht werden kann.

Essen und Trinken

Die türkische Küche ist schmackhaft und durch die Verwendung von Olivenöl und Joghurt auch bekömmlich. Ein Hauptmerkmal ist die leichte Würzung, doch fehlt fast nie der Knoblauch. Eine große Rolle spielen Lamm- und Hammelfleisch, während Schweinefleisch aus religiösen Gründen fehlt. Charakteristisch sind u. a. die sog. *kebab* (über dem Holzkohlenfeuer gegrillte Fleischstückchen), die beliebten *köfte* (Hackfleischgerichte vom Rost) und die *dolma* (mit Hackfleisch, Reis, Zwiebeln, Pistazien und Rosinen gefüllte Auberginen, Zucchini, Tomaten, Paprika, Wein- und Feigenblätter). – Die Süßspeisen sind sehr süß und haben zum Teil sehr phantasievolle Namen (›Gewundener Turban‹, ›Türkische Wonne‹, ›Finger des Wesirs‹).

Der Türke unterscheidet folgende Lokale: *Börekciler:* Pastetenbäckerei. – *Büfe:* Imbißstube mit Selbstbedienung. – *Çay- bzw. Kahvehane:* Türkisches Teebzw. Kaffeehaus, Treffpunkt der Männer; hier wird bei Tee oder (selten) Kaffee Zeitung gelesen und das Nationalspiel ›tavla‹ gespielt. – *Kebab-Lokal:* Hier werden alle Arten von gegrilltem Fleisch (kebab) und Hackfleisch (köfte) serviert. – *Köfteci:* Hier gibt es nur ›köfte‹. – *Lokanta:* Einfaches bis gutes Speiselokal, meist nur mit türkischer Küche. – *Muhallebici:* Hier erhält man mit Milch zubereitete Speisen. – *Pastahane:* Konditorei. – *Restoran:* Restaurants, oft mit internationaler Küche. – *Tatlıcılar:* Süßspeisenladen.
Nargileciler Lokali: Hier rauchen die türkischen Männer die Wasserpfeife, die sog. ›nargile‹.

Getränke

Weine: *Beyaz şarap* (Weißwein), *kırmızı şarap* (Rotwein), *rose şarap* (Rosé); *ağır* (schwer), *camsakızlı* (geharzt), *hafif* (leicht), *sek* (herb), *tatlı* (süß). – Bekannte Sorten: *Buzbağ, Kavaklıdere* (kräftige Rotweine); *Doluca* (trockener Weiß- oder Rotwein); *Hitit* (herber Weiß- oder Rotwein).
Bier *(Biralar): Efes-Pils* (türk. Pils); *Tekel beyaz* (hell); *Tekel siyah* (dunkel); *Tuborg* (türk. Tuborg).
Rakı: 45–50%iger Traubenschnaps, mit Anis versetzt; er wird unverdünnt getrunken oder mit Wasser bzw. Eiswürfeln vermischt und hat dann eine milchige Farbe. Dazu werden meist die sog. *meze* serviert. Die besten Rakisorten sind Altınbaş, Külüp und Yeni Rakı.
Mineralwasser, Säfte und dgl.: *Su* (Wasser); *şişe suyu* (Quellwasser in Flaschen); *maden suyu* (Mineralwasser); *soda* (Sodawasser); *gazoz* (süßer Sprudel). – *Ayran* (mit Wasser verdünntes geschlagenes Joghurt). – *Limon suyu* (Zitronensaft); *domates suyu* (Tomatensaft); *portakal suyu* (Orangensaft); *vişne suyu* (Kirschsaft).
Kaffee *(Kahve): Türk kahvesi* (türk. Kaffee, im Kupferstielkännchen zubereitet). Ungezuckert *(sade),* schwach gezuckert *(az şekerli),* mittelsüß *(orta şekerli),* süß *(şekerli). – Amerikan kahvesi* (Milchkaffee); *Fransız kahvesi* (Filterkaffee).

Tee *(Çay):* Schwach *(açik),* stark *(koyu),* mit Milch *(sütlu çay;* unüblich), mit Zitrone *(limonlu çay),* Samowar Tee *(semaver çayı,* selten, z. B. in Kusadası). – *Ada çay* (Salbeitee).
Es wird empfohlen, kein Leitungswasser zu trinken.

Unterkunft

Hotels, Pensionen, Campingplätze: Kostenlose Verzeichnisse mit Kategorie- und Preisangaben erscheinen jährlich und werden vom Türkischen Fremdenverkehrs- und Informationsbüro verschickt (Anschrift s. S. 228) bzw. an den Grenz- und Flughafenbüros verteilt. Die Unterkünfte des Verzeichnisses sind nach Provinzen (Vilayets) geordnet. Für die Westküste Kleinasiens sind das von Nord nach Süd Çanakkale, Balıkesir, Manisa, Izmir, Aydın, Muğla. – Auf folgende Unterkunftsmöglichkeiten wird zusätzlich hingewiesen: An der Südküste der Troas bei *Edremit* (zwischen Assos und Pergamon) einige Motels und Feriendörfer am Strand. – *Pergamon:* Hotel Tusan, 8 km vor der Stadt an der Straße Çanakkale–Izmir. Hotel Kleopatra oder Güzel Hamam südwestlich vor der Stadt, mit eigenem Schwimmbad und türkischem Bad. Park Hotel (einfach) in der Stadt. – *Sardis:* Motel Alkent bei Salihli. – *Ephesos/Selçuk:* Hotels und Pensionen am Ort und im nahen Badeort Kuşadası. – *Priene, Milet, Didyma:* Ein Hotel und Pensionen im Ortsteil Altınkum oder Didim Plaj, dem Strandort 4 km südlich von Didyma. – Schöner Campingplatz am *Bafa Gölü* gegenüber von Herakleia an einer Tankstelle.

Camping: Campingplätze sind relativ zahlreich. Vom Zelten außerhalb der Campingplätze ist abzuraten. Jedenfalls sollte Kontakt zu einem nahen Hotel, einer Tankstelle oder einem Bauernhof aufgenommen werden.

Sämtliche Angaben im Informationsteil (Stand Frühjahr 87) erfolgen ohne Gewähr. Bei der Fülle der Daten und den sich rasch ändernden Verhältnissen sind Irrtümer nicht auszuschließen. Für Hinweise und Berichtigungen ist der Verlag dankbar.

E. LITERATURAUSWAHL

Akurgal, E., Ancient Civilisations and Ruins of Turkey, Istanbul 1978[4] (erhältlich in Izmir). – Ders., Alt-Smyrna I, Ankara 1983. – Ders., Antike Kunst in der
Türkei, München 1987. – Alzinger, W., Die Stadt des siebten Weltwunders
(Ephesos), 1962. – Alzinger, W.-Knibbe, D., Ephesos (Führer), Berlin–Wien
1972. – Aßfalg, J. (Hg.), Kleines Wörterbuch des christlichen Orients, Wiesba-
den 1974. – Bammer, A.-Fleischer, R.-Knibbe, D., Führer durch das archäolo-
gische Museum in Selçuk-Ephesos, Wien 1974. – Boëthius, A.-Ward-Perkins,
J. B., Etruscan and Roman Architecture, London 1970. – Bean, G. E., Klein-
asien, Bände 1 und 3, Stuttgart 1974/75[2]. – Bengtson, H., Griechische
Geschichte, München 1965. – Ders., Römische Geschichte (bis 284 n. Chr.),
München 1973. – Boulanger, R., Turquie, Les guides bleus, Paris 1978
(Dt. Ausgabe 1968). – Carter, J. C., Sculpture of the Sanct. of Athena at Priene,
London 1983. – Dimitriou, S.– Klammet, G., Die türkische Westküste, Stutt-
gart 1982. – Evangelisches Kirchen-Lexikon, Göttingen 1959. – Forschungen
in Ephesos VI: Das Mausoleum in Belevi, Wien 1979. – Freely, J., Türkei,
München 1984. – Goodwin, G., A History of Ottoman Architecture, London
1971. – Grothusen, K.-D., Türkei (Südosteuropa-Handbuch, Band IV), Göttingen 1986. – Gruben, G., Die Tempel der Griechen, München 1980[3]. – Harrell,
Betsy, Minitours near Istanbul, II, Istanbul 1978 (erhältlich in Istanbul). – Hav-
nes, S., Zwischen Mäander und Taurus, München 1977. – Hellström, P.-
Thieme, T., Labraunda I/3, The Temple of Zeus, Stockholm 1982. – Hornblo-
wer, Maussolos, 1983. – Inalcık, H., The Ottoman Empire (1300–1600), London
1975. – Keil, J., Führer durch Ephesos, Wien 1964[5]. – Kleine, J. (Hg.), Führer
durch die Ruinen von Milet-Didyma-Priene, Ludwigsburg 1980. – Krauthei-
mer, R., Early Christian and Byzantine Architecture, London 1965. – Kreiser,
K.-Diem, W.-Majer, H. G. (Hg.), Lexikon der islamischen Welt, 3 Bde., Stuttgart 1974. – Kühnel, E., Die Kunst des Islam, Stuttgart 1962. – Ders., Die
Moschee, Graz 1974. – Kündig-Steiner, W. (Hg.), Die Türkei, Tübingen 1965. –
Lessing, E.-Oberleitner, W., Ephesos, Wien 1978. – Lexikon der Alten Welt,
Fensterbusch, Darmstadt 1964 (lat.-dt.). Türkische Kunst und Kultur aus
osmanischer Zeit. 2 Bde. Recklinghausen 1985[2]. – Vogt-Göknil, Ulva, Osma-
nische Türkei, München 1966. – Yardımcı, N., Bodrum, Istanbul (etwa 1975;
Türk.-Engl., Verkauf am Ort). – Artemis-Cicerone ›Istanbul‹, München 1977,
›Die Südküste von Kaunos bis Issos‹, München 1986. – Ayverdi, E. H., Osmanlı
Mimarisi, Istanbul 1976.

Wichtige Textstellen *kursiv*, Plan- und Objektnummern **Fettdruck**

Abbildungsnachweis

Autor und Verlag danken folgenden Institutionen und Personen für die freundliche Bereitstellung von Aufnahmen, Plänen und Zeichnungen sowie für die Genehmigung zur Reproduktion: Gunda Amberg, Gröbenzell: S. 98, 108. – Anthony-Verlag, Starnberg: S. 112 (L. Schulz), 116 (Bethmann), Farbfoto des Umschlags (H. Schmied). – Deutsches Archäologisches Institut, Athen: S. 30, 31. – Deutsches Archäologisches Institut, Istanbul: S. 39, 72, 79 (W. Schiele), 85, 90, 97, 128, 150, 151, 162 (links: B. F. Weber; rechts: W. Schiele), 190, 191 (W. Schiele), 193, 196 (B. F. Weber), 199 (A. Peschlow), 202, 206. – Klaus D. Francke, Hamburg: S. 52, 62, 80, 89, 125, 135, 207. – Hirmer Verlag, München: S. 209 (rechts). – Prof. Dr. Kristian Jeppesen, Arhus: S. 209 (links). – Gerhard Klammet, Ohlstadt: S. 87 (links und rechts oben, unten), 91, 93, 95, 145, 147, 169, 174, 217, 218. – Milet-Grabung, Frankfurt: S. 184 (links und rechts). – Jens Misiakiewicz, Frankfurt: S. 19, 21, 57, 74, 78, 104, 138, 140, 141, 160, 204, 221. – Österreichisches Archäologisches Institut, Wien: S. 96. – Pergamon-Grabung, Istanbul (E. Steiner): S. 46, 64 (oben), 65, 67. – Renate Schiele, Istanbul: S. 4, 69, 121, 122, 153, 164, 188. – Staatliche Museen zu Berlin, Antiken-Sammlung, Berlin (Ost): S. 40, 47, 50, 156, 181. – Paul Veysseyre, Saint-Didier au Mont d'Ôr: S. 127, 133, 201. – Hed Wimmer, Karlsruhe: S. 192, 212. – Vom Autor stammen folgende Aufnahmen: S. 18, 73, 76, 110 (links und rechts), 129, 131, 132, 148, 166, 195, 215 (links und rechts).

Zeichnungen:

F. H. Bacon (1902): S. 39, 223 (rechts oben). – A. v. Gerkan (1923): S. 178, 179. – C. Humann (1904): S. 223 (unten rechts), 224 (7). – L. Kjellberg (1940): S. 72. – H. Knackfuss (1941): S. 189. – H. Schrader (1906): S. 159, 223 (unten links), 224 (5 und unten). – J. Walter (1979): S. 96. – Die übrigen: A. Norweg (1983).

In der Reihe ARTEMIS-CICERONE Kunst- und Reiseführer liegen bereits vor:

(Jeder Band mit Plänen, Grundrissen und zahlreichen Fotos in unmittelbarer Verbindung mit den Texten. Umfänge zwischen 192 und 288 Seiten.)

Istanbul – Mit Bosporus. Prinzeninseln. Bursa und Edirne.
Von Günter Wachmeier.

Türkei – Die Südküste von Kaunos bis Issos. Von Jörg Wagner.

Außerdem:

Ägypten – Altertümer. Koptische Kunst. Islamische Denkmäler.
Von Karlheinz Schüssler.

Amsterdam – Mit Gooiland. Amstelland. Zaanstreek und Waterland.
Von Hildegard Kretschmer.

Andalusien – Von Gustav Faber.

Athen – Mit Delphi. Kap Sunion. Ägina. Daphni und Ossios Loukas.
Von Günter Wachmeier.

Berlin – Westberlin. Ostberlin. Potsdam. Von Alexander Frey.

Dalmatien – Die Adriatische Küste von Istrien bis Montenegro.
Von Michael Stanić.

Florenz – Mit Fiesole. Uffizien. Palazzo Pitti. Nationalmuseum.
Von Günter Wachmeier.

Holland – Von Gerard Janssen.

Irland – Von Barbara Kohlmann-Schaff.

Israel – Mit dem Westjordanland. Von Hermann Teifer.

Köln – Mit Altenberg. Brauweiler. Brühl und Knechtsteden.
Von Hermann Josef Roth.

Leningrad – Mit den Palästen der Umgebung. Von Silvia Topf.

Malta – Mit Gozo. Comino und Cominotto.
Von Marianne Buttigieg-Jaklin.

München – Mit Schloß und Park Schleißheim. Von Joachim Dramm.

Neapel – Mit Caserta. Capua. Pompeji. Herculaneum. Ischia. Capri und
der Küste von Sorrent bis Paestum. Von Ehrenfried Kluckert.

New York – Von Hermann Teifer.

Paris – Mit Versailles und Fontainebleau. Von Günter Wachmeier.

Prag– Mit Burg Karlstein. Schloß Troja und Schloß Stern.
Von Alexander Frey.

Rom – Die antiken Denkmäler. Mit Villa Hadriana und Ostia antica.
Von Günter Wachmeier.

Salzburg – Mit dem Stadtrand und der näheren Umgebung.
Von Hans Körner.

Sardinien – Von Claudia Adrario-Jösel.

Schottland – Mit Hebriden. Orkney- und Shetland-Inseln.
Von Barbara Kohlmann.

Sizilien – Von Helmut Scharf.

Sri Lanka – Ceylon. Von Markus Stieger.

Venedig – Mit Torcello. Murano. Brenta-Villen und Chioggia.
Von Günter Wachmeier.

Wien – Mit Klosterneuburg. Laxenburg und Heiligenkreuz.
Von Hermann Teifer.

Zypern – Von Hans-Georg Pfeifer.

In Vorbereitung für 1987:

Apulien – Von Ludwig Tavernier.

Burgund – Von Heinz-Joachim Gund.

Ladakh – Mit Zanskar. Von Helga Hirschberg.

Ungarn – Von Hermann Teifer.

Bitte fordern Sie unseren ausführlichen Sonderprospekt
ARTEMIS-CICERONE Kunst- und Reiseführer an:

Artemis & Winkler Verlag, München und Zürich
Martiusstr. 8, 8000 München 40
Limmatquai 18, 8024 Zürich